良 治

The Good
Governence

Reflections
on
Freedom
Democracy
and
Market

〔美〕尹伊文 著

对自由、民主、市场的反思

北京大学出版社
PEKING UNIVERSITY PRESS

目 录

前言 优良治理的演化与探寻 ………………………………… 001

第一部分 不自由的人与自由的人类 ……………………… 001

第一章 "人生而自由"观念的由来与演变 ……………………… 003
一、"人生而自由"的疑问 ………………………………… 003
二、"人生而自由"观念的由来 ………………………… 008
三、从理性到浪漫的嬗变 ……………………………… 014
四、现代派对启蒙运动的重新审视 ………………… 020

第二章 人类自由的获取 …………………………………… 025
一、从人的不自由到人类的自由 ……………………… 025
二、人对自由的二重性心理 …………………………… 030
三、寻找最佳平衡点 …………………………………… 034

第二部分 民主与优主 …………………………………… 039

第三章 民主理想与民主实践 ……………………………… 041
一、从君主制到民主制的程序理想 ………………… 041
二、实践对民主程序的检验 …………………………… 043
三、不平等的投票：游说与献金 …………………… 051

四、民主的悖论：小集团重于大集团 …………………… 056

第四章 西方民主的基本逻辑问题 ……………………………… 065

一、概念矛盾：人民的群体性与权利的个体性 ……… 065

二、自毁机制：不负责任的权利 …………………… 070

三、自弱机制：中位数效应的趋中化 ……………… 078

第五章 民主制度的改革与优主政治的尝试 ………………… 090

一、摆脱"最不坏"的故步自封 …………………… 090

二、西方民主体制内的改革：改进选举 …………… 099

三、西方民主体制外的探索：优主政治 …………… 107

四、优主政治在中国历史上的实践 ………………… 140

第六章 追求群体的长远利益 ………………………………… 149

一、个体本位与群体本位 …………………………… 149

二、"为群体长远利益"的多元化道路 …………… 158

第三部分 市场理性的变迁及理性的解决方法 …………… 167

第七章 温饱后的市场质变 ………………………………… 169

一、温饱前的市场观念 ……………………………… 169

二、温饱后的市场实践 ……………………………… 171

第八章 消费中的非理性动力 ……………………………… 179

一、非理性消费的内在根源 ………………………… 179

二、非理性消费的外在推手 ………………………… 184

第九章 温饱后的人类自由障碍 …………………………… 190

一、人类生存自由的障碍 …………………………… 190

二、人类发展自由的障碍 …………………………… 196

三、就业与人类自由 ………………………………… 202

第十章　有利于群体长远利益的资源配置 ………………… 209

结语　未来，悲观还是乐观? ………………………… 219

附录　苏联与美国：历史经验再反省 ………………… 226

　　一、苏联经济的回顾与分析 ………………… 226

　　二、美国经济的回顾与分析 ………………… 237

　　三、苏美比较的误区重审 ………………………… 249

优良治理的演化与探寻

20 世纪的最后 20 年，西方"自由民主"经历了亢奋的高潮；21 世纪的最初 20 年，西方"自由民主"步入了迷惘的退潮。本书将探讨，为什么西方"自由民主"会由高潮进入退潮？通过检验事实，来探索理论方面的原因。我将指出西方相关理论中的误区，并提出新的理论框架。

我是在 1980 年代中期去美国留学的，在华盛顿经历了自由民主主义的亢奋高潮。记得戈尔巴乔夫访问华盛顿的时候，正是高潮年代，那天很多人聚集在他的汽车将经过的路边，希望近距离目睹这位正在苏联亢奋推行西方自由民主的风云人物。我也在人群中，想不到他的汽车在离我很近的地方停了下来，他下车和路人握手（这是他的习惯风格），我也"有幸"和他握了手，切身体验到那亢奋的高温。进入 1990 年代之后，我开始在华盛顿的国际经济发展机构工作，我所做的项目是在苏联和东欧地区。虽然那时仍是高潮的高温年代，但在苏东的现实大地上，我亲历的却是彻骨的寒冷，GDP 巨幅下降，物价疯狂上升，国有资产被寡头掠夺，犯罪团伙嚣张肆虐，大量的失业，满街的乞丐……那里的人民获得了个人自由的权利，国家举行了一人一票的选举，市场自由取代了计划经济，按照理论，是应该带来"民有、民治、民享"的富裕美好生活，但是，现实和理论却如此不协调。应该如何来理解这理论和现实的矛盾呢？在世纪相交的那几年，我暂时中断了工作，去英国牛津大学读博士。牛津大学是自由主义之父洛克学习和从事研究的地方，也是主张市场自由的经济学之父亚当·斯密学习过的地方。我本希望通过理论学习能够缓解那个理论和现实的矛盾张力，但是学习的结果，却使张力更为加大，并让我看到了西方理论中的一些瑕疵裂隙。此后在世界上发生的一连串事情，更把这裂隙冲得越来越大：在伊拉克建立西方民主制后发生了政局混乱和恐怖活动迭起，金融海啸和债务危机对市场自由造成震撼和杀伤，"阿拉伯之春"西式民主后引起了血腥内战和难民狂潮，英国全民公投脱欧上演了民主怪诞剧，还有美国的撕裂、特朗普的异动、国会山的暴乱，最近在新冠疫情中美国和一些欧洲国家的拙劣表现也是令人触目惊心……这些活生生的现实，冲垮了西方理论建立的"自由、民主、市场"模式的自信叙述。按照西方理论的自信叙述，"自由、民主、市场"模式将实现人类社会的优良治理，给人类带来富裕美好的生活。但现实却是，这个模式中存在着太多的"不美好"问题，导致了无数"不美好"生活。

本书希望通过分析"自由、民主、市场"模式中的不美好问题，以理解现实中关于优良治理的意识形态演化，并探寻其他可能提供优良生活的治理模式。

为什么民主模式会出现许多与"民有、民治、民享"背道而驰的不美好问题呢？本书检验了西方民主理论中的基本逻辑，发现其中存在三个逻辑误区，正是这些误区导致了民主体制中的不美好问题。解决这些问题的出路主要有两条，一是在西方民主体制内针对误区进行改革，二是在西方民主体制外探索新的"优良体制"。

本书提出了"优主政治"的新体制概念，在这个新体制概念的框架中，自由的概念必须重新定义，需要从新的角度来理解人类的自由。对于市场的概念，本书引入了新的视角，从社会发展阶段的角度来分析市场的性质，探讨市场在不同的发展阶段与美好生活的关系。

西方民主理论中的三大逻辑误区是：(1) 人民的群体性与权利的个体性之间的概念矛盾，(2) 不负责任的民主权利导致的自毁机制，(3) 民主选举的趋中化效应造成的自弱机制。

在第一个误区中，民主理论混淆了"人民"与"个人"这两个不同本位的概念。在西方民主的话语叙述中，"人民统治"和"个人权利"是没有矛盾的一对概念，民主就是要保障个人权利，只有保障了个人权利才能实现人民统治的民主。但是，这里存在着深层的逻辑矛盾。因为，"人民"是一个群体本位的概念，而"个人权利"是一个个体本位的概念，它们各自的行动单位（acting unit）是不同的，"人民"的行动单位是集体，"个人权利"的行动单位是个人。在个体本位的框架中，人民是无数个人的集合，这些个人具有各自不同的利益和意见，不存在整体化的"人民利益"和"民意"。所谓"人民利益"其实是很多互相冲突的利益，所谓"民意"其实是无数彼此歧异的意见。忽视这个逻辑矛盾的结果是，个人以"人民"之名来要求个人利益，把不同个人之间的矛盾上升到了"人民"与"反人民"的对立，这种对立造成了民主恶斗的一系列乱局。

在第二个误区中，民主理论分离了权利与责任，只强调权利不强调责任。在西方民主制中，个人有选举权利却没有选举责任的制约，这使得不负责任的人可以任意参与主导群体长远利益的决策，就如同让没有驾照的人去不负责任地开车，因而形成了民主体制的"自毁机制"。选民没有责任去理解选举所涉及的大政内容，却可以随心所欲地投票，在这样的体制中，多金的利益集团很容易通过忽悠来拉选票，它们针对不负责任、不动脑筋的选民，编造抢眼球的低智蛊惑信息，使有利于小集团、有害于社会的政策能够堂而皇之地获得多数选票。不负责任的选举造成了"小集团强势化""政治低智化",导致了体制的自毁。

在第三个误区中,民主理论主张的多数决制导致了高优者被平庸者排斥。民主多数制规则形成了趋中化的"自弱机制",虽然民主制可以防止智力和道德低下的底端者当政,但也妨碍了优秀的高端者当选,因为大多数人的智力水平是趋中的,不能理解高端者,倾向于认同趋中者。趋中制国家在国际上和趋强制国家竞争,将处于劣势。

要想走出西方民主制的逻辑误区,可以考虑两条出路。一条是体制内的改革,保留民主选举制,设法解决选民责任等问题。另一条是体制外的创新,摆脱民主选举制,探索趋强化的优主政治体制。所谓"优主",就是要超越趋中化,通过择优,让高智慧、高道德的优贤者形成执政集团。优主政治不强调固定的、普世的程序,主张不同的国家应该创造适合自己的程序。优主政治不是程序取向,而是原则取向、结果取向。构建优主领导集团的五大原则是:(1)大门开放,(2)设置择优门槛,(3)内部设置反腐和继续优化机制,(4)组织结构趋优,(5)与普通大众保持密切联系。优主政治要达到的结果是:群体长远利益的优化。

可以预见,优主主义将遭到自由主义的强烈批评,尤其是会批评优主政治忽视个人自由。启蒙运动以来的自由主义认为"人生而自由",自由是个人不可剥夺的权利,优良的政治制度必须把保障个人自由作为核心目标。针对这种"人生而自由""个人自由权利为核心"的论述,本书进行了重新审视,并且提出了新的自由概念。

在自由主义的理论中,"人生而自由"被描述为一种客观存在的事实,但客观地进行观察检验,却可以发现,和很多动物相比,人其实是生而更不自由的。鱼一出生就能自由地游泳觅食,哺乳动物虽然需要依赖母乳,但牛犊马驹在哺乳期已经能够自由行走。人是最不自由的,哺乳期完全不能行走,断奶后依赖大人喂食,少年时需要父母抚养监督,而且随着社会发达，法定工作年龄提高，人能够独立自由的时间更被推迟。以前十三四岁的少年可以从事生产，在现代社会要想有好工作需要少年时代接受教育，社会越发达，人需要受教育的时间就越长。根据福柯的理论，现代学校是现代权力实行思想控制的工具，教育使人变得更加"正常化""标准化"，更加丧失自由。即使不接受现代学校教育，人只要使用语言，就会受到语言中的文化结构束缚。语言是自由的一大禁锢，人可以有言论自由，但没有语言自由。进一步的观察检验和深入研究还发现，人不仅不是生而自由，而且人与生俱来有"不自由"的心理需要。心理学研究指出，人具有"逃避自由"的心理需要，譬如需要依附，而不是无所依附的自由自在，人需要依附于稳固的人际关系，以获得安全、归属和幸福的感觉。

人对自由有二重性心理，需要自由，也需要"不自由"。

虽然，"人"比动物不自由，但"人类"却比动物自由得多。人类创造了各种科技，能更加自由地行动；人类甚至可以改变和控制基因，使自己有进化的自由选择，而不必被强制接受自然选择。人类之所以能够获得这些超越动物、超越自然选择的自由，恰恰是因为个人的不自由，人类的自由是以个人的不自由为代价、为条件的。正因为有了语言，人类才能够更好地沟通协作；正因为有了学校，人类才能够更好地传播知识；正是因为人小时候丧失了独立自由，人类才能够通过教化从而培养社会凝聚力。所以，个人不是自由的，而人类是自由的。

自由的概念，除了需要从个人的角度来定义，也需要从人类群体的角度来定义，个人自由和人类自由是两个概念，这两个概念之间有着复杂的关系。如果一个社会过度禁锢个人自由，就会丧失发明创新的动力；如果一个国家过度纵容个人自由，就会销蚀国家的凝聚力，削弱群体的人类自由，使群体的长远利益受损。优主政治着眼于群体的长远利益，因此更为重视人类自由，而不是偏颇地把个人自由视为核心目标，优主政治要达到的目标是优化群体的长远利益。

要想优化群体的长远利益，需要解决的一个重要问题是资源配置。良好的配置是高效率地把资源用在"刀刃"上，以便克服阻碍人类生存发展的障碍。

什么是阻碍人类生存发展的障碍呢？在很长的一段历史时期内，温饱匮乏曾经是主要障碍；但当温饱满足之后，生老病死、环境污染、社会安全就成为主要障碍。在温饱满足前，合理良好的配置应该是把资源用于满足温饱需要；在温饱满足后，就应该优先配置资源去解决疾病、环保、安全等问题。

自由主义经济学认为市场的资源配置是最佳的，能够高效推动发展。这种观点忽略了一个对资源配置有着巨大影响的因素——温饱满足，因而无法看清市场无形之手在温饱满足前后发生的质变。

在温饱满足前，人们大部分的消费需求是与温饱相关的生活必需品，这些消费需求一般都对未来发展有利，因为生活必需品是维持生存的必要条件，没有生存也就没有发展。在温饱满足后，人们消费需求中与温饱相关的生活必需品的比例大大降低，同时，非生活必需品的消费需求比例大大增加。非生活必需品的消费对未来发展的影响非常复杂，有的有利（如教育医疗），有的无利（如使用名牌手袋），有的甚至有害（如使用高污染产品）。对于复杂的非生活必需品的消费需求，应该进行理性的分析，以求把资源用于有利于未来发展的需求上，而不是用在有害于未来发展的需求上，但是市场的无形之手缺乏这样的自主理性分析能力。市场只会跟着消费需求，因而很可能会把大量资源配给"及时行乐"的高污染、高耗能产品的生产，而把很少资源配给医疗、教育、环保、国防、基础科研、基础建设等对未来发展有决定性影响的"刀刃"行业。

在温饱满足后，市场的资源配置更可能会表现得非理性（因而非生活必需品的消费份额大为提高），所以更需要非市场因素的介入来进行纠正，政府的有形之手就是其中一个重要因素。实行优主政治的政府可以在这方面展现优势，其优贤执政集团具有高于大众平均水平的理性素质，可以为理性配置资源做出贡献，使人民获得长远的美好生活。

虽然，"自由、民主、市场"的模式在现实中出现了大量的不美好问题，但很多人仍然愿意相信那是美好模式，愿意固守自己的美好信念，而不愿意对固有的观念进行修正改进。在 2020 年的新冠疫情中，这种固守行为表现得尤为突出，面对西方国家的"自由、民主、市场"体制引起的高感染率、死亡率，以及一系列严重的经济和社会问题，很多人仍然顽固声称要"捍卫信念"。

为什么人会如此执着于自己的固有观念呢？在写作此书的时候，我恰好听了耶鲁大学医学院教授史蒂芬·诺韦拉①关于"批判性思维"（Critical Thinking）的课程，他是神经学专家，从神经科学和心理科学的角度分析了人类思维的弱点，以及这些弱点导致的观念僵化现象。最初听课的时候，我没有想到这个自然科学的课程和我的社会科学写作有什么联系，但是我很快就发觉，课程中的很多内容为我解开了困惑：为什么固有信念在出现问题时会僵化而不做修正改进？如何才能够使固守信念的僵化思维再获生命力？

从神经学和心理学的角度来看，固守信念和人类的思维特点相关。原来，人类的思维具有"格式辨认"（pattern recognition）的特点，人可以在没有明显格式的杂乱无章信息中识别出"格式"来，而且会对格式产生真实的感觉，认为这些格式确实存在于现实之中。这些格式化信息经过大脑的处理，会在人脑中构建出一个"内在现实模式"（internal model of

①　史蒂芬·诺韦拉（Steven Novella, 1964—），美国神经学家。

reality)，这是人对外部世界的认识，是人自己认为的现实，人相信这个"内构现实"就是客观现实。这种思维认识特点既给人类带来了空前的力量，也给人类造成了陷阱。其力量是，纷乱复杂的现实世界通过格式化变得易于认识了，譬如，树叶飘落，苹果坠地，石头滚动……这些杂乱无章的运动，被人通过"重力""加速度""质量""引力"等力学理论模式化，变得易于认识了。人通过这样的格式辨认来认识世界，超越杂乱的现实，发展出创造性的认识能力。这些认识还可以用来进行创造性的生产活动，力学理论就被用来创造工具，解决现实问题，改进生产生活。

不过，这样的格式辨认思维特点也含有陷阱，譬如 17 世纪流行的解释燃烧现象的燃素理论就是不符合现实的"内构现实"，它把人们导入了歧途。燃素理论忽视许多定量实验的结果，不重视燃烧时空气成分的真实定量变化，忽略了重要的客观现实。在这样的错误"内构现实"指导下，人们既不能进一步认识客观世界，也不能用理论来改进相关的现实生产。诺韦拉指出，要想避免陷阱，需要对头脑中形成的自认为现实的"内在现实模式"进行现实测试（reality test），批判性思维可以帮助人加强现实测试，以便否定"不现实认识"，从而构建更为符合现实的"内构现实"。

否定头脑中的"不现实认识"不是一件容易的事情，因为人类的大脑具有对"内构现实"灌输意义和情绪的功能，那些自认为代表现实的理念一旦形成，就会被赋予意义，会获得情绪化的感觉，使人对其执着。从进化的角度来看，复杂的理性思维是进化后期的产物，而情绪有更加古老久远的历史，是更为原始的脑活动。情绪对人的行为有强烈的影响力，其效率要高于理性。这种高效率很多时候可以产生有利于人类生存的结果，譬如，人看到腐烂的果子会产生厌恶情绪，能够立刻远离这些有害健康的东西，不需要花费时间去理性地研究和尝试其可食性、安全性；人在遇到危险时会产生害怕情绪，能够立刻快速采取行动，逃避危险。情绪是人类行为的重要动机，而且情绪动机往往比理性动机更为强烈。当人的情绪需要满足的时候，人脑中与情绪相关的神经元释放的某些神经递质就会增加，相关神经通路的电活动就会迅速产生变化，使人得到"满足"的感觉。这一迅速产生的情绪生理动机，显然比需要经过学习和思辨的理性心理动机更容易形成，更有驱动力。获得情绪满足的动机，可以激励人采取行动，去做很多事情。

信念（belief）是人的心理需要，当人持有一种信念、相信一个理论的时候，可以摆脱不确定的心理焦虑，可以产生对事物、对生活有把握的可控制感。信念本应该是理性的产物，是通过理性思维形成的，但是由于信念是人的心理需要，信念的形成及其维持也就会受到情绪的深刻影响。诺韦拉指出，人会被"激励"着去"相信"一种东西，有时这种动机会非常强烈。在这种动机的激励下，人往往不是用理性去对信念进行现实测试，而是用理性来为自己的信念辩护，来使自己的信念"合理化"。

诺韦拉列举了很多"信念合理化"的手法，譬如，人根据自己相信的信念来进行选择性的"数据挖掘"，专挖那些符合自己信念的数据，忽视那些与自己信念矛盾的现实，不让自己的信念接受现实测试，而用挖掘出来的偏见数据把自己的信念合理化。当人的"内构现实"的信念和客观的现实发生冲突的时候，通过合理化自己"不现实的'内构现实'"，可以满足人的心理需要。

诺韦拉引用了"认知失调"（cognitive dissonance）的心理学理论来解释这种心理需要，认知失调是一种不愉快的情绪，是由于两个互相冲突的信念同时存在而引起的，譬如某人原来相信"地球是平的"，如果新的现实信息形成了"地球是圆的"新观念，此人就会产生认知失调的不愉快情绪。人具有强烈的心理需要，渴求摆脱认知失调的不愉快感觉。为了克服认知失调的这种不愉快情绪，人很可能会抵制新观念，因为旧的信念已被灌输了意义，具有了情绪化的感觉，使人从情绪上不愿意轻易割舍。因此，很多人就会抑制、回避、扭曲对自己信念进行的现实测试，并且想方设法来使自己的信念合理化，以便克服因信念冲突引起的认知失调感。

诺韦拉指出，绝大多数的时候（高达95%），人是不能够仅仅凭借理性来改变自己固有的行为，因为那古老而原始的情绪力量太过强大，而进化后期才形成的理性思维，是需要耗费很大的心理警觉和能量消耗才能进行的，因此，人很容易跟着情绪走，只有保持高度的理性自觉，才能抵御情绪的控制。关于人类思维中重情绪、轻理性的现象，曾获得诺贝尔经济学奖的心理学家丹尼尔·卡内曼做过很多研究，他指出，人往往会受情绪的影响而对自己的结论过度自信，以至于犯下种种错误。[1]

在诺韦拉的课程中，他列举了很多因情绪化执着于"不现实的'内构现实'"而犯错误的例子，其中有不少是著名科学家的所为。譬如著名的物理学家威廉·汤姆森[2]，亦名"开尔文男爵"，他是热力学之父，绝对温度概念的发明者，绝对温度的计量单位就被命名为"开尔文"（Kelvin）。他曾把热力学原理应用到地球年龄的测算上，根据地球形成初期的炽热状态到目前的冷却程度所需要的时间来计算地球的年龄，他测算出来的地球年龄要远远短于当时根据地质学、生物学等实证研究所估算的时间，但他抵制和回避那些实证的现实信息，执着于自己的计算公式估测的结论。结果，当放射性的现象被发现之后，科学界发展出了更为科学的放射测年法，用这种方法估算的地球年龄很接近地质学和生物学的估测，开尔文的计算公式估测结论显然是错误的。放射性现象还从理论上解释了开尔文失误的一大原因，由于地球中的放射性物质在衰变过程中会释放出

---

[1] 关于人类思维的重情绪、轻理性问题，参见丹尼尔·卡内曼（Daniel Kahneman, 1934— ）的《思维：快与慢》（*Thinking: Fast and Slow*, Farrar, Straus and Giroux, New York, 2011）。他是 2002 年诺贝尔经济学奖获得者。

[2] 威廉·汤姆森（William Thomson, 1824—1907），英国物理学家。

热量，因此减慢了地球的冷却速度，延长了所需要的冷却时间，而开尔文的计算公式没有包括这些热量，忽略了这个热源，因此计算出的地球年龄就短了。

如果开尔文当时能够更为理性地面对现实，不抵制地质学和生物学提供的实证信息，即使他对放射性没有研究，也可以对自己的公式采取怀疑和开放的态度，给自己的公式留下进一步修正的空间。随着科学的发展，越来越多影响地球温度的热源被发现了，在一个更为开放的、可修正的公式中，这些新热源都可以被包容进来，但是开尔文对自己的"内构现实"的认识模式情绪化地执着，使他关闭了修正的大门。

犯这种错误的科学家并不只是单独的个人，有时一大批科学家会同时执着于一种"内构现实"，譬如 N 射线的例子。当 X 射线被发现之后，法国物理学家布隆如特①宣布又发现了一种新射线——N 射线，其后有 30 多个科学家小组都宣称能够通过实验产生 N 射线，有 300 多篇论文相继发表，有 100 多位科研工作者卷入，他们都执着于 N 射线存在的"内构现实"。但也有一批科学家否认 N 射线的存在，经过相当长时间的辩论，尤其是对产生 N 射线的实验进行了反复的检验，终于确定了 N 射线是不存在的，那些所谓产生了 N 射线的实验都是有纰漏的。其实这些纰漏都不难辨认和避免，但当科学工作者执着于自己的"内构现实"时，他们就会对纰漏视而不见，有偏见地进行"数据挖掘"，以使自己情绪上喜欢的结论能够被合理化。

当我听到这些科学家执着于"不现实的'内构现实'"的时候，有一种既吃惊又熟悉的感觉。吃惊的是，自然科学在我的印象中是非常理性和客观的，那是基于客观的实证观察，有客观的衡量标准，主观情绪要想

---

①　R. 布隆如特（René Blondlot, 1849—1930），法国物理学家。

左右自然科学的理念应该是非常不容易的，想不到情绪竟然也能够发挥如此巨大的影响力。熟悉的是，自然科学家犯的这些错误在非自然学科更为常见，熟悉的例子比比皆是。

在人文社会科学领域，情绪左右理念要比在自然科学更加容易。一是因为这些学科很难像自然科学那样去做客观的实验，在进行研究时往往要介入许多主观的元素；二是因为这些内容与人们的日常生活有着直接密切的关系，更容易唤起情绪的牵挂，譬如射线那样的问题与一般人的生活相距甚远，而自由、民主、市场却与人的日常生活休戚相关，人对其有着天然的情绪牵挂，因此情绪也就更加容易侵入这些理念。

原教旨主义的现象便是情绪侵入的突出例子。原教旨主义把理念原教旨化，赋予其原教旨的意义，促发神圣的情绪感觉。在这种神圣情绪的左右下，理念成为不可修正的原教旨，无须进行现实测试，即使在现实中出现了大量与理念模式不相符的事实，模式也不能被更改。这种极端现象在中国近几十年的历史中屡见不鲜，譬如在 1950—1970 年代，公有制经济的理念就被极端化，那时的信念是：私有财产是私有观念的根源，如果消灭了私有制，私有观念就会消失，人人都变得一心为公，公有制使大家都成为企业的主人，大家都会以主人翁的精神来努力工作，因此经济将快速发展，人民的生活水平将快速提高。虽然私有制"消灭"之后，并没有出现可持续的"人人都变得一心为公"的现象，公有化之后的现实也不都是"经济快速发展"，但很多人仍然笃信公有制经济的理念，把公有制视为神圣，不愿意进行理性批判。

"文化大革命"的实践，导致公有制信念受挫，却又出现了一种新的市场万能理念——市场原教旨主义，相信市场必然高效、市场永远万能，市场能解决一切问题，因此医疗教育等一切领域都要市场化，市场化成为神圣的最佳模式。即使在现实中出现了大量"市场失灵"的事实，很多人也不愿意改变对市场的崇拜。当人形成了市场万能的神圣理念之后，往往就会摒弃现实测试，无论出现了多少与理念相矛盾的事实，都不愿对那"神圣"理念进行修正。在一个动态发展的现实世界中，即使一种理念最初是"现实的"，但若不随着变化的现实而进行修正，这个理念也会变得"不现实"。相反，如果不陷入极端情绪化，能够更为理性地根据现实测试来修正理念，即使理念最初有"不现实"的地方，也有可能修正得接近现实。

"民主"也是一个经常被原教旨化的理念，"全民普选、多党竞争、权力制衡"被视为民主程序，人们相信这样的程序能够保证人民拥有权力、人民治理国家、人民享有成果。但是，若对这些信念进行认真的现实测试，就可以看到大量现实是与这些"内构现实"的信念相矛盾的。譬如，在美国的民主制度中出现了1%的人凭借金钱左右国家政治决策的现象，使99%的人的利益受到了损害。又譬如，在印度的民主制度中，选举和权力制衡的程序导致了政府机构间的"扯皮"与"不合作"，造成了治理的低效无能，使得许多基本的民生问题难以解决。

在按照西方模式建立起民主制度的伊拉克，问题就更多了，连人民基本的生命安全权利都无法保证。"阿拉伯之春"时的埃及、近些年来的乌克兰等国都出现的民主乱局，又进一步提供了现实测试的负面例证。面对有违民主理念的负面信息，极端民主主义总是用选择性的"数据挖掘"等方法来处理，想方设法挖掘出能够强词夺理的数据，以捍卫"民主"的万能神圣地位。

自由与民主相似，也享有万能神圣的地位，也是一个被极端化的理念。自由主义相信"人生而自由"，相信人在自然状态中是完全自由的，因此自由是不可剥夺的自然权利。对于这种"内构现实"的信念，他们不进行现实测试，从不在实践中检验人是不是"生而自由"，是不是"在自然状态中完全自由"，而是给自己的信念注入浪漫的情绪，赋予神圣的意义，全然不用批判性思维来对待自己的认识模式。

自由、民主、市场是启蒙运动宣扬的信念，批判性思维也是启蒙运动倡导的思想方法。但是历史却呈现了一个诡异的畸变，这些启蒙信念演变成了万能神圣的理念，背叛了批判性思维的启蒙精髓。启蒙运动留下了遗产，也留下了迷思。曾经在启蒙时代辉煌闪耀的一些信念，渐渐地被神化和僵化，变成了极端的信条。当年，启蒙运动通过批判性思维摆脱了中世纪神权的束缚，开启了现代化之门。现在，当现代化席卷了全球之后，启蒙信条却被神化和僵化了，在现代社会面临着危机与挑战之际，是否也应该通过批判性思维对这些信条进行反省呢？这样的反省也许可以为人类的继续发展开启一道新的大门。

用批判性思维对自由、民主、市场的信念进行反思、进行现实测试，是本书的一条主要思路，希望通过这样的反省和测试，能够获得更加符合现实的认识模式，能够更现实地解决人类面临的问题，尤其在西方自由民主制度和自由市场都经历挑战和危机的时刻，非常需要通过反思以寻求改进。

本书的第一部分主要讨论"自由"的信念，由于自由主义在西方现代思潮中占据主宰地位，自由的信念全面而深刻地渗入民主、市场等一系列对现代化发展至关重要的观念之中，但是自由的信念却又先天地缺失了理性的论证和现实的检验，因此，需要首先对自由的信念进行论证和检验：人是生而自由的吗？"人生而自由"的信念最初是如何形成的呢？以后又是如何发展和演变的呢？个人自由的信念对人类自由（群体自由）会产生什么影响呢？个人自由与人类自由之间有什么关系？如何才能处理好这个关系以利人类的发展？通过分析这些问题，来反省自由主义的一些偏颇观念，探索个人自由和群体凝聚之间的优化平衡点，以及政治体制、经济发展与这个平衡点的关系。

本书第二部分探讨"民主"的问题，西方民主体制被认为是现代国家应有的"普世"体制，是"最不坏"的政体，但是这个信念也缺乏认真的论证检验，因此也需要对西方民主程序和民主结果进行现实测试。本书测试的案例既包括新兴的民主国家，也包括成熟的民主国家，通过测试和分析，本书反省了西方民主理论中存在的三个逻辑误区（人民的群体性与权利的个体性之间的概念矛盾、不负责任的个人权利导致的自毁机制、趋中化效应造成的自弱机制），由此提出了"优主"的概念——要超越民主选举的趋中，要选拔优于中等水平的高端优贤者主政。本章对如何选拔优者、如何保持优秀等问题都进行了具体的分析，还进一步探讨了民主和优主之间的差异和利弊，以寻求民主体制内的改革和民主体制外的优主体制可行性。

本书第三部分着重分析市场的资源配置，关于市场的论述数不胜数，但这些论述往往忽略了一个对资源需求有着巨大影响的因素，这个因素是温饱满足。在温饱满足前，人的需求大多数是为了温饱，而温饱消费基本上是有利于未来发展的，但在温饱满足后，对资源的需求就变得多样而复杂，满足这些需求的消费有的有利于未来发展，有的无利于未来发展，这种需求的改变影响了市场的性质。

本书所侧重的正是从温饱满足之后的视角来审视市场性能的质变，在后温饱时代，人的消费需求有哪些特点？会对市场造成什么影响？温饱后人类的生存和发展将主要面临什么障碍？市场能否高效率地配置资源去克服这些障碍？什么样的体制能够高效率地解决这些问题？……本书希望通过理性的分析和现实的测试，来认识现实中存在的问题，来反省脱离现实的僵化信念，来探索有利于群体长远利益的多元化发展道路。

本书由三个部分构成：自由、民主、市场。因为自由是西方民主和市场理论中的核心观念，因此全书的分析从讨论自由展开，继而分析民主，最后探讨市场。三部分的要点大纲如下：

- "人生而自由"是西方自由主义的基石，但缺乏理性论证。

- 理性分析和实践检验显示，人是生而不自由的。而且，心理学的实证研究指出，人既有"要自由"的心理需求，同时也有"要依附"的"逃避自由"的心理需求。

- 虽然个人是不自由的，但"人类"却有很大的自由，人类创造的生产力使人类在生存发展方面获得极大的自由。

- 人类自由的增长可以扩大个人自由，但是需要以牺牲一定程度的个人自由为代价；个人自由的创新力和个人不自由的向心凝聚力，是增加人类自由的两个不可或缺的要素。

- 有利于人类社会发展的优良政治体制是要在个人自由和人类自由之间形成优良的平衡点。本书第二部分讨论什么政治体制是优良的。

- 西方民主制度被认为是优良政治体制，但这种民主制在实践中出现了许多问题，这些问题反映了民主理论中的三个逻辑误区。误区一：人民的群体本位性与权利的个体本位性之间的概念矛盾。这个逻辑矛盾导致不同意见的个人以"人民"之名合法恶斗。误区二：不负责任的权利导致自毁机制。有选举权利却没有选举责任的制约，使不负责任的人参与主导群体长远利益的决策，如同让无驾照者开车，导致自毁事故。误区三：普选的趋中化效应造成自弱机制。民主多数制使得中等水平者占上风，因为大多数人不能理解高端，倾向于认同趋中者。在国际竞争中，趋中制弱于趋强制，将导致国家趋弱。

- 走出民主误区的两种选择：（1）体制内的民主选举制度改革，（2）体制外的优主政治探索。

- 优主的核心问题是选拔超越趋中的优者，形成优贤者的优主集团，由优者执政。

● 优主政治遵循五大原则：（1）大门开放，（2）择优门槛，（3）内部反腐优化以保持优秀，（4）组织结构趋优，（5）与普通大众保持密切联系。

● 优主政治不是程序取向，而是目的取向、结果取向。不同的国家创造适合自己的程序，并在发展中不断优化自己的程序，以实现"为群体长远利益"的目的和结果。

● 优良政治体制必须考虑：如何配置社会资源才能更有利于群体长远利益。本书第三部分讨论这个问题。

● 经济自由主义认为市场能够最高效地进行有利于社会发展的资源配置，并以市场经济在资本主义崛起发展过程中的成功为证。这种观点忽略了一个对资源配置有着巨大影响的因素——温饱满足，因而无法看清市场无形之手在温饱前后发生的质变。

● 这种市场观念忽视了利益的时间性，市场配置资源追求现时利益、忽略未来利益。在温饱满足前，由于温饱产品的现时利益和未来利益基本一致，市场配置资源可以表现得合理，但在温饱满足后，市场配置资源对未来利益的影响就非常复杂。

● 温饱满足后，妨碍人类自由的主要障碍是：疾病、环境、国家安全。要克服这些障碍，需要把资源配置给医疗、环保、国防、教育、科研、基建六大行业。

● 优主政治利用体制优势，可以把更多的资源配置给这些产业，使温饱满足后的资源配置更加有利于未来发展，更加有利于群体的长远利益，更利于实现美好生活。本书分析了温饱满足后人类发展的主要问题，以及解决的方法。

第一部分

不自由的人与自由的人类

第一章 "人生而自由"观念的由来与演变

"自由"是西方现代思潮中的一个核心价值，对于自由价值的执着，除了源于人们心中的主观愿望之外，还源于一个"内构现实"的信念：人是生而自由的。对于"人生而自由"的信念，很少有人质疑，所以自从启蒙运动以来，"人生而自由"成了世纪性名言，被载入了无数重要的文件。不过，如果用理性批判的思维，对这个"内构现实"进行一下现实测试，则可以看到许多疑点与漏洞。

一、"人生而自由"的疑问

如果将人和其他动物相比，不难看到人其实是比大多数动物"生而"更不自由。

首先，行动的不自由。幼鱼从鱼卵中一生出来就能游泳，生而有行动的自由。蛇卵虽然需要孵化，但稚蛇破卵而出之后，立刻能够爬行，也是生而有行动的自由。雏鸟比鱼蛇少些自由，因为雏鸟破壳出生之后，需要父母喂食，然后才能自由飞翔。哺乳动物依赖母乳，自由度比鸟类更低。如果将人和其他哺乳动物相比，人的自由似乎就更少了。牛犊马驹在哺乳期已经能够站立，能够自由行走。而人类初生婴儿完全不能站立，要一年后才能摇摇晃晃的，由大人牵着手"不自由"地行走。和鱼蛇鸟兽相较，人生而没有行动的自由。

其次，饮食的不自由。幼鱼稚蛇出生之后能够自己进食，生而有饮食的自由。雏鸟虽然需要父母喂食，但其所食之物是自然界中存在的，可以自由觅取。哺乳动物比鸟类在饮食方面更不自由，因为幼兽所需之食是母乳，不是在自然界中能够自由随意找到的，其饮食受到了严格的限制。作为哺乳动物的人类，也受到了同样的限制。婴儿不能吃成人的食物，需要吸食乳汁，或者只能吃类似于乳汁的食品，婴儿的消化系统决定了人饮食的不自由。饮食是维持生存的命脉，人一出生，命脉就被严格控制，这是人"生而"必须面对的不自由。不过，虽然哺乳的生理特征使人生而丧失了饮食的自由，但母乳的特殊营养对于婴儿的发育成长有巨大的好处。人付出了饮食不自由的代价，却得到了婴儿期优良发育的回报，为长远的发展打下基础。

除了和动物相比所表现出来的行动和饮食的不自由，人还在其他方面呈现了"生而不自由"的特性。

第一是生存的不自由。人出生之后是完全不能自立生存的，在婴儿时期需要哺乳，断奶后还需要大人喂食；稍后孩子能够自己吃饭了，但还不会自己做饭；再稍后能够自己做饭了，但绝大多数还不能够自己种地产米或者赚钱买米。随着生产力的发达，社会变得越来越复杂，人能够自己产米买米的年龄被越来越推迟。中世纪的时候，十三四岁的孩子可以下地干活产米，在现代社会，不仅有法律禁止使用童工，而且要想找到更好的工作、得到更好的收入，就需要进行更长时间的学习，小学、中学、大学、研究院。社会越发达，人受教育的时间就越长，人能够自立生存的时间就越被推迟。

在现代发达的社会中，人的生存能力和教育紧紧挂钩，根据福柯[①]的理论，现代学校是现代权力实行思想控制的工具，教育可以使人变得更加正常化、标准化。人只有被正常化、标准化了，才能在社会上找到正常、标准的工作，才能在社会中生存。这种生存，并非真正的自由生存，而是丧失了自由的正常化、标准化的生存。正常化、标准化使人丧失了自由，使人成为社会中正常、标准的生存分子，不过，正常化、标准化也使社会能够正常、标准地运作，为社会的整体发展提供了机会。

第二是发展的不自由。这种不自由突出地表现在人格发展方面。幼年是人最不自由的时期，但幼年又是人格形成的极重要阶段。发展心理学非常重视幼年经验对人的终身影响，许多研究证实了幼年经验在塑造人格方面扮演的举足轻重角色。一些发展心理学家将幼年阶段视为学习的关键期，一旦错过，终身的发展将受影响，譬如在兽群中长大的孩子，当他们错过这个学习阶段之后，就很难再学会"正常人"的语言和行为，结果终身沦为无教化的"野人"。在幼年和青年时期，人的学习能力往往有如下特点：记忆力强，但理解力并非很强。记忆力强而理解力不强的学习能力，使人能够高效率地模仿别人的行为，而不用费时间进行独立自由的理解。

人的高效模仿关键期，恰恰是在人最不自由的时候，在最受他人控制摆布的年龄，于是，人不由自主地去模仿社会和家庭认可的习俗行为，不自由地发展塑造出了自己的人格。这个生存不自由期与学习模仿关键期的重合，从生理结构上决定了人格行为发展的不自由。人格最可塑的时期，正是人最不自由的时期，在这个时期，人不可能完全自由地发展自己的人格，而必须模仿接受社会认可的行为模式，认同社会的习俗价值，把自己

---

① M. 福柯（Michel Foucault, 1926—1984），法国历史学家、哲学家，是 20 世纪最有影响力的哲学家之一。

塑造成社会的一员，让自己融入社会。人的这种生理结构使个人在很大程度上失去了人格行为发展的自由，却给社会增加了教化的力量，使群体能更有效率地教化出被社会、文化、传统认可的成员来。

第三是语言的不自由。人可以有言论自由，但没有语言自由。人不可以自由地创造语言，人只能使用已经存在的语言。即使有个别人创造了新语言，也只可能在极小范围内流传，甚至个别新词的流传都需要获得群体接纳，个体"自由"使用无人认可的语言，是没有实际意义的。人必须使用社会中存在的语言，来进行具有实际意义的交流沟通。语言人类学提出了语言相对性（linguistic relativity）原理，认为不同的语言中所包含的文化概念和分类会影响人对现实世界的认知，人会因语言差异而产生思考方式和行为方式的不同。近来的研究发现，语言对人的空间概念等有很大的影响。

在社会关系的概念方面，语言和人的行为也密切相关，语言既反映了已存在的社会关系，又促使语言的使用者认同这种关系。熟悉中英文的人都知道，中文里有伯伯、叔叔、舅舅、姑父、姨父等称谓，以区分不同的亲属关系；英文里只有"uncle"一词，不对这些亲属关系做细致的分类。中文的细致分类反映了中国传统的亲属礼教关系，伯伯含有家族长者的威望，舅舅、姑父、姨父是外姓人，不可以和本族的叔伯相混。使用这些细致分类的称谓，可以使人形成不同的亲属类别的概念，认同与此相关的礼教。传统礼教通过语言潜移默化人的行为，语言扮演了无形规范者的重要角色。人只要使用语言，就要接受语言潜移默化的规范。

语言使人套上了无形的枷锁，人想要表达自己的思想，不得不使用群体的语言词汇，但这些语言词汇都负载着群体的文化结构，只要使用一种语言，人就会身不由己地套上这个语言的结构枷锁。当人套上了负载着文化结构的语言枷锁之时，却也得到了群体文化积累的知识遗产。通过语言，人可以轻易地学习前人积累的知识经验，而不必自己再从头摸索。语言的出现是人类进化的一大飞跃，给人套上了枷锁，也给人插上了翅膀。

第四是思想的不自由。当语言给人套上枷锁的同时，也给思想缚上了锁链，因为思想和语言是不可分割的。语言负载的结构、意识、概念等，都会通过这条锁链引导思维、影响思想。当然，这锁链并非刚性的，它不会像刚性的铸模，把人的思想都铸得一丝不差。这是一条弹性的锁链，人可以有一定的自由空间。

语言的枷锁具有弹性，这种弹性可以从维特根斯坦①对语汇意义的诠释中看出来，维特根斯坦认为语汇的意义是由语言的大众使用决定的，而不是由语汇"代表"的客体对象决定的。当一个人使用某个语汇来表达某种意义的时候，他必然受到别人使用的影响和限制，这是不自由的一面。但是，因为语汇表达的意义不是严格地"代表"客体对象，没有刚性的定义，因而使用又具有了弹性，人可以有一定程度的自由来使用语汇。所以，语言给人套上的不是刚性的枷锁，而是弹性的枷锁，其间有自由的夹缝。

人的思想也是如此，一方面思维要受到社会的影响，受到外在观念的诱导，这是不自由的一面。但是，这些影响和诱导并不能硬性规定人的思路，它们只是撒开了一张软性的、弹性的罗网，人的思路可以在其间游动，这是一种不自由的自由。"人生而自由"却完全没有表达出这不自由的一面，而是片面夸大了自由的一面，成为一句浪漫感人的世纪名言。

行动的不自由，饮食的不自由，生存的不自由，发展的不自由，语言的不自由，思想的不自由……这些都是人"生而"面临的不自由。虽然，人对这些不自由已经习以为常，其中的一些不自由还给人类发展带来了好

---

① L. 维特根斯坦（Ludwig Wittgenstein, 1889—1951），出生于奥地利，后入英国籍，是20世纪最有影响力的哲学家之一。

处，但是不可否认，这些事例都显示了一个千真万确的客观现实：人生而不自由。

二、"人生而自由"观念的由来

客观事实不能证明"人生而自由"，那么，"人生而自由"是如何成为世纪性名言的呢？有三个重要文献对传播"人生而自由"贡献巨大。

第一个重要文献是1948年的《世界人权宣言》。由于该文献是联合国大会通过的，使其具有了一种普世的权威性。它的第一条是："人人生而自由"，直接宣示了"人生而自由"的命题，不过，它没有费笔墨去论证为什么人是生而自由的；在第三条中，它又从权利的角度再次叙述人的自由："人人有权享有生命、自由和人身安全。"但是，它仍然没有提供理性的论证，说明为什么人人有权享有自由。如果它的叙述是"人人应该获得自由"，那么它叙述的是一种"价值"，无须实证；而"人人生而自由"表述的是"事实"，就需要有证据。但是，它没有提供证据，只是用一个"事实"的叙述来表达一种"价值"，营造了一个权威性的"内构现实"。

这种叙述给价值披上了事实的外衣，使它宣扬的价值具有了普世的事实性。这个文献为"人生而自由"戴上了普世权威性和普世事实性的隐形桂冠。

第二个重要文献是1776年的美国《独立宣言》，也是从权利的角度来阐述"人生而自由"的命题，不过表述方法和《世界人权宣言》稍有不同，其表述为："下述真理不证自明：人生而平等，秉造物主之赐，拥有不可剥夺的权利，包括生命、自由和追求幸福。"它不仅没有费笔墨去论证为什么人是"生而平等""拥有不可剥夺的权利"的，还开宗明义、直言不讳地宣称，这根本不需要论证，因为这是不证自明的真理。

第三个重要文献是启蒙运动重要哲学家洛克①的著作。洛克是自由主义的鼻祖,他在 1680 年至 1700 年前后书写了一系列政治哲学著作,阐述了有关自由和个人权利的理论。这些理论成为自由主义的经典,对后世的影响极为深远,美国的宪法和《独立宣言》就深受其影响。作为学者,洛克没有采用"不证自明"的政治宣言方式来表述"人生而自由",而是进行了论证。洛克的论述是从自然法、自然权利②的角度展开的,他的论证逻辑是:上帝创造了人类,上帝造出的人是自由的,这是自然状态,因此自由是人的自然权利;这种自然权利是生而具有的,是不可剥夺的,因为人是上帝创造的,是上帝的财产,是奉上帝的命令来到世界上的,只有上帝才可以终止这种权利,任何人不能剥夺别人的自由权利,甚至任何人也不能放弃自己的自由权利。③

洛克的论证基础是建立在"上帝造人""上帝创造了自由的人"的信仰之上的,基督教信仰是西方文化的核心内容,洛克是基督徒,基督教信仰很自然地成为他的论证基础。信仰是无须证明的,所以洛克没有费笔墨去进一步论证"上帝造人""上帝创造了自由的人"。以宗教信仰为基础的论证方法,是洛克论证的致命缺陷,因为对于非基督徒而言,他的整个论证就失去了基础。

洛克是启蒙运动的重要哲学家,是自由主义的鼻祖,分析洛克对"人生而自由"的论述,可以看到自由主义在启蒙运动时代的早期历史渊源脉络。洛克的论证中渗透着深厚的基督教渊源影响,《政府论》是他最重要的阐述个人自由权利的著作,在这篇巨著中,他首先用了大量的篇幅来讨论上帝赐予亚当什么权力?亚当对其子孙拥有什么权力?亚当有没有对于

---

① J. 洛克(John Locke, 1632—1704),英国哲学家。

② 自然权利一直是很有争议的问题,即使是主张肯定自然权利的学者,他们的观点也很不相同。

③ 关于洛克的论证,参阅他的《政府论》。

世界的统辖权？亚当的继承人有没有权利享有这种权力？谁是亚当的长房后嗣？……这些都是和基督教圣经紧密相关的神学问题。①

接着，论证"人生而自由"的时候，洛克使用了上帝创造了人、人是奉上帝的命令来到世界上的基督教观念。洛克之所以如此论证，是和他所处的历史环境休戚相关的，那是经历了一千余年中世纪文化熏陶的欧洲，基督教精神渗透进入了社会的每一个细胞，从普通人的日常生活，到知识分子的思维方式，无处不流动着基督教精神的血脉，无处不渗透着基督教精神的灵魂。

基督教在 1 世纪从中东传入欧洲，起初流行于下层社会，当时是罗马帝国时代，上层多数信奉罗马诸神，基督教徒还时时受到当局的迫害。但基督教的平等博爱、赎罪救世、末日审判、正义必胜、救世主终会降临人世等信念有极大的吸引力，而且早期教会信徒之间相恤互济、关系淳朴，教士更是笃实虔诚、以身作则，这使得基督教吸引了越来越多的信徒，渐渐壮大起来。3 世纪，罗马帝国经历了空前的危机，外族入侵、皇帝被俘、内战不断、通货膨胀、城市衰败、农村凋敝、经济濒临崩溃，史称"第三世纪危机"，在危机中人们更是需要精神的依托与拯救。4 世纪初，罗马皇帝君士坦丁改变了排斥基督教的政策，他自己皈依了基督教，以后基督教逐渐成为国教。

进入中世纪之后，在漫长的一千多年间，基督教在欧洲的影响如日中天，教会不仅深深卷入政治事务，还渗透到百姓的日常生活中。从出生时的婴儿受洗，到死亡前的临终涂油；从星期天的礼拜圣餐，到日日夜夜的忏悔告解，人的一生都被基督教的教诲指引着。知识分子的精神生活也在基督教的指引之下，中世纪教育资源贫乏，教会几乎垄断了教育，在这样

① 洛克关于亚当等的论述很多是针对主张专制君权的罗伯特·菲尔麦（Robert Filmer，1588—1653）的理论，菲尔麦的著作中大量使用了圣经中的亚当事例。

的教育制度下培养出来的知识分子，其世界观、人生观都渗透着基督教的精神。宇宙是怎么构成的？世界是怎么创造的？人类是怎么产生的？星辰万物是如何运动的？社会历史将如何发展？人在此世应如何生活？人在死后将去哪里？……对于这一系列问题，都有符合基督教义的答案。

16 世纪的宗教改革挑战了教会的神权，但并没有否定基督教信仰。宗教改革者们认为中世纪后期的天主教会腐败堕落，背叛了基督精神，所以要进行改革，以弘扬真正的基督教信仰。宗教改革运动后的欧洲知识分子仍然信仰基督教，譬如 17 世纪科学革命的领军人物牛顿、启蒙运动的大师洛克，他们都是虔诚的基督徒。

在这样的历史文化背景之下，洛克以基督教信仰为基础论证人的自由，是非常容易理解的。关于"自然权利"的论证，洛克也是在基督教神学的基础上展开的。自然权利是自由主义的重要概念，人权观念就是由此衍生出来的，个人自由是人权的关键内容。

在《政府论》的第二章"论自然状态"中，洛克讨论了自然权利的观念。他的论证从"什么是人的自然状态"推展开来，他写道："为了正确地了解政治权力，并追溯它的起源，我们必须考究人类原来自然地处在什么状态。那是一种完备无缺的自由状态，他们在自然法的范围内，按照他们认为合适的办法，决定他们的行动和处理他们的财产和人身，而毋需得到任何人的许可或听命于任何人的意志。"① 在这种自然状态中，人人遵从自然法，拥有自由地处理自己的财产和人身的自然权利，同时不能侵犯其他人的自然权利。为什么人拥有这样的自然权利呢？

洛克接着写道："因为既然人们都是全能和无限智慧的创世主的创造物，既然都是唯一的最高主宰的仆人，奉他的命令来到这个世界，从事于

_____

① 参阅洛克《政府论》第二章第四节，中文参考瞿菊农和叶启芳的翻译，商务印书馆 1982 年版。

他的事务，他们就是他的财产，是他的创造物，他要他们存在多久就存在多久，而不由他们彼此之间作主；我们既赋有同样的能力，在同一自然社会内共享一切，就不能设想我们之间有任何从属关系，可使我们有权彼此毁灭，好像我们生来是为彼此利用的，如同低等动物生来是供我们利用一样。"①

从这段自由主义的经典论述中可以看到，洛克提出了两个与"人生而自由"密切相关的问题。第一，人生而自由的自然权利是上帝赋予的，是任何人绝对不能剥夺的。第二，人在自然状态中具有完备无缺的自由，彼此之间没有任何从属关系。由于第一个问题是"自然权利神授"，是神学的问题，不属于本书研究的范畴，因此这里不作进一步的讨论。第二个问题则可以从非神学的角度来探讨。

什么是人的"自然状态"呢？在自然状态中，人具有完备无缺的自由吗？人是彼此之间没有任何从属关系的吗？对于这些问题，应该进行现实测试。所谓自然状态，应该是在现实的自然中存在的，而不是人为地假想出来的"内构现实"。

关于"人类原来自然地处在什么状态"，至少可以从两个角度来考虑在自然中真正存在过的人的状态。第一个角度是从个人的角度，人的"原来自然地处在"的状态应该是刚刚出生的婴儿状态，因为那是最原初的、最自然的，还没有受到人为影响的状态。观察婴儿的状态，可以显而易见地看到，婴儿是不自由的，完全没有行动和饮食的自由，完全需要从属于他人，完全不是洛克所言的"完备无缺的自由状态"。

第二个角度是从人类的角度，人类的最原来的自然状态应该是刚刚从

---

① 参阅洛克《政府论》第二章第四节，中文参考瞿菊农和叶启芳的翻译，商务印书馆1982 年版。

猿类进化为人类之时的状态①，因为那也是最原初的、最自然的，还没有受到后来发展出来的人类社会的影响。但是，那时人类中的自由和从属状态很难考证，解决这个难题的一种方法是观察与其接近的状态，以做间接的参考。譬如，从进化长河的上游和下游来寻找间接参考的状态，黑猩猩可以作为上游的参考，氏族部落社会可以作为下游的参考。黑猩猩有94%左右的基因和人类相同②，它和产生人类祖先的灵长类动物应该是相当接近的。根据动物行为学家的观察，自然界中的黑猩猩群体里存在着一个雄性的主导者，其他黑猩猩要从属于它，黑猩猩在自然状态中不具有"完备无缺的自由"和"彼此之间没有任何从属关系"。再看氏族部落社会，绝大多数的氏族中都有各种形式的主导者，其成员也不具有"完备无缺的自由"和"彼此之间没有任何从属关系"。

　　显然，观察自然现实可以看到，"人类原来自然地处在"的状态，既不是具有"完备无缺的自由"，也不是"彼此之间没有任何从属关系"。这种所谓的"具有完备无缺的自由和彼此之间没有任何从属关系"的状态并不是"自然"的，而是"不自然"的，因为自然中没有发生过、存在过这样的状态。这种状态来自假设，而这种假设是基于一种理想。假设者持有这种理想，希望能够得到支持这种理想的结论。于是，在前提中埋下结论，再推论一番，导出早已埋下的结论。这个推论过程表面给人客观、理性的印象，但仔细分析，则可以看到，这是一个循环论证。前提是"人在自然状态中是自由的"，结论是"人有自由的自然权利"，论证的前提就是论证的结论。

---

① 此处的论述是基于进化论的假设。
② 关于黑猩猩和人类相同基因的比例，专家有不太一致的数字，此处选用了其中一个较居中常用的数字。

三、从理性到浪漫的嬗变

洛克是基督徒，在"人生而自由"的论证时他受到了局限。不过，科学革命对他的影响也很大，使他能够重视经验主义的认识论，强调理性和实证。强调理性是早期启蒙运动思想家的特征，虽然他们在具体实践时有各种各样的局限性，但在理论上还是主张理性的。洛克的思想理论有两个重要的历史渊源，一个是基督教神学，另一个是科学革命。这两个渊源与中世纪传统的关系是截然不同的，基督教神学是对中世纪传统的继承，而科学革命则是对中世纪传统的反叛。

欧洲的启蒙运动源于自然科学革命，早期自由主义思想家都深受科学革命的影响。洛克认为理性就是自然法，这种对理性的崇尚态度和当时的科学革命密切相关。在16世纪和17世纪的时候，欧洲的科学革命取得了一个又一个的成果，开普勒、伽利略、牛顿等自然科学家完成了一系列重要的科学发现，这些成果震撼了欧洲的知识分子，颠覆了长久流行的中世纪思维方式，为启蒙运动的"理性"思维原则奠定了基础。

科学革命的集大成者是牛顿，他的自然科学理论体系，鼓舞了"用理性认识自然""以自然解释社会"的信念。1687年，牛顿出版了他的划时代巨著《自然哲学的数学原理》，这部著作阐述了万有引力和三大运动定律，用精确的数学公式展示了宇宙万物运动的自然规律。牛顿体系描述自然界运动的精确和完美，给启蒙运动思想家极大的启迪和鼓舞，使他们对自然和理性有了前所未有的信心。他们看到，宇宙万物的运动都受自然定律的支配，而人通过理性是可以认识这些自然定律的；人还可以用数学精确地计算这些定律，准确地做出预测，人的理性可以掌握自然界的运动。他们因此自信地认为，既然自然界存在着通过理性可以认识的自然定律，人类社会也应该存在可以通过理性认识的自然定律；人一旦发现了支配人类社会的自然定律，人类将获得对于整个世界的完全认识。

科学革命不仅给启蒙运动提供了对于人类理性的信心，还给理性的认知提供了科学的方法。这个科学方法是在牛顿之前由欧洲的几代科学家摸索、实践、积累而逐渐形成的。它彻底挑战了中世纪的学术研究方法，为科学革命的成功做出巨大贡献。

这个科学方法是以具体观察为基础的归纳（inductive）方法，不同于中世纪以权威理论为前提的演绎（deductive）方法。在 16 世纪和 17 世纪前后，许多科学家使用观察归纳的方法做出了重大的科学发现，譬如哥白尼观察星球的运动，积累了具体的资料，归纳出地球围绕太阳运转的日心理论；伽利略观察自由落体的运动实验，计算时间速度，归纳出惯性定律。当时著名的哲学家培根对这个方法进行了哲学性的总结：从观察出发，获得具体特定的资料，再归纳出普遍性的理论。这是个通过归纳理性认知的方法，强调观察，主张从特定到普遍的归纳。

这个方法和中世纪流行的方法截然不同，中世纪的方法是从权威性的、普遍性的理论出发，用理论来进行逻辑演绎，再对具体特定的问题做出推演性的结论。这是通过演绎认知的方法，强调理论，主张从普遍到特定的演绎推理。使用这个方法的时候，如果观察到的具体特定现象与普遍理论发生了矛盾，必须以理论为准，要想方设法去修改观察的结果。譬如，中世纪的宇宙论是地心说，那是源于亚里士多德和托勒密的宇宙论。

亚里士多德构建的宇宙结构是，地球在宇宙的中心，围绕地球有 55 个同心的结晶球体，每个结晶球体都附有一个天体，如太阳、月亮、星星，这些球体和天体围绕着地球，以整齐划一的速度，在完美的圆形轨道上移动。虽然亚里士多德不是基督徒，但他的宇宙论很符合基督教会宣扬的有关上帝创造人、世界、宇宙的理念，因此成为中世纪的权威理论。很久以来，人们就观察到许多与亚里士多德的宇宙论相矛盾的现象，譬如很多天体并不是以整齐划一的速度移动，有些星星不仅变速，甚至向后移动。

托勒密对这些矛盾现象做出了"演绎"的解释，他说后移现象是因为这些星体在做螺旋式转动前行（他所说的螺旋式转动前行，可以想象理解成是一个人旋转着跳华尔兹舞往前移动），大的运动方向是前行，但在旋转的时候，可以看到暂时向后的移动。这种螺旋式转动前行的说法，没有观察资料做支持，完全是根据理论臆想出来的，从地球中心的理论出发，罗织假想，拼凑逻辑，使现象符合理论。

当现实与理论发生矛盾的时候，中世纪的演绎方法是通过削足适履来扭曲观察结果以适应权威理论。这种削足适履带来的结果有"阻新"的一面，也有"维稳"的一面。"削足"阻碍了认识新的知识，"适履"则维护了权威理论的稳定，维护了与权威理论休戚相关的社会结构、社会秩序的稳定，因而也可以维护人对于稳定的心理需求。权威理论的演绎方法，可以给人提供一个稳定的心理空间，那里没有令人生畏的变化无常，一切变化都在权威理论的掌控之下，那些不可控制的变化都被"削足"了，权威演绎成一双舒适之"履"，人可以稳定地踩在上面，可以避免认知失调的焦虑。观察归纳的认知方法则无法提供这种稳定的心理空间，人不可能控制被观察的事物，那些事物往往变化无常，人必须承受不可控制的心理压力，并在这种压力下进行观察，通过自己的理性归纳出结论来。归纳法使自然科学家们取得了巨大的成就，他们的成功对早期启蒙运动思想家有深刻的影响。

不少早期启蒙运动思想家都有自然科学的背景，譬如，笛卡尔是数学家，洛克是医学家，洛克还和牛顿等科学家是相熟的朋友。理性主义是早期启蒙运动的一大特色，这些思想家们崇尚人的理性，而不是权威的理论。

作为早期自由主义思想家的洛克，在认知的方法论上很接近自然科学的观察归纳认知。虽然洛克用"上帝造人"的信仰来论证"人生而自由"，没有严格使用观察归纳的方法，但是他的哲学认识论①却带有浓重的实证归纳色彩，他强调经验对人的认识具有决定性的作用，主张知识观念只能来源于人体验过的感觉和对这些感觉的反省。人通过感觉观察到现象，再通过反省把感觉归纳成观念。由于知识观念是源于可变的经验而不是恒定的逻辑理论，因此知识观念是可以修正的，当人的经验环境改变了，人的知识观念也可以改变。洛克举例说，一个热带的人若从来没有看到过或者听到过水可以结冰的事情，他就很难相信冬天人能在水面上行走，但当他来到寒带，他的经验环境改变了，他对于水的观念也会改变。

洛克的经验主义认识论在 17 世纪和 18 世纪的欧洲广为流行，这种重观察、重实证、重归纳的思维方法为启蒙运动的发展做出了巨大贡献。这种思维方法的生命力在于，它为知识敞开了改进和创新之门，不把一时一处的结论永恒化、普世化，因此使知识可以不断成长，而不会僵化成教条。后世许多人热烈颂扬启蒙运动的伟大成果，但其中不少人只是热衷于启蒙运动的结论，甚至把这些结论奉为权威教条，而不重视启蒙运动那充满生命力的思维方法。

启蒙运动时代已经过去了三个多世纪，人类社会已经增加了三百多年的新经验，社会环境也和启蒙运动时代大不一样了，人类的知识也在新经验、新环境中不断更新发展。达尔文的进化论使许多西方人放弃或修正了19 世纪之前流行的神创论，越来越多的欧洲之外的非基督徒知识分子也融入了启蒙运动后的西方文化，在这新的历史环境中，应该怎样对待启蒙运

---

① 洛克关于认识论的论述请参阅《人类理解论》，关文运译，商务印书馆 1959 年版。

动时代的结论呢？若用中世纪重演绎的思维方法，可以把"人生而自由"奉为权威教条，当作"不证自明"的真理；若用启蒙运动的重实证归纳的思维方法，则要根据新的观察、新的经验，重新认识启蒙时代的结论。

但是现代的自由主义却背弃了实证归纳的认知方法，这种背弃其实是很早就发生了的，推动背弃的一只强力巨手正是浪漫主义运动。启蒙运动始于欧洲从中世纪向现代社会转型的前夜，早期启蒙思想家拥有"自由"和"理性"两面大旗，但是后来这两面大旗却受到了不同的待遇。"自由"的大旗被越来越高地举起，"理性"的大旗则受到一股新浪潮的贬抑，这股新浪潮是 18 世纪末 19 世纪初兴起的浪漫主义运动。浪漫主义者不认同早期启蒙运动对理性的强调，主张应该强调人的感情和情绪的重要性。他们崇尚感情表达的自由，反对束缚人类感情的一切东西，他们不认为需要用理性来论证为什么人应该有表达感情的自由，他们相信内在感觉的力量。他们要超越理性，认为直觉比逻辑更重要。他们热爱主观的感觉和激情，呼吁要冲破牢笼，让个人自我的感情自由奔放，不受权威的制裁，也不受理性的约束。

早期启蒙运动思想家多数有科学家的背景，而浪漫主义运动中的很多自由主义者有诗人和艺术家的背景，他们开启了一个新的自由主义时代。歌德是浪漫主义运动的开启者，他的作品对浪漫主义影响深远。《浮士德》的序幕阐述了一个著名的理念：理性是人类的诅咒，理性使人类陷入痛苦与不幸。该剧主角浮士德拥有许多学科的博士学位，掌握了大量的理性知识，但他却觉得自己一无所知、异常痛苦，他求助于神秘主义的力量，期望获得更自由的经验，浮士德象征贬低理性的自由主义追求。

在这场席卷欧洲的浪漫主义运动中，自由主义文学家扮演了重要角色，他们的作品激情澎湃，他们宣扬的浪漫主义自由使无数人为之动容。他们自己也浪漫地投身争取自由的革命运动，甚至血洒战场，雪莱和拜伦就是其中的佼佼者。《解放了的普罗米修斯》等文学作品的感召力极其巨大，不仅鼓舞了一代又一代的自由斗士，而且把自由主义浪漫化。被浪漫化的自由主义飘到了浪漫的云端，从此自由主义成为抒情的诗篇和铿锵的宣言，不再需要理性的基础。

浪漫主义宣扬自由、贬低理性，反映了自由和理性之间的固有矛盾，这个矛盾是深藏在人的本性之中的，因为，人的自由意志并非完全理性。人的自由意志有时是理性的，有时是非理性的，自由意志经常会使人干出一些非理性的事情。感情的冲动、欲望的诱惑是非理性行为的一大根源，听任感情和欲望支配，就会"自由"地背离理性。潜意识、非意识是另一大根源，进入 20 世纪之后，心理学对潜意识、非意识的研究有了重大的发展，认识到潜意识、非意识对人的行为有深刻的影响。当人根据自由意志来行为的时候，他很可能不是受理性意识的指导，而是受潜意识、非意识的支配，在这些潜意识、非意识中有许多是违反理性判断的。浪漫主义在追求个人自由的时候，感觉到了理性对自由意志的束缚，因此要求摆脱理性，以便使个人的自由有更加广阔的空间。

虽然自由和理性的公开分道扬镳是在浪漫主义崛起的时代，但孕育分道扬镳的种子是在启蒙运动中种下的，这颗种子就是对个人自由的神圣崇拜。启蒙运动把个人自由扶上了"神圣不可剥夺"的圣坛，使个人自由成为膜拜与追求的神圣目标。在这个神圣目标的感召下，人们心中的自由诉求被不断地表述出来、宣发出来。最初人们要求的是个人心中的理性自由诉求不被压抑，接踵而至便是要求对个人感情自由的诉求也不被压抑。感情自由的召唤力是巨大的，因为理性自由本身含有约束的成分，那是要用理性来约束自己的任性纵情；而感情自由则是更彻底的个人自由，那是要让心中的感情能够无拘无束地奔流宣泄。正如现代神经学和心理学所指出的，情绪动机在生理上要比理性动机更加有力，人们对感情满足的要求往往要大过对理性满足的要求。在历史上，宗教、道德、理性都曾经压抑过感情满足的自由，而且，感情满足还常常被扣上"卑下""低俗"等帽子。

是浪漫主义，为感情自由做出了彻底的平反：感情自由不应该被压抑，感情满足不应该被贬低，情感自由是神圣的个人自由。浪漫主义还进一步为自由主义的社会描绘了理想图：在这个浪漫自由主义的理想国中，个人的自由权利受到充分保障，个人的感情可以无拘无束地表达。因此，追求这样的自由是高尚的行为，进入这样的理想国将无比的幸福浪漫。浪漫主义是自由主义孕育出来的宠儿，它为自由主义描绘了浪漫理想的境界，使人相信自由社会的幸福美妙。

浪漫主义对自由主义的"去理性"影响是深远的，不仅鼓舞了否定理性的浪漫主义者膜拜浪漫自由主义，就连肯定理性的自由主义者也受到了感染影响。很多自认为理性主义的人，在那浪漫自由理想的感召下，都情不自禁、不证自明地相信了那浪漫自由的神话。

四、现代派对启蒙运动的重新审视

当欧洲进入 20 世纪之后，社会发展的新现实暴露出了自由和理性的一些始料未及的问题，引起了人们对现代国家中的自由和理性进行重新反省。早期启蒙运动思想家受科学革命成功的影响，曾经相信理性可以为人类构建一个自由的现代国家。但当现代社会真正来临之后，不少人却对之感到失望。

1930 年代，欧洲涌现出批判启蒙运动和现代性的法兰克福学派，他们对美国和欧洲的思想界产生了巨大而深刻的影响。这些学者亲身经历了两次世界大战，以及经济大萧条和法西斯的崛起，又目睹苏联的集权、美国的消费主义横行和大众文化泛滥，他们深刻体验了现代社会衍生出的种种灾难,因而提出了一系列剖析现代社会问题的"批判理论"。他们发展出跨学科的研究方法,涉及哲学、社会学、政治学、心理学、语言学等数个学科。他们还指出,启蒙运动的辩证对立发展结果——理性和自由已经走向了反面:科学的发展产生了大规模杀伤性武器;文化的大众化淹没了个人的自由;大众传媒成为社会控制新工具;消费主义扭曲了理性,破坏了环境,奴役了人的真正自由……

在 20 世纪的现实中,很多人看到启蒙运动预期的自由、理性在现代社会并没有实现,相反,现代社会还发展出一套新的统治方法来束缚人的自由。20 世纪的思想家对现代社会中的统治方法及其特点进行了大量的研究,譬如 20 世纪流行的结构主义和后结构主义。结构主义指出,结构是一种看不见的隐性枷锁,在更深处束缚着人的自由。

20 世纪下半叶,在西方思想理论界崛起的福柯对结构主义和后结构主义都有深刻影响,对现代社会统治方法更有精辟的剖析,他用"知识—权力"的理论来描述现代社会中的隐性枷锁。以前人们熟悉的是各种显性枷锁,譬如警察、法庭、军队等,现代社会在显性枷锁之外又发展出一套隐性枷锁,用更为隐晦、柔性的方法来进行统治,来束缚自由。

福柯认为,传统的权力是看得见的,而现代社会发展出来的纪律性权力则是"看不见的"。[①] 通过分析欧洲的监狱历史,福柯描述了权力从惩罚性向纪律性的现代化转型。在惩罚性时代,犯人面临的是肉刑、死刑等刑罚;而在纪律性时代,犯人面临的则是无孔不入的人性化的控制。惩罚的有形之手可以残害人的肉体,纪律的无形之手则可以改造人的灵魂。福柯指出,这些控制手段不仅在现代化的监狱中使用,还渗入现代社会的其他机构中,譬如工厂、学校、医院、机关等,还披上了科学的外衣。

---

① 福柯关于惩罚、纪律、权力、知识等的论述,请参考他的《规训与惩罚》(北京:生活・读书・新知三联书店 2020 年版)等著作。

福柯认为纪律性权力主要使用三种控制手段：等级制监视、标准化正常化管理、考试制度。

第一种控制手段是等级制监视的纪律性控制，在现代军队中最为明显，不过，在其他现代机构中也可以看到它的踪迹。譬如在工厂里，现代化的管理发展出各种各样的监督控制系统——质量控制、成本控制、人事控制等，这些系统通过层层负责，监督属下行为，使每个人都要循规蹈矩，以便高效率地完成任务。福柯把等级制监视描述为网络，个人被安置在网络中，接受永久的、不间断的监视。

第二种控制手段是标准化正常化管理，它比等级制监视具有更广的涵盖性和更强的渗透性，等级制监视只能涵盖网络之内的人，而标准化正常化管理则能涵盖等级制网络之外的人。另外，标准化正常化还可以渗透到人的内心，因为等级制的监视是来自上级、来自外界的，而标准化正常化则可以内化到人的心里，使人从内心自我监视。

福柯把标准化正常化的程序分解为五步：第一步，提出规则；第二步，根据规则对人进行排列；第三步，把排列结果量化，以此为准来定义人的能力、级别、属性；第四步，规定出必须达到的量化标准；第五步，使不能达到这个量化标准的人沦为"不正常"的群体。正是这种"不正常"的耻辱感，使人产生了自我监视的机制。传统权力的惩罚使人产生的是恐惧感，为了减少恐惧，人们往往会想方设法逃避惩罚。现代权力的标准化正常化程序，使人产生的是耻辱感，为了减少耻辱，人们往往不会逃避正常化，相反会想方设法使自己正常化，尽力达到正常化的标准。

第三种控制手段是考试制度，福柯认为，考试是等级制监视和标准化正常化管理的结合。考试可以进行正常化的监视，其内容可以标准化，其结果可以量化，可以排列分类，可以实施惩戒。现代社会发展出了一套等级制的考试系统，应试者在这个系统中接受层层审查监视，考生必须通过初级考试，才能进入更高一级的考试，被一层又一层地标准化、正常化。而且，很多考试被礼仪化了，通过各种典礼、各种服装道具等，使考试披上隆重权威的外衣，使考试的结果染上崇高权威的色彩。

现代考试的另一大特征是结果的量化，考试结果用分数来表示，这样就很容易进行排列分类，很容易制定及格、不及格的标准线，对不及格的人可以实施各种形式的惩戒，而且由分数区分的等级地位可以激发人的荣辱感，使人趋荣避辱地自我监督，进行自我正常化。分数的使用，大大降低了人的个性自由，使一个个考生都被定型为一个个的分数，这些分数具有规范性、同一性，便于权力机构系统化存档，并利用档案系统来实行控制。

现代权力更多地依赖知识权威的软实力，较少使用强力惩罚等硬实力。为了使自己获得知识的权威性，权力需要营造"真理体制"。福柯认为，真理并不是自由精神的产物，真理只是靠多种形式的强制而营造出来的。他说，真理和权力之间有着循环的纽带，权力制造真理，真理引发权力，二者互动形成一个"真理体制"（a "regime" of truth）。教育在"真理体制"中扮演着重要的角色，在现代社会中教育机构是以知识权威的面貌出现的，知识真理是由高高在上的学校老师传授给学生的，学生是否懂得知识真理是由考试来判定的，教育使人标准化，使人自觉趋向知识真理权威，使人成为"真理体制"中的正常良民。

福柯的分析，可以使人看到现代的纪律性权力给现代公民套上的隐形枷锁，在这样的枷锁钳制之下，没有浪漫主义所描述的理想自由。自由主义推动发展出来的现代社会，并没有浪漫的自由，而是具有许多现代特色的"不自由"。

福柯对现代社会的这些分析批判，是从捍卫个人自由的角度出发的，指责社会对个人自由的控制。他没有超越个人自由，没有从其他角度来看这些问题。如果超越个人自由的角度，就可以看到虽然浪漫主义的个人自由被现代纪律性权力钳制了，但是另一些令人向往的东西却也在纪律性权力的卵翼下产生出来，这些东西对社会、对个人都可以产生美好的影响。等级制监视提高了工厂的生产效率；考试制度防止了低能的人进入重要岗位；强制教育、义务教育改善了社会的人力资本；标准化正常化管理加强了社会的凝聚力。

福柯所描述的等级制监视、标准化正常化管理、考试制度，以及整个现代的教育体系，一方面，加强了现代权力对人的控制，使现代社会中的公民们在隐形枷锁的钳制下，不能享受充分的个人自由，另一方面，却也使社会的整体工作效率提高了，为社会增加了新的生存能力、竞争能力。这些新的能力给人类带来更多的自由，可以明显地看到，在现代社会中人获得了比动物、比前人多得多的自由能力。

现代权力的控制，使人丧失了自由，也使人增加了自由，这似乎是一个悖论性的现象，应该如何分析和理解这个现象呢？这是下一章要深入探讨的问题。

第二章　人类自由的获取

一、从人的不自由到人类的自由

  和动物相比，人有时表现得更不自由，但有时却又表现得更自由。譬如人不能像鸟那样自由地飞翔，但人乘了飞机却能比鸟飞得更高、更远、更自由。这两种不同的自由表现，蕴含着两个不同的自由概念。一个是个人自由的概念，另一个是人类自由的概念。

  人类自由（群体自由）的概念和个人自由的概念不尽相同，它表达的是人类作为一个整体所具有的自由能力。上章的第一节讨论了人必须面临的一些不自由，譬如，行动的不自由，饮食的不自由，生存的不自由，发展的不自由，语言的不自由，思想的不自由。这些不自由都是指个人的不自由，是从个人自由的角度来分析探讨的。若从人类自由的角度来分析探讨，结论则会很不一样。尤其是随着社会的发展，随着社会不断地进步，人类生存能力和竞争能力不断提高，人类获得了越来越大的自由。

  在行动方面，虽然个人和动物相比，生而行动不自由，但当人出生后加入了人类这个群体，就会获得比动物大得多的自由。人类能够制造轮船潜艇，可以比鱼类更加自由地游泳；人类能够生产飞机飞船，可以比鸟类更加自由地飞翔。人类不断地突破速度的极限，这是任何动物都望尘莫及的。人类不断地挺进新的空间，打破空间对人类自由的禁锢。在争取行动自由方面，人类已经获得了空前的成就，还将不断地获得更多的自由。

在饮食方面，当人类从采集狩猎进入了农耕社会，就比动物有了更大的饮食自由，因为可以对食物的来源保障实现一定程度的自我控制。随着农业技术的发展，人类对食物来源的自我控制逐渐加大。工业革命之后，农业实现了机械化，农业产出大量增加，终于逐渐解决了人的温饱问题，这是人类自由的一次空前的飞跃。温饱是人类生存的必要条件，在此前的人类历史上，人的自由一直受到温饱的制约，为了生存必须把大量的时间精力消耗于生产维持温饱的物质上，使人没有自由去做其他事情。人类生产力的发展，首先在数量上解决了人的饮食问题，使人能够摆脱温饱制约的不自由。继而在质量上突飞猛进，人类的科技进步创造了自然进化无法比拟的饮食质量。在生物的进化过程中，经过亿万年的进程才产生了哺乳动物，才造就了母乳，改善了幼仔饮食的质量，使幼仔能获得更好的营养，能有更好的发育。人类科技则在极短的时间内就创造出了一系列营养食品，大大超越了天然的乳品，不仅为婴儿，还为其他年龄层的人都带来了更有益于健康、有益于发展的机会。无论是在数量上，还是在质量上，人类都获得更多的饮食自由。

在生存方面，生产和科技的进步给人类带来了更大的生存自由。自然灾害和瘟疫疾病一直威胁和限制着人类的生存，是生存自由的制约因素。鼠疫在中世纪曾使许多欧洲国家丧失了近一半的人口，地震在地中海东部和红海北部地区曾使几个古代文明城市颓败消亡，19 世纪马铃薯瘟疫造成的饥馑使爱尔兰人口减少了约四分之一，中国历史上的洪灾曾夺去无数人的生命和家园。生产力和科学技术的发展，使人类有能力对抗这些制约因素，抗鼠疫药物的发明，抗震建材的使用，抗病虫害农业技术的推广，抗洪防涝工程的兴建，大大减少了自然灾害和瘟疫疾病对人类的损害，使人类可以更自由地生存。在中世纪的时候，英国人的出生预期寿命只有 30 岁左右，而在 2010 年，英国人的出生预期寿命达到了 80 岁，增加了 50 年的生存时间。人类生存的自由不仅表现在生存时间上的数量增加，还反映在生存质量上的改善。物质的丰富和医药的发展，使人可以从饥饿、病痛、寒冷、酷热的制约中解放出来，使人能够更加自由地生存。

在语言方面，人类不断地丰富自己的语言，通过语言的发展来增加人类的自由。人类创造了数学语言、音乐语言、电脑语言等大量崭新的语言，这些语言赋予人更多的表达能力、分析能力，使人能够进入新的精神领域和知识疆界，为人类的继续发展开拓更加广阔的空间，给人类提供自由的签证，进入一个又一个新世界。

在发展方面，人类获得的自由更是空前的。生物的发展受自然选择的控制，人类的发展也曾经在自然选择的控制之下，但是，人类很早就开始驯化动物和改良植物，来为人类的生存发展服务。人类进行的这些人工选择，是对自然选择的控制展开蚕食渗透。近年来，人类破解了基因的密码，更是使自然选择的控制禁锢出现了更大的裂痕。人类先是通过基因工程改造农林产品，使这些产品更符合人类的需要，打破了自然选择的"垄断"控制。继而人类又开始对人自身的基因进行改造，利用基因工程技术治疗疾病，譬如治疗免疫系统的先天缺陷。若按照自然选择的规律，这些有先天缺陷的人本来是会被淘汰的，但人类冲破了自然选择的专制独裁，把有先天缺陷的人从自然选择的残酷之手中抢救出来、解放出来。当基因工程技术进一步发达，人进入了可以克隆人的新阶段，此时人仿佛看到了彻底砸烂自然选择锁链的"曙光"：人终于可以获得自我创造的自由。但是，当人面对这个飞跃而至的新自由时，却踌躇不前了。关于克隆人的伦理讨论在许多国家掀起，至今尚无结论。在美国，民意调查显示，反对克隆人的意见占大多数。① 反对派中的一类意见是：克隆技术尚不成熟，很可能会克隆出一些怪人坏人，尤其是人的寿命有几十年，婴儿时没有出现

---

① 2003 年美国国际舆情研究公司（Opinion Research Corporation International）所做的民调结果显示，只有 12% 的人完全赞成克隆人。

异常的表现，但成年后可能会发展出难以预测的疾病，其结果也许会给人类带来巨大灾难。这类反对意见主要基于技术性问题，另一类反对意见则是基于更深刻的宗教哲理问题，譬如认为只有神才可以创造人，人不应该有创造人的自由。在这前所未有的自由面前，人类表现出了谨慎的犹豫，他们宁愿让古老的、已经实践了亿万年的自然选择来控制自己，或者让"神"来为人类做出安排，而不愿意享受那空前的"选择的自由"。人类表现出的这种犹豫，是和人对自由的二重性心理相关的。关于这种二重性的心理将在以后的章节中讨论。

回顾人类自由能力的变化，可以看到人类已经获得的辉煌成就。这些辉煌的人类自由是如何取得的呢？一种很流行的说法是，由于有了个人自由的创新，才带来了人类自由的发展。这种说法不错，但不全面。因为这些辉煌成就的获取，还需要仰赖群体的合作和纪律性权力的调控。个人自由和人类自由之间的关系是错综复杂的，浪漫的自由主义者只求流行的简单答案，但是只有理性地对这种关系做全面的分析，才能更客观地认识个人自由，也才能更有益于争取人类自由。

人类自由和个人自由之间有着错综复杂的关系，从个人自由对人类自由的影响来看，有其积极的一面，但也有其消极的一面。从人类自由对个人自由的角度来看，同样有着正反两面的影响。当某种新的人类自由创造出来，群体中的成员都有可能享用，个人自由都能因此而增加。但是创造这些新的人类自由，却往往需要钳制一些个人自由，需要付出一些个人自由的代价，譬如福柯所描述的现代纪律的枷锁。

从历史上看，当个人有较大自由的时候，人的创新潜力往往能够得到较好的发挥。譬如，中世纪的时候，个人自由少，创新的思想就较少出现，即使出现了哥白尼、伽利略等的创新理论，也遭到了压制。但是，当一个创新的理论出现之后，要把它转化成能实用的"人类自由"，则需要群体凝聚的努力。应用伽利略、牛顿的力学理论来生产汽车、飞机，就是这样的一个转化过程，这个过程是要在有严格纪律控制的现代化工厂中完成的。福柯描述的等级制监视、标准化正常化管理等现代权力对人控制的方法，在现代化工厂中是极为通用的。传统的小农经济生产不需要这样的控制方法，小农可以无组织，无纪律，自由散漫，但现代化的大生产则需要组织、需要纪律。现代化工厂生产了"人类自由"的产品，但现代化的生产过程却压抑了个人自由，甚至还会使人异化，使人丧失自我。

从创造增加人类自由的新产品的角度来看，个人自由既需要被鼓励，又需要被压抑。无论是在理论研发的阶段，还是在应用生产的阶段，个人自由都扮演着复杂的角色。在研发的时候，个人自由带来的创新固然举足轻重，但很多时候也需要团队合作，需要组织纪律。在应用生产的时候，控制个人自由的管理制度固然是关键，但如果有人能超出常规、做出革新，则会大大促进生产。当人类社会越来越发达，新的人类自由的产品就会变得越来越复杂，所需要的创新和合作也会越来越复杂，从而个人自由和人类自由之间的关系就会相应发展得更加错综复杂。

人类自由和个人自由之间的错综复杂关系，还可以通过乱世和治世的角度来观察分析。纵观历史上的乱世和治世，可以看到很多创新的思想在乱世中爆发出来，使乱世呈现一派"百家争鸣"的气象。一方面是因为乱世出现了许多社会问题，刺激了人们的思维，在思辨问题的过程中形成了各家各派。另一方面也是因为乱世缺乏控制，权威理论信仰在乱世中土崩瓦解，人们从权威理论的软权力控制下解放出来；同时，乱世的政府又多数无能，使人们可以摆脱许多硬权力的控制。在盛世中，权威理论很容易戴上永恒真理的皇冠，把人们笼罩在神圣的光环里、凝聚在软权力的掌控中，使人们缺乏了创新的冲动，而且治世政府的硬权力也非常强大，可以把反抗权威、出轨创新的人控制住，让他们难以"乱说乱动"。

不过，虽然治世缺乏"百家争鸣"的纷纭，却往往可以踏实认真地实践"一家"的理论，譬如，中国汉初实践了主张"无为"的黄老理论，汉武帝时代"罢黜百家",实践了"独尊儒术",这些实践丰富了道家和儒家的理论,无论是成功的经验,还是失败的教训,都能给这些理论输入实践的营养。没有实践过的理论是不丰满、不成熟的,因为实践可以检验理论中的假设,可以暴露预想不到的问题。如同科研中的模拟实验,社会实践也可以给社会理论提供真实的反馈,使人能有机会从新的高度来开拓新的认识空间,使理论能够进一步丰富和发展。在乱世中涌现出的创新理论,如果没有实践的机会,以后很可能被人遗忘,至多给人类留下纸上谈兵的书面知识。譬如,春秋战国时代的墨家理论,曾经和儒家理论同为显学,墨子在哲学上有许多创新的观点,他在认识论和逻辑学方面的建树尤为突出,领先于其他先秦诸子,他对宇宙论、物理学、数学也都有不同寻常的杰出贡献,但是墨家理论没有机会在统一的治世中实践,后来就落入了乏人问津的冷宫。直到两千多年后的"新文化运动"时期,墨子才忽然被许多知识分子挖掘出来,从梁启超、孙中山,到胡适、陈独秀,都对墨子倍加赞扬推崇。虽然墨家理论得到了赞扬推崇,但由于缺乏实践,还是显出了纸上谈兵的单薄,无法和有两千年实践营养的庞大儒家体系相比。

自由的乱世孕育发明出创新的理论,不自由的治世实践发展了已创的理论;自由的乱世不利于理论的实践,不自由的治世不利于理论的创新。这是乱世和治世、自由和不自由面临的微妙困境,也反映出人类自由和个人自由之间的错综复杂关系。个人自由对于人类自由而言,有着矛盾的二重性影响,既消极又积极;人类自由对于个人自由而言,有着矛盾的二重性需求,既需要个人能不受束缚地创新,又需要个人能接受束缚、遵守组织纪律。

二、人对自由的二重性心理

人类自由对个人自由有着二重性需求,既需个人创新,又需要个人接受束缚。这种二重性需求，恰恰符合人对自由的二重性心理：既向往自由，又逃避自由。法兰克福学派的心理学家弗洛姆[1]在《逃避自由》一书中描述了人逃避自由的倾向，人和世界原本有着原始纽带的联系，这既表现在儿童和父母的关系上，也表现在传统社会中个人和社会的关系上。在原始纽带主宰的群体中，个人的自由受到束缚，被束缚的个人在群体中有稳定的位置，因而有归属感和安全感。随着个人的成长和社会的现代化，原始纽带被割裂了，人挣脱了束缚，得到了自由。但是，在这个自由的新天地中，人却陷入了孤独和迷惘，失去了原始纽带的维系和支撑，感到无力无助、不安焦虑。为了摆脱这种焦虑，很多人会逃避自由，让自己再次绑上有归属感和安全感的束缚纽带。[2]

逃避自由的心理倾向和人对自由的二重性心理，都反映在心理学依附理论的研究中。依附理论分析人的依附行为，所谓"依附"是一种人际间稳固的情感关系，它不同于"合作搞生产""合伙做生意"等基于物质功利的人际关系，它是基于情感的关系，人从中得到的是心理上的安全、归属和幸福的感觉；如果失去依附，人会感到痛苦焦虑。依附是一种不自由，但人天生本能地需要这种不自由，因为依附能够在心理上给人提供一个安全的、可以归属的"家"。这个心理上的家，对个人的成长和群体的发展都有重要意义。

研究依附行为的心理学家对幼童和父母之间的依附关系做过长期的观察研究，他们发现，如果父母能够认识和理解幼童心理上对这个安全基地的需要，并且能够通过依附关系提供这样的安全基地，就能使孩子更好地成长。当孩子知道身边有这样的安全基地，他就能够更加大胆自由地探索周围的环境，蹒跚学步，走向陌生的世界。当他在陌生世界遇到挫折，感

---

[1] E. 弗洛姆（Erich Fromm, 1900—1980），德裔美籍心理学家、哲学家。

[2] 弗洛姆认为，人若想要克服逃避自由的倾向，就需要通过爱和工作，使个人能够自发地包含世界，和所有的人团结起来，从而获得更为积极的自由。

到疲劳，可以跑回安全基地，得到抚慰。然后，他又能够再次做新的蹒跚探索，逐渐扩大他的世界。幼童的这种依附行为，可以看作是向往自由、逃避自由的象征：要自由地探索未知的世界，又要不自由地依附于安全的归属基地。

人的"向往自由"和"逃避自由"的二重性心理可以对个人的成长发展起到非常积极的作用，因为个人可以"向往自由"地不断探索未知世界获得新的知识，又可以"逃避自由"地不断回归安全的基地。这种二重性心理使人能在复杂的环境中做出灵活的反应，有时逃避，有时向往，因地制宜，以争取更佳的发展结果，以孕育更多的进化机会。当个人得益于二重性心理而获得健康发展的时候，群体也能因此得益，而且个人和群体之间还可以形成彼此良性互动的发展机制。良好成长的个人可以提升群体素质，个人探索到的新知识可以丰富群体的信息，群体成员间的交流合作可以形成新技术能力，使群体能够发展出更多的"群体自由""人类自由"，进而使群体中的个人也能够增加自己的自由。二重性心理提供了发展的弹性空间，在这个空间里，依附纽带扮演着重要的角色，如果依附纽带的松紧是适度的，人的向往自由和逃避自由的二重性心理就能得到良好的平衡，人就能健康地成长发展。这种适度的依附纽带，不仅能够平衡个人的心理，还能够平衡群体中的自由与凝聚之间的矛盾，使个人自由与人类自由能得到平衡的发展。

启蒙运动的"自由"概念是"个人自由"的概念，表达了人"向往自由"的心理，但是忽略了人"逃避自由"的心理。这种自由的概念没有认识到人对自由的二重性心理，否认了人的"逃避自由""依附群体"的心理本能。"社会契约论"是自启蒙运动以来重要的西方政治理论，虽然各种社会契约论有所不同，主张的社会契约内容也有所不同，但它们都有一个共同的前提，把人设置为"个人自由"的个体。这种前提设置是不符合现实的，不符合人天生具有的"逃避自由""依附群体"的心理本能，而是盲目执着于启蒙运动提出的"个人自由"概念。三百多年来，虽然这种个人自由的概念被不断地宣扬，却不能改变人的二重性心理本能。"逃避自由""依附群体"的心理始终存在着，一直在影响着人的行为。

　　"逃避自由""依附群体"的现象被许多现代学者在不同的学科、以不同的形式探讨过，他们构建了一些极具启示意义的理论和概念。譬如政治哲学中的"社群主义"[①]，批评自由主义把个人原子化、抽象化，割裂了个人与社群的依附纽带；认为个人的自我是植根于社群的，自我构成的要素是由社群的历史文化传统以及诸多社群属性所提供的。个人自我身份的认同和发现，是要通过在社群中的实践经验，通过和其他社群成员的互动及反省，通过体验和认识自我和社群的构成性关系来实现的。

　　社群主义批评了自由主义的一个核心概念：个人自由意志。近年来不少学者通过心理科学、神经科学、认知科学等学科的实证研究，对个人自由意志的概念提出了科学性的挑战。首先，这些研究指出，个人自由意志的状态并不客观存在，个人的许多行为并不是由个人自由意志决定的，而是不知不觉地受控于习惯、习俗、外界影响等"非个人自由意志"的因素。[②] 其次，人若真是处于个人自由意志状态，即个人意志完全不受外界影响、个人与外界影响完全隔离，人会进入思绪混乱的不正常状态，这个现象被大量的实证研究所证实。[③] 最后，心理学的研究发现，"自杀"与"自我关注"密切相关，该研究分析比较诗人的作品，发现喜欢使用"我"的诗人比喜欢使用"我们"的诗人有更高的自杀率。[④] 喜欢使用"我"的诗人，对自我的存在非常关注，对群体的依附比较淡薄，缺少与群体的共存感。这些实证研究案例显示，个人自由意志不是正常的存在状

[①]　关于社群主义的观点可参阅 C. 泰勒（Charles Taylor）、M. 桑德尔（Michael Sandel）等人的著作。

[②]　参阅 J. D. Trout, *The Empathy Gap*, VIKING the Penguin Group, New York, 2009。

[③]　参阅 Amitai Etzioni, *The Moral Dimension*, The Free Press, New York, 1988。

[④]　参阅 J. D. Trout, *The Empathy Gap*, VIKING the Penguin Group, New York, 2009。

态，这种状态甚至具有自我毁灭的倾向。

社群主义的学者还提出了群体决定和群体理性的概念，挑战自由主义的个人决定和个人理性。[①] 群体决定的概念强调在决策的行为过程中，群体是主要的决策体，虽然许多决策好像是个人做出的，但实际上是群体为个人的决策设置了境况；个人受制于这个群体境况中的各种因素，在这个群体境况中生活的所有成员，都会受制于这个境况，他们的决定都附带有群体的导向，因此，群体成了主要的决策体。进而社群主义又提出了群体理性的概念，这是和自由主义的个人理性相对应，自由主义认为个人决定是受个人理性左右，社群主义则强调群体理性的影响力，并指出群体理性要优于个人理性，群体理性要比个人理性更加理性。社群主义的论证首先针对一些个人的非理性心理，譬如恐惧飞行等，指出群体少有如此极端化的非理性，群体通过成员间的互动，能帮助有非理性心理的成员调解自己的问题，使群体的理性不受这些非理性的左右。社群主义论证的另一个着眼点是群体的组织潜能，强调群体能够发挥组织经营的优势，能够集思广益，能够分工合作，能够使决策上升到更为专业化的理性层次。不过，社群主义者也承认，在一些个别的领域，个人理性会优于群体理性，譬如在创新方面。

个人理性与群体理性各有长短优缺，个人自由与人类自由需要平衡，如果能够找到最佳的平衡点，可以使人类获得更佳的发展，如果片面强调个人或者群体，则会给人类带来灾难。

三、寻找最佳平衡点

自由主义不仅片面强调个人自由，还赋予自己的理论以普世真理、普

---

① 参阅 Amitai Etzioni, *The Moral Dimension*, The Free Press, New York, 1988。

世价值的地位。这种普世价值化很可能成为灾难的导火索。

　　普世价值化是继 19 世纪的浪漫主义"去理性"之后，自由主义的又一次"非启蒙"嬗变。这次嬗变使自由主义愈加远离启蒙运动的理性精神，而更加靠近了启蒙运动所反对的中世纪思维方式。当自由主义在早期启蒙运动中诞生的时候，它本有一个孪生兄弟——理性主义，它们同是中世纪的反叛者。但是，理性主义后来被浪漫主义扼杀了，而自由主义却进一步给自己又披上了普世价值的神圣铠甲。身袭普世价值铠甲的自由主义骑士，越来越远离启蒙运动的理性精神，越来越回归中世纪的神圣权威。他们断言，个人自由是天赋人权，无须理性实证，是所有人都必须接受的普世价值。如果有人不接受，那么"人权高于主权"，自由主义骑士可以像十字军一样地去征讨"异教徒"。理性实证的科学革命是启蒙运动的精神先驱，遗憾的是源自启蒙运动的自由主义没有继承科学革命的真髓，没有采用重观察的实证归纳法，相反，却隔代遗传了中世纪的权威演绎法，把自由主义奉为权威来对世界进行演绎推理，更有甚者，还给自己戴上普世价值的冠冕，让自己成为普世必须信仰的价值。这种普世价值化不仅违背了科学理性，还有可能引起宗教战争般的流血灾难。

　　科学革命虽然被称为"革命"，但没有发生过流血，这是因为科学没有将自己封为普世价值，没有讨伐过不相信科学或者不接受某个科学理论的人。科学家公布自己的发现，提出自己的理论，但不把自己的理论价值化，尤其是不进行普世价值化。这种方法和态度不仅能够避免因让别人接受普世价值而引发的对抗冲突，还为科学的继续发展创造了空间。牛顿的力学定律不是普世价值，人们不会因为接受或不接受牛顿定律而对抗冲突；爱因斯坦研究牛顿理论后，可以指出牛顿力学的非普世局限性，还可以继续发展出相对论。科学家虽然有时候也会情绪化地执着于自己的"内构现实"，也会有偏见地搞"数据挖掘"，但不同理论间的纷争不会演化为暴力冲突。燃素学说是始于启蒙运动早期的一个重要的化学理论，企图用假设的燃素来解释燃烧现象，后来当新的化学概念出现之后，围绕燃素学说曾经展开过激烈辩论，最后因为观察到燃烧中金属重量的变化和氧气的作用，燃素的存在被否定了，燃素学说被推翻了。即使关于燃素学说的争论很激烈，也没有引发如宗教改革运动中那样的激烈流血冲突。

在宗教改革中，不仅新教徒和天主教徒之间发生过冲突，新教徒内部还繁衍出许多派别，彼此又发生过大量的对抗。欧洲的宗教改革运动虽然被称为"改革"，却酿出了无数流血事件，甚至血腥的战争。无论是天主教徒，还是各种派别的新教徒，他们都信仰《圣经》，但是他们却因为彼此对《圣经》诠释的歧见而互相残杀。他们的歧见之所以会导致残杀，一个重要原因是他们把各自的见解视为绝对正确的信仰、具有普世价值的属性。早期启蒙运动时代的自由主义原本对宗教改革中出现的纷争残杀有深刻反省，因而倡导宽容的自由，但普世价值化却腐蚀了这种宽容精神，因为它暗示普世间所有的人都应该接受这种价值。这种暗示离不宽容只有一箭之遥，既然普世价值是所有人都应该接受的，那么不宽容反对普世价值者就是理所当然的，征伐他们也就师出有名。

当一种见解、一种理论被普世价值化之后，不仅敞开了征伐反对者的大门，还关闭了改进这种理论的窗口。科学理论没有被"普世价值化"，只是提出了一种可以普世采用的方法来探讨知识，通过观察归纳的理性方法来认识世界。正是这种非普世价值化的方法和态度，使继续改进和不断探索的窗口永远畅通，使科学革命能够具有生机勃勃的力量。虽然很多科学理论被否定、被推翻，但科学的进展却没有停顿过。科学理论被否定和被推翻带来的不是流血和混乱，而是科学一次又一次的革命，是人类自由能力的不断飞跃。

用科学的方法来观察个人自由和人类自由的事实，用理性的思维来进行归纳，可以得到下述几个结论。

第一，人是生而不自由的，但是能够获得一定程度的自由。

　　第二，个人自由和人类自由紧密相关。

　　第三，人类自由的增长可以扩大个人自由，但是需要以牺牲一定程度的个人自由为代价。个人自由的创新力和个人不自由的凝聚力，是增加人类自由的两个不可或缺的要素。

　　如何才能增加人类自由呢？从靠天吃饭到人工降雨，从结绳记事到电子信息，从徒步走路到宇宙航天……这些都是人类自由增加的历史事实。分析这些事实可以看到，人类自由的增加，既依赖个人的自由创新，也依赖个人接受束缚的组织性、纪律性；进化既需要有控制个体正常化的群体凝聚力，也需要有个体自由偏常的基因突变。

　　生物的进化显示，突变的基因给进化提供了机会，不过，基因突变也是造成毁灭生命的癌症的罪魁祸首。如何才能使社会获得进化的自由能力，却又不被自由的癌细胞所毁灭呢？当一个社会过度禁锢个人自由，会使社会丧失发明创新的动力；当一个国家过度纵容个人自由，会使癌细胞泛滥，腐蚀国家的凝聚力。乱世是基因突变高发时期，治世是群体凝聚力强盛的年代。

　　一个良好的、能够不断进化的社会，应该具有一种体制，可以综合乱世和治世的优点，避免乱世和治世的缺点。这个体制在基因突变和群体凝聚这一对矛盾的两极中寻找到一个平衡点，使创新力和凝聚力能够得以兼顾。

　　启蒙运动把个人从神权和王权中解放出来，把平衡点从群体束缚的凝聚推向个体解放的自由，使个人自由得到了巨大的发挥。从历史发展的角度来看，这种移动是和当时的生产力水平相关的，因而能够促进生产力的发展，促进人类自由的扩大。欧洲在中世纪经过了早期的凝聚积累，生产力水平有了相当的提高，出现了许多商业、手工业较发达的城市，还形成了大学等学术机构。这样的环境培育了一批科学家，他们有创新的思想，不苟同于中世纪的权威理论，他们需要更多的个人自由，需要摆脱神权和王权的束缚。利用当时的生产力水平提供的条件，他们进行了个人的科学活动。那时用于科学实验的仪器和方法，很多都是只需要个人操作即可，譬如伽利略可以自己动手制造望远镜来观察天体，创出现代观测天文学；牛顿可以通过个人直接观察，进行个人演算，创出新的物理理论。但伴随着这些创新带来的人类自由的扩张，许多复杂的人类自由新能力又产生了对凝聚合作的强大需求，譬如射电望远镜、哈勃空间望远镜、现代粒子加速器，都是极为复杂的合作产品。现代天文学家、物理学家已不再使用伽利略的望远镜和牛顿的直接观察演算方法，而是需要团队合作来开展创新研究。在社会发展的历史运动中，平衡点需要不断地调整，而不能固定在一个定点上。启蒙运动把个人从群体的束缚中解放出来，强调个人自由的重要性；后工业化的社群主义意识到了现代社会中个人的困境，重新重视群体的重要性。在第一次解放中，人要超越群体的束缚；在第二次转型中，人希望超越个体的局限，在群体中拓展生命的意义。

如何调整和掌握平衡点，是对一个国家、一个社会的考验。能够调整掌握好平衡点的国家和社会，就能在全球化的竞争中显现优势。不同的国家、不同的社会形成了不同的平衡点，有的较佳，有的较差，在全球化的生存竞争中，它们显现出各自的优势和劣势。能够在竞争中胜出的国家，其体制是能把握好这个平衡点的。

究竟什么样的体制能够把握好这个平衡点呢？这是下一部分讨论的主题。

第二部分

民主与优主

第三章 民主理想与民主实践

一、从君主制到民主制的程序理想

自从启蒙运动以来，西方国家在全球竞争中表现得非常卓越，生产力获得了空前的发展，经济繁荣水平傲视全球，军事力量也是非西方国家难以匹敌的。因此，西方以自己的发展为中心，用自己的发达胜出向世界宣布：西方的制度是优越的。

根据西方的自我叙述，西方的政治制度经历了三百多年的变革历练，才最终定型为一个优越的制度——现代民主制度。这个民主制度是在和君主制度的斗争中发展出来的，关于现代民主制度的理论，也是在批判君主制度的"不公正"过程中日臻完善的。这个过程大约始于十七八世纪，当时被压抑的新兴阶级深切地感受到，君主制度保护国王和贵族的特权，损害公共利益。他们看到，在君主制政府的政治程序结构中，国王的权力太大，人民的权力太小，国王可以为了自己的利益，肆意向人民摊派捐税，可以对国家的经济、军事等重大问题任意做出决定，罔顾这些决定对公共利益的损害。他们认识到，要想改变这种情况，必须取消国王在程序中享有的特权，必须建立公正的政治参与程序，让人民参与统治。

西方在具体安排人民参与统治的时候，不可避免地要面临一个程序上的难题。这个难题源于人民内部的异质性和纷杂性，人民不是一个统一的整体，而是由无数意见相异的个人组成的。应该根据谁的意见来做出决策呢？应该让谁来执行决策呢？要想解决这个难题，需要创造更为复杂的公正程序。西方通过探索做出了回答：这个公正程序是多党竞争的选举。让不同意见的人组成不同的政党，通过政党的公平竞争，选举出执政的代表。

在探索公正程序的过程中，西方还提出了另一个问题：如何对执政者的权力进行限制？这个问题的提出主要基于两个原因：第一是要防止执政者滥用权力，虽然选举能够保证执政者是通过公正的程序获得权力，但是不能够保证执政者使用权力时行为公正；第二是要防止多数派对少数派实行暴政，选举使多数派当政，使少数派处于被统治的地位，如果对执政者的权力没有限制，多数派很可能欺压迫害少数派。为了解决这个问题，民主制强调法治，用法律程序来约束执政者。因此，在法律中设立了两项规定：一是要实行权力制衡，不能让权力集中在一个执政者的手中，要行政、立法、司法"三权分立"，以便对执政者的权力进行限制；二是要确保个人的基本自由权利，不能因为是少数派就被剥夺权力，受到迫害。

经过对公正程序的探索之后，西方将三个重要程序奠定为西方民主制度的核心基石：一是多党竞争的选举程序，二是三权分立的制衡程序，三是保证个人自由权利的法治程序。这些程序都充分体现在美国的民主制度中，因此美国的民主制度也被很多人视为西方民主制度的楷模。

林肯对美国的政治制度有一段充满激情的描述："人民的政府，属于人民，为人民"，是"民有、民治、民享"①。这段描述据说是被人引用最多的林肯讲话。在这段讲话中，林肯并没有具体描述美国的政治程序，只

---

① 林肯的英文原话是："Government of the people, by the people, for the people"。

是对这种程序的属性和结果做了精彩的概括："属于人民，为人民"。这个概括表达了人们心中的一个自然而强烈的愿望，政府要"为人民"服务；这个概括也隐含了一个未经检验测试的推论，民主程序必能产生"为人民"的结果。

在探索民主程序的过程中，人们的注意力主要集中在程序的公正方面，大多数人也自然而然地认为，公正的程序必能产生公正的结果，而公正的结果必定是"为人民"的。

二、实践对民主程序的检验

民主的程序一定能产生"为人民"的结果吗？

如果采取严格理性的认知态度，而不是"自然而然"地跟随自我愿望做演绎推理，就不应该如此轻率地下结论，而应该用批判性思维进行"现实测试"。不做测试地接受未经检验的演绎推理，是很可能被"内构现实"所误导的。其实，要检验和测试这个问题并不困难，因为第二次世界大战之后，很多国家建立了西方的民主政治制度，这些国家的民主实践为这个问题的探索提供了"现实测试""实践检验"的丰富资料。

用客观理性的态度观察这些资料，可以发现许多国家的民主实践显示：民主程序未必产生"为人民"的结果。下面三个国家的案例具有典型意义，可以展示实践检验之一斑。这三个国家中的第一个是自诩为世界上人口最多的民主国家，第二个是在国际民主社会的监督指导下建立起民主程序的国家，第三个是世界公认的民主程序完善的老牌民主国家。

第一个国家是印度。1947 年印度独立，遵循民主程序召集了制宪大会，起草了宪法，并于 1949 年投票通过了宪法。印度的宪法追随西方的民主模式，主要依据英国议会民主的原则，同时又吸收了美国版本的一些内容，宪法中含有类似于美国宪法中"权利法案"的条文，称为"基本权利"，以保障公民的平等和自由。立宪之后，在 1951 年 10 月至 1952 年 2 月期间，印度举行了规模庞大的第一次全民选举，此后六十多年来，民主选举不断。印度人组成了不同的政党，数目多达一千个以上，他们通过政党竞争，选举出了执政的代表。

印度的民主程序的确保证了人民的参与，却并没有能够保证产生"为人民"的结果。相反，从民主程序选举的执政代表、民主程序提供的公共服务这两个方面来看，印度的民主程序产生了许多"不为人民"的结果。

印度的国会议员是遵循民主程序选举产生的，根据民主理论，这些人应该是代表人民的，是"为人民"的。但令人奇怪的是，根据 2013 年的民主改革协会（The Association for Democratic Reforms）的报告，在印度的国会议员中，约三分之一的人有未决罪案在身。① 这都是些什么样的未决罪案呢？这些罪案和民主程序有关联吗？北方邦（Uttar Pradesh）是印度最大的邦，人口有两亿左右，北方邦议员的未决罪案状况，可以给这些问题提供一个缩影式的解答。② 以 1997 年的北方邦的议会政府为例，有 19 位内阁部长有未决罪案在身，譬如，科技部部长的相关警方记录显示，他是 9 起谋杀案、10 起企图谋杀案、3 起抢劫案、3 起绑架案的涉案嫌疑人；项目执行部长有 25 项被调查的罪案，包括 2 起谋杀、3 起企图谋杀、多起绑架案等。在这些罪案中，不少是与"竞选""争权"相关的，如利用"谋杀"和"绑架"来恐吓、打击政敌。这些案件大多数都没有被法庭追究，因为利用民主程序上台的执政者也懂得如何利用民主程序来控制司法，他们利用在议会中掌握的多数席位以及其他种种程序，任命"自己

---

① 英国广播公司（BBC）的报道。

② 此章节关于印度的资料主要取自 F. 扎卡里亚（Fareed Zakaria）的报道和著作，如 *The Future of Freedom*（W. W. Norton & Company, New York, 2003）。他是印度裔的美国新闻工作者，在《新闻周刊》、CNN 电视台等机构工作。

人"担任法官，使法庭为自己服务，而不是"为人民"服务。

要想能够利用民主程序为己牟利，掌握议会的多数席位是其关键，因此政客想尽办法来"争取多数"，北方邦民选的首席部长（chief minister）为了加强其在邦议会中的多数席位，就大肆拉拢其他党派的议员"倒戈投诚"，他因此成立了一个超大内阁来奖励这些议员，设立了93个内阁部长的职位，以便有足够的部长职位让这些议员都能有资格"分一杯羹"，那19名有未决罪案在身的部长便在其中。北方邦的这些现象并非孤立，在许多其他邦中也都有所表现，譬如其邻近的比哈尔邦（Bihar）、哈里亚纳邦（Haryans）等，甚至在中央政府的议会中，也有不同程度的类似表现。

印度的民主程序不仅选举出许多"不为人民"的执政代表，在提供公共服务这个政府的基本职责方面，也产生了许多"不为人民"的结果。印度的基本水电供应状况非常糟糕，2012年夏天波及6亿多居民的大停电震惊世界，停水也是大多数居民经常要面对的问题，全国四分之三的人口居住的区域供水紧张①，甚至在经济增长良好的大城市，也不能保证良好的水电供应。譬如，东部的重要港口城市维沙卡帕特南（Visakhapatnam），其货物吞吐量名列全国前茅，在这样一个重要的、经济增长良好的城市，竟然也有一半的居民无法连接城市供水系统，即使是连接了供水系统的人家，也得不到全天的供水，每天只供水两次，上午一个半小时，下午一个小时。②

民众要求改善供水状况的呼声非常之高，但这些呼声并不能通过民主程序来改变现状，相反，印度的民主程序还成为改善供水状况的障碍。在

① 参阅基础设施开发融资公司（Infrastructure Development Finance Company）：《印度基础设施报告2011》（*India Infrastructure Report 2011*），Oxford University Press，New Delhi，2011。

② 参阅Philip Amis、Sashi Kumar，"Urban Economic Growth, Infrastructure and Poverty in India: Lessons from Visakhapatnam"，International Institute for Environment and Development，London，2000。

维沙卡帕特南，由于市政府的民选执政者、州政府的民选执政者、中央政府的民选执政者，都分属于不同的党派，他们在改善供水状况方面都各有打算和利益，互相扯皮，互不合作，使得修建新的供水设施成了"老大难"问题。维沙卡帕特南的这种情况并非个别，是印度许多城市的缩影，也是造成整个印度基础设施落后、公共服务恶劣的重要原因。选举和权力制衡的民主程序，在这里酿成了低效无能的"扯皮"与"不合作"，成了"为人民"的绊脚石。

面对印度民主制产生的种种弊端，有些人也许会辩护说："民主虽然没有选出'为人民'的好执政者，但避免了独裁；公民虽然缺少水电，但有了自由；如果独裁者上台，人民很可能连最基本的生命安全都没有了。因此，民主制起码能够保证公民的基本生命安全权利，能够低效率地进行可持续运作。"不过，从下面第二个案例国家的实践中可以看到，民主程序未必能够保证基本生命安全权利和低效率可持续运作。

第二个国家是伊拉克。美国于 2003 年占领伊拉克之后，帮助伊拉克建立了一整套西方的民主程序。首先是组成了宪法起草委员会，宪法草案完成后，于 2005 年举行了全民公投，以 78% 的赞成票通过了该宪法。这部宪法包含了西方民主程序的三大精髓：多党竞争的选举程序、三权分立的制衡程序、保证个人自由权利的法治程序。这些程序有没有给伊拉克带来"为人民"的结果呢？

从提供公共服务和安全的角度来看，伊拉克的民主制度显然没有产生"为人民"的结果。譬如电力供应的情况非常恶劣，很多时候在首都巴格达，每 6 小时中经常只能供电 1 小时，较好时是 2 小时，很好时才有 3 小时，作为一个盛产石油的中等收入国家，政府居然不能解决供电服务的问题，人民竟然要忍受如此的停电状况。在提供公共安全方面，伊拉克民主政府的表现更为恶劣。城市中的爆炸案此起彼伏，绑架勒索案层出不穷，各种暴力行为在光天化日之下畅行无阻。

一位巴格达居民抱怨说，在萨达姆时代，人们可以半夜三更出门上街，现在下午很早就要把自己关在家里。治安的恶劣使得许多伊拉克公民成为"自我软禁"的"囚徒"，对于他们来说，保证个人自由权利的法治程序只是一纸空文。除了"自我软禁"，许多伊拉克人还走上了"自我流放"之路。自从伊拉克成立了民主政府之后，有二百万左右的伊拉克人逃亡国外，主要停留在叙利亚（在叙利亚爆发内战之前）和约旦。这些人用双脚对"民主程序"进行了一次"公投"，他们宁愿在"不民主"的叙利亚、君主制的约旦做难民，也不愿意在民主的伊拉克做公民。如果民主程序能够在伊拉克产生"为人民"的结果，这些人应该不会做出如此的"双脚公投"。

与印度类似的是，以谋杀等手段打击政敌的现象在伊拉克的民主政府中也相当严重，同时，利用民主程序来控制司法的现象也司空见惯。副总统哈希米卷入的谋杀案件，就是这些现象集中而错综复杂的表现。2011年，伊拉克司法当局指控民主政府的前副总统哈希米涉嫌暴力攻击、组织突击队害具有不同政见的政府官员，并于 2012 年判处其死刑（缺席审判）。这个案件遭到了很多人的批评，认为这是政客争权夺利的陷害。如果哈希米的确使用暴力杀害异见派政府官员，这恰是以谋杀等手段打击政敌的现象；但如果指控的罪名是陷害，又恰恰反映出法治程序沦为民主政治打击政敌工具的事实。

由于伊拉克民主政府的种种劣迹，使得恐怖组织"伊斯兰国"（ISIL）得以快速崛起，在伊拉克西北部逊尼派部族居住的区域，2014 年"伊斯兰国"占领控制了大片的领土。当伊拉克民主政府派出部队与"伊斯兰国"武装力量交战的时候，许多官兵竟然不战而逃，因为他们觉得政府"不为人民"，不代表他们的利益，他们不愿意为其作战。一手打造伊拉克民主政府的西方国家，面对如此败局，也发出了批评的声音，尤其在"伊斯兰国"嚣张兴起之后，他们申斥伊拉克当政的多数派——什叶派，指责什叶派控制了政府内阁，不包容少数派的逊尼派人士，正是这种不包容，使得逊尼派人士宁愿倒向"伊斯兰国"。西方政府为此对伊拉克政府施加压力，美国声言，如果伊拉克政府不进行改组、不组成更为包容的新政府内阁，美国将不会增加军事援助来帮助其打击"伊斯兰国"。在"伊斯兰国"嚣张拓展的危机面前，伊拉克政府难以抗拒如此的压力，于是在2014年秋天改组成立了较为包容的新政府，吸收逊尼派人士进入了内阁。

"保护少数""包容少数"是西方民主制强调的原则，那些确保个人基本自由权利的法律条款，以及三权分立的制衡程序，都是为了实现这个原则，为了防止多数派独揽大权。在伊拉克的民主宪法中，这些程序和原则也都载入了条文，但是条文不能保证实现理想原则的结果。伊拉克的民主程序没有实现"包容少数"的原则，是西方政府的"非民主"程序压力，才使得伊拉克政府改组出"包容少数"的内阁。

当引用印度、伊拉克等发展中国家的案例来讨论民主程序及其结果的时候，不少人会指出，这些国家的民主制度是不成熟的，因为它们实行民主的时间不够长，而民主需要时间来学习和实践，尤其是民主自由的思想，更需要很长的时间来启蒙和培养，伊拉克实行民主只有十多年，印度实行民主也才七十多年，都不够长。而且，这些国家的经济都不发达，中产阶级数量不够大，而中产阶级是民主政治的中流砥柱。因此，要考察民主程序产生的结果，应该看更成熟、更发达的民主国家，譬如英国、美国等。鉴于这个原因，第三个国家案例选择了成熟发达的民主国家——美国。

下面的几个章节都将以美国为案例，分析民主程序和民主理论中的问题。此处作为引子，先从近年发生的一个事件来考察美国的民主程序是否产生了"为人民"的实际结果，先描述事实，下一章再分析造成如此事实的深层原因。这个事件虽不像"谋杀政敌"那样触目惊心，却能从更深的层面反映出民主程序与"为人民"之间的关系。这个事件是 2008 年金融危机及其后的相关救助政策。

造成 2008 年金融危机的一个重要原因是 20 世纪 90 年代以来美国的"去管制"政策，这些政策都是通过民主的立法程序出台的。本来，在经过了 1929 年华尔街股市崩盘及其后银行崩溃所引发的大萧条之后，美国对不受管制的市场会造成的灾害有过深刻反省，在罗斯福主政期间国会通过了管制市场的一些法案，譬如《格拉斯—斯蒂格尔法案》（*Glass-Steagall Act*），该法案对金融机构设置了许多管制，禁止它们混业经营，以防因为利益纠葛而导致营私舞弊、欺诈公众。但是在 1999 年，这个法案通过民主程序被废除了，格兰姆①等几位参议员提出了一个新法案②，参议院投票通过，撤销了《格拉斯—斯蒂格尔法案》中的管制条文。新法案给华尔街的金融机构松了绑，"去管制"后的金融机构可以不受监管地追求利润最大化，可以用 30 倍、50 倍的金融杠杆来冒险投资，可以创造形形色色的奇异衍生品来诱惑客户以从中获利。结果，冒险的投资闯下了大祸，引发了祸及全国全民的金融海啸和随后的经济衰退，使不少企业倒闭，使大量人口失业，使无数民众的退休金账户价值大幅下降，使很多家庭无法交付房贷而被银行逐出家门。

金融危机事件显示，通过民主程序制定的法案是可以产生"不为人民"的结果的。不过，用 2008 年金融危机这个事件来说明民主程序会产生"不为人民"的结果，也许会引起一些非议，因为这不是民主程序的

---

① W. P. 格兰姆（William Philip Gramm, 1942— ），美国政治家，1979—1985 年任众议员，1985—2002 年任参议员。

② 这个新法案是《金融服务现代化法案》（*Gramm-Leach-Bliley Act*）。

"有意"所为，当时通过"去管制"法案时，不能够预见将会产生如此"不为人民"的结果，如果可以预见结果，民主程序将不会"有意"地"不为人民"。但是，观察金融危机后的救助法案，可以看到美国的民主程序会"有意"地只"为一小撮人"，而"不为人民"。

金融危机爆发后，在美国财政部部长保尔森的敦促下，国会通过了金融救助方案，该方案允许政府动用7000亿美元去救助肇祸的华尔街金融公司，帮助它们处理不良资产，摆脱困境。政府的救助使不少金融公司绝路逢生，不仅避免了破产的噩梦，还可以赚取高额利润，高管们也可以拿到巨额薪酬和奖金。然而，在华尔街引起的金融海啸危害下，很多民众的个人房贷也同样成为"不良资产"，很多房屋要被银行拍卖，很多家庭要被逐出家门。"救助民众"呼声的高涨，2009年2月，新上任的财政部部长盖特纳决定用金融救助方案那7000亿中的500亿来解决面临拍卖的个人房贷问题，但是这个救助行动却进行得非常缓慢，不像救助金融公司那样雷厉风行、资金一步到位，以至于大多数面临拍卖的家庭都没有得到救助。同样是民主程序通过的金融救助方案，对金融公司和人民大众却表现出截然不同的救助风格，这种不同反映了民主程序的"有意"：有意地为华尔街一小撮人服务，有意地不为人民大众服务。

美国政府在金融危机中表现出"有意"地"不为人民"，引起了很多人的深思和惊叹：通过民主程序产生的美国政府，竟然会发生被财团左右的结果！"去管制"的法案在金融财团左右下通过，财政部部长由金融财团的要员来担任（保尔森曾是超大金融公司高盛集团的主席），国会议员被纳入财团高管（格兰姆离开国会后，成为瑞士银行的金融公司副主席）……为什么基于"一人一票"的民主程序会产生这样的结果呢？在"占领华尔街"的运动中，人们激烈地抗议：人民是99%，财团是1%，美国政治被1%左右，让99%被损害。

从表面逻辑上来看，基于"一人一票"的民主程序是应该有利于99%的，但为什么会发生1%获利、99%受害的结果呢？会使1%压倒了99%呢？

三、不平等的投票：游说与献金

"一人一票"是西方民主的基本原则，并据此原则来证明西方民主程序的"公正"：每个人都有平等的一票，从程序上保证了"人人平等"。不过，这种程序只着眼于表面的票，却没有关注票背后的手，票只是一张被动的纸，手才是运用票的真正动作者。票可以是平等的，但生活在不平等社会中的手却不是平等的。

"人生而平等"与"人生而自由"都是启蒙运动之后主宰西方思潮的观念。美国的《独立宣言》把"人生而平等"列为基本原则，法国大革命激励人心的口号是"自由、平等、博爱"。正如"人生而自由"一样，"人生而平等"也没有经过认真的理性辩证和现实测试。只要客观地考察一下事实，就可以看到人是生而不平等的。这不平等首先表现在人的生理体质差异上，许多差异是由基因决定的，有的人生而具备易于生存的能力，有人生而带有遗传疾病，有人生而强壮，有人生而软弱……在形成胚胎的第一瞬间，在降生人世的第一秒钟，人就是不平等的。当人降生于社会之后，社会中已存在的不平等，又给人植入了更多不平等的"社会基因"，使人的投票之手变得更加不平等，有的手强大，有的手弱小，强大的手可以操纵弱小的手，可以抓到更多的选票，使投票结果有利于自己。

"人人平等"是人的美好心愿和浪漫理想，"一人一票"的程序可以在表面上满足这种心愿，因此具有了吸引人的浪漫魅力。但是这种魅力往往也会蒙住人的眼睛，使人不去关注程序产生的结果。由于这个程序忽略了"人生而不平等"的事实，使这个程序无法兑现"人人平等"的实践，无法产生"为人民"的结果。

在美国的社会现实中，有哪些"社会基因"使"一人一票"的程序被"转基因"而产生出"1%压倒99%"的结果呢？有两个因素对这个"转基因工程"起了非同小可的作用，一是游说，二是政治献金。

游说制度允许个人和集团对政府官员进行游说，以使政府能够推行有利于游说者的政策。华尔街的金融集团就是通过强有力的游说活动，促使国会通过了一系列"去管制"的法案。很多财团的游说者甚至能直接介入立法，给议员起草法案。譬如上文提到的参议员格兰姆，他推动过一个影响很大的"去管制"法案，《商品期货现代化法案》（*Commodity Futures Modernization Act*）。在起草该法案的时候，能源巨头安然公司的游说人员就直接介入，以至于该法案中出现了一条后来被称为"安然漏洞"的条款。正是这个条款，使得能源公司能够进行不受监管的交易，安然公司在不受监管的保护伞下，冒险追求超额回报，制造假账，隐瞒亏空，虚报利润。这些贪婪的胆大妄为的行为最终导致了安然公司的破产，高层主管们因为早已知道内幕，趁高价时把自己的股票卖掉了，而小股东和员工们却损失惨重。安然事件成为2001年美国政界商界的一大丑闻。

游说制度把财团、游说公司、政界人士紧紧地联结在一起，很多政府官员离开政府之后马上加入游说公司，这些人在政界有广泛的人脉，又很熟悉政府运作的规则，成为大财团极为青睐的游说专家。譬如众议员陶辛①离开国会后就领导了一个为医药财团服务的游说团体，在2009年前后，他为医药财团游说到一系列的优惠政策，其中包括不许美国国家老年医保使用从加拿大进口的低价药物，使普通百姓只能买美国医药公司生产

---

① W. J. B. 陶辛（Wilbert Joseph Billy Tauzin, 1943— ），美国政治家，1980—2005年任众议员。

的高价药，这个政策给 1% 带来了巨利，给 99% 带来了伤害。游说专家能给财团带来高额利润，财团对他们的服务也必须付出高额报酬，2010 年医药游说公司付给陶辛 1100 多万美元的报酬，其中固定年薪就有 200 万美元。

美国游说制度的合法性是建立在"言论自由"的宪法权利之上的。"言论自由"是每个人都享有的"平等"权利，就理论而言，每个人都可以进行游说，促使政府推行有利于自己的政策，但在现实中，又有多少人有能力支付游说专家数百万美元来进行有成效的游说呢？不均等的游说能力，使人人平等的游说权利成为不能兑现的空头支票，只有拿得出巨额资金作"首付"的人，才能使用这张支票。在游说制度中，表面是"一人一票"，本质却是"一元一票"，拥有大量金钱的人，就能拥有大量的游说票。1% 拥有的金钱大于 99% 拥有的金钱，因此，虽然 1%<99%，但是 1%×金钱>99%×金钱，所以 1% 游说票>99% 游说票。这就是"言论自由"的"平等"游说制度中潜伏的不平等社会基因。

美国的另一个重要的不平等社会基因是政治献金制度。比较政治献金与游说，可以看到二者在目的和成效方面有所不同，各具千秋。游说的目的是影响执政者的具体决策，政治献金的目的是选择执政者。游说能带来的利益往往是一次性的，表现为某一项政策；政治献金带来的利益则可以有更长的时效，能左右更多的政策，能涉及更大的权力领域。

政治献金是美国自由选举制度的重要构成部分。竞选活动需要耗费大量金钱，竞选广告、巡回演说、基层拉票……这些活动都很费钱。电视媒体的普及更使竞选费用大幅上升，因为电视广告的效果是其他媒介无法比拟的，而电视广告又非常昂贵，竞选人需要筹集大量政治献金来支付竞选活动的电视广告开销。政治献金在决定电视广告投放量进而决定竞选胜负方面具有举足轻重的作用，献金者因此获得了对执政者举足轻重的影响力。而且，竞选者一旦当选成为执政者，总是需要考虑连任竞选的问题，因为美国的执政者不是终生的，是需要不断竞选的，众议员两年一选，总统四年一选，参议员六年一选。这就使得执政者需要经常考虑自己的政策是否有利于献金者，如果得罪了献金者，连任竞选的献金来源就会有问题。

美国对于个人政治献金的金额是有上限的，每人每次竞选的献金不能超过 2600 美元，这种规定本可以对富人利用献金操纵选举起到一定的限制作用，因为穷人出不起 2600 美元的献金，富人也不能无限制地多献。但是，财团和富人却通过游说等活动，逐渐为自己获得了暗渡陈仓的有利法规。政治行动委员会（political action committees，PACs）是财团富人经常用来影响竞选的组织，虽然政治行动委员会对竞选人的直接献金也有金额上限，但是政治行动委员会"独立""自发"地给竞选人打广告的金额不受限制，因为这是受到"言论自由"保护的。资金雄厚的政治行动委员会，其"言论"的声响自然会比普通人的声音大得多。虽然二者都平等地拥有"言论自由"的权利，但声音的大小截然不同，对竞选产生的影响也截然不同。

关于政治行动委员会筹集资金的方式，以前曾经有一些规定和限制，但 2010 年美国最高法院的一项裁决[①]却给政治行动委员会松了绑，允许政治行动委员会不受限制地接受个人、财团、组织等的献金，其理由也是"保护言论自由"。法院认为，对独立使用金钱的限制就是对言论自由的限制，而美国宪法是不允许剥夺言论自由的。因此，有钱的个人、财团、组织可以不受限制地使用自己的金钱来自由地发表言论。这种不受限制的新型政治行动委员会被称为超级政治行动委员会（Super PACs），法院的这个

---

① 这项裁决是《联合公民诉联邦选举委员会案》（*Citizens United v. Federal Election Commission*）。

裁决公布后，许多富人纷纷成立自己的超级政治行动委员会，以便影响接踵而至的 2012 年总统大选。

超级政治行动委员会在其诞生的第一年就显示出非凡的影响力，共和党总统提名竞选人金里奇①的经历折射出这种"超级"力量。1 月初举行的艾奥瓦州党团会议选举是 2012 年总统初选的第一场选战，选举前两三周，金里奇在民调中遥遥领先于其他竞选人，但支持其他竞选人的超级政治行动委员会在选举前夕对金里奇发动了铺天盖地的恶攻，结果他败落到第四名，几乎要被踢出初选战场。不久，赌城的一位亿万富翁支持金里奇，在超级政治行动委员会中投入了 1000 万美元，马上就使金里奇起死回生，继续他的竞选活动。超级政治行动委员会接受的政治献金数额非常巨大，动辄百万千万，是 99% 的普通百姓无法支付的。最高法院这个有关超级政治行动委员会的裁决受到了广泛的批评，很多学者指出，这个裁决使富有的财团和个人在政治活动中获得了过大的权力，为金钱收买政治的腐败敞开了大门，从根本上颠覆了民主的原则。

国家政府腐败的一大特征是"金钱收买政治"。以往大家熟悉的金钱收买政治的游说献金制度形式多数是贿赂，那都是不透明的交易、非法的行为。而美国的这些金钱收买政治的游说献金制度形式却是透明的、合法的，金钱通过合法的民主程序收买立法、司法和行政，得以获取直接影响政治决策的结果。这种合法的收买比非法的贿赂对社会的危害性更大。因为，非法的贿赂，至少还存在着被举报的可能，还存在着用法律去制止的可能性，而合法的收买则难以被绳之以法。另外，贿赂往往只涉及个别的项目，而游说影响的是整个政策，献金影响的更是政府人选，其影响程度要更深更大。

---

① N. 金里奇（Newt Gingrich, 1943— ），美国政治家，在 1979—1999 年任众议员。

司法独立是西方民主的重要原则，是法治的基石。但是美国的1%利用自己的优势巧妙迂回地干预了司法独立，使完美的原则在实践中变形。美国最高法院的大法官是总统任命、参议院批准的，在关于超级政治行动委员会的裁决中，有五位法官投了赞成票，这五位法官都是保守主义的共和党总统（里根总统、老布什总统、小布什总统)①任命的，在意识形态上都持有保守主义的立场，都倾向于保护财团的自由权利，都是有利于维护财团和富人利益的人。由于财团通过游说和献金，能够直接影响总统和国会的选举，因此也就能够间接影响大法官的任命。这些保守主义的法官是保守主义的总统任命的，而这几位保守主义的总统都是财团的意中人，竞选时都得到了财团的支持，在他们任内，财团既得到了"去管制"的好处，又得到了在最高法院中的代言人的任命。

财团影响司法独立从根本上改变了法治的性质。崇尚法治理想的人一直认为，法治能够防止执政者滥用权力，因为在法治的框架中，执政者是必须遵守法律的，不能"权大于法"地侵犯人民。尽管民主制度在理论上保障"人人平等"，在立法过程中却存在着实质性的不平等，游说和献金使得1%能够影响立法，能够"立"出有利于1%、有害于99%的"法"来，执政者遵守这样的"法"，就变成了偏袒1%、侵犯99%。这样的"法"对执政者的作用是保护"人民"中的1%，而不是保护"人民"中的99%。

四、民主的悖论：小集团重于大集团

在讨论西方民主制度的时候，很多人喜欢使用"人民"这个概念，

---

① 这五位法官是：A. 斯卡利亚（A. Scalia，里根任命），安东尼·肯尼迪（A. Kennedy，里根任命），克拉伦斯·托马斯（C. Thomas，老布什任命），约翰·罗伯特（J. Roberts，小布什任命），萨缪尔·阿利托（A. Alito，小布什任命）。

但是这种将"人民"整体化的概念却违背了西方民主理论的个人本位的价值体系。

英文"民主"一词源于希腊文，本意是"由人民统治"。在这个语境中，"人民"似乎具有同一意向，共享同一利益。这种语境使民主具有了普世的吸引力，每个人都会认为自己是人民中的一员，自己的意向和利益就是人民的意向和利益，"由人民统治"就会符合自己的意向，就会为自己的利益服务。但是在现实中，人民包含着无数的个人，有许多不同的意向和不同的利益。这种种的不同使人民形成了不同的集团，在美国的民主制度中，这些集团通过各自的活动来参与政治，来影响执政。这种集团化的民主参与活动错综复杂，有不少学者做过相关的研究，寻找其中更为深入的规律。

关于集团活动与执政影响之间的关系，奥尔森[①]用公共选择理论的方法追踪研究了美国的游说活动，总结出如下的规律：成员数量少的"小集团"具有更为强大的游说活动能力，而成员数量多的"大集团"游说活动能力则相对较差。这种现象的出现，是因为人有"搭便车"的心理，集团中的成员大多数都不想自己付出代价，而想"搭便车"来坐享其成。当集团要游说某项政策的时候，若游说成功，所有成员都能获利，无论其是否积极投入游说，是否为游说付出代价。因此，如果是成员很多的大集团，成员们觉得有这么多其他成员，总会有人出力去"开车"，自己出不出力影响不大，正好可以乘机"搭便车"，结果大家都不出力，使得游说活动软弱无力。但是，如果是成员很少的小集团，其中成员都知道，若自己不出力开车，别人也不会出力开车，所以要大家联络好，一起出力开车，使游说活动能够顺利进行。另外，由于游说成功后的结果是由集团

---

① M. 奥尔森（Mancur Olsen，1932—1998），美国经济学家，其研究对政治学产生了巨大影响。

成员分享，小集团成员少，每个人能分享到的份额就会很大；大集团成员太多，每个人能分享到的可能只是千分之一、万分之一，甚至亿分之一。

以金融危机相关的 1% 和 99% 为例，金融集团是人口占比 1% 的小集团，集团内部的人们积极游说金融"去管制"政策，他们知道，一旦游说成功，每个成员都可能增加天文数字的利润，而且他们人数很少，都知道自己的参与会直接影响游说的效果，没有什么便车可以搭。而 99% 的普通民众大集团则很不相同，他们若想游说"反对去管制"，首先每个人能从游说成功中得到的利益不会是天文数字，其次人数众多增加了"搭便车"的可能性，都想自己不出力，等着别人出力来坐享其成，因此"反对去管制"甚至很难形成强有力的游说组织，遑论达到成功的游说结果。

根据"成员数量少的小集团具有更为强大的游说能力"的理论，民主制度暗含了一个"不为人民"的机制，因为"人民"是一个大集团，是敌不过小集团的游说能力的，只要允许言论自由的游说活动存在，民主制度的决策就会有利于小集团的利益，而不会"为人民"地有利于大集团的利益。这是西方民主制产生的悖论结果。

奥尔森的理论指出了"搭便车"的问题是造成大集团游说能力低下的原因，这个"搭便车"问题反映了大众素质欠佳的毛病——不想出力，只想获利。观察美国大众在游说和选举中的表现，除了可以看到"搭便车"的素质问题，还有其他一些素质方面的问题也使小集团可以利用民主制度战胜大集团。其中很突出的一个问题是"大众不愿进行复杂思考"。当遇到复杂问题的时候，很多人愿意接受明确的简单答案，而不愿意花时间精力去做认真的研究、独立的思考。对于流行的简明"理论"，很多人会奉为真理，而不去做现实的测试、实践的检验。正如神经学家、心理学家所指出的，理性思维是在进化后期才形成的，需要耗费很大的心理警觉和能量消耗才能进行，而情绪则具有更为原始的根基，人很容易跟着情绪走，只有保持高度的理性自觉，才能抵御情绪的控制。①

不幸的是，大多数人往往不能保持如此的理性自觉，而是愿意跟着情绪走，接受简单明确的答案。尤其当游说广告充满了煽动情绪的画面和话语，更是能够让很多人信以为真。搞游说的财团，利用了大众的这种心理倾向，使自己的游说更容易达到成功的目标。在美国的民主制度中，财团若想游说一项对自己有利的政策，除了需要游说执政者，还需要游说大众，因为执政者是大众选举的，如果大众反对这项政策，执政者考虑到连任选举的问题，也不敢贸然行事。所以，当财团游说执政者的时候，他们还会同时利用媒体大作宣传，给大众提供一种"简明确定"的逻辑，使大众按照这种逻辑来思维，进而认同这项政策。

2010 年医药财团游说奥巴马医改法案的活动，是这种游说的一个典型例子。民主党在国会讨论医改法案的时候，曾经提出过一款被称为"国营选项"（public option）的重要医保政策：政府提供国营医保，可由大众自由选择。从私营医保公司的立场来看，这种国营医保将成为其竞争对手，因此它们发动了强大的游说攻势，一方面游说国会，一方面游说大众。他们为大众建构了一种"简明确定"的逻辑："只有私营保险公司才能通过市场竞争提供高效的医疗服务，国营医疗保险效率低，影响资源配置优化。"虽然在辩论医改法案期间，超党派的国会预算办公室（CBO）做了深入调研并提供了大量数据，证明现有的国营医疗保险（国家老年医保）比私营医疗保险公司的行政成本低、服务效率高，但是刻板的复杂数据对于"不愿进行复杂思考"的人是缺乏吸引力的，很多人宁愿相信"市场万能""私企高效"的简明教条逻辑，也不愿意自己动脑筋去分析研究一

---

① 参考本书前言中神经学家诺韦拉和心理学家卡内曼的相关论述。

下真实的复杂数据。结果，法案删除了国营医保选项的条文，国营医保不能进入市场竞争，民众失去了一种可靠的选择。

大众素质中的这些问题，不仅被财团在游说的时候利用，也被政客在竞选和执政的时候利用，其结果是，美国的政治舞台上出现了一种怪相：易于被大众理解的简单问题占据了舞台的中心；与财团利益相关的问题被财团左右决策；对国家利益影响重大的复杂问题无人问津。观察克林顿时代和小布什时代美国政治舞台上的几件大事，就可以一窥这种怪相，并看到由此对美国公众利益产生的长远影响。

第一件大事是关于金融衍生品的监管讨论①，这件大事涉及的问题具有如下的特点：（1）金融衍生品非常复杂，大众不易理解；（2）与金融财团利益相关，它们投入了大量资源进行游说；（3）与国家社会的长远利益相关，是应该进行认真研究讨论的。在 1997—1999 年间，政府的商品期货交易委员会主席②曾经力主要对金融衍生品进行监管，国会和政府相关部门对这个问题也展开过辩论，由于这个问题的复杂性，大众不理解，没有兴趣去关心，因此金融财团无须花费力气去游说大众，它们的精力集中在游说执政者方面。游说很成功，国会禁止了商品期货交易委员会对金融衍生品进行监管，那位力主监管的主席在 1999 年辞职。结果是，缺乏监管的金融衍生品大肆泛滥，不透明的衍生品总值竟然膨胀得达到了 2007 年美国 GDP 的二三十倍，最终酿成了 2008 年的金融海啸，美国的公众利益

---

① 在 1997 年至 1999 年间，美国商品期货交易委员会主席布鲁克斯利·伯恩认识到新发展起来的金融衍生品存在问题，要求国会批准让商品期货交易委员会来监管金融衍生品，但遭到国会的拒绝，1999 年国会通过法案禁止商品期货交易委员会监管金融衍生品，随后布鲁克斯利·伯恩辞职。金融衍生品在没有监管的情况下恶性发展，成为造成 2008 年金融海啸的一个重要原因。金融海啸发生后的 2009 年，布鲁克斯利·伯恩因为有勇气指出金融衍生品的问题而获得了"勇者剪影奖"（Profiles in Courage Award）。

② 布鲁克斯利·伯恩（Brooksley E. Born, 1940—　），美国商品期货交易委员会主席（1996—1999）。

受到了巨大损伤，而且祸及全球经济发展。

第二件大事是克林顿的医疗体制改革①，这件大事有三个特点。(1) 虽然医改是个复杂的问题，但其复杂性小于金融衍生品，同时医改与普通民众生活的相关性一目了然，不像金融衍生品与日常生活的关系不易理解，因此大众对医改是非常关心的。(2) 医改与医药财团、保险财团的利益关系重大，这些财团投入了巨大资源来游说执政者，同时也游说大众。(3) 医改与国家、社会、大众的长远利益密切相关，美国有大量人口没有医保，即使有医保的人也受到保费昂贵、服务欠佳等的困扰，美国企业的医保费用加重了劳工成本、降低了国际竞争力等等。

从社会的长远利益来看，进行医保改革应该是当务之急。但是，克林顿的医改却流产了，因为财团构造出了一个简明的逻辑，成功地游说了大众。这个简明逻辑是："克林顿医保改革要搞出一个官僚机构，官僚机构都是浪费的、无能的，其结果必然是医疗费用上涨、税负增加。"克林顿的医改报告有 1000 多页，内容非常复杂，极少有人去看全文。有些报纸刊登了较详细的介绍文章，也很少有人去看。大多数人乐意接受的是有生动画面的、易于理解的短暂电视广告，这恰恰是财团打出来的。据一项民调显示，75% 的被访者根本不明白医改报告中最重要的机构是什么。② 但是大多数人都相信财团的广告："克林顿的医改是要搞浪费无能的官僚机构。"

由于大众听信了财团的简明逻辑，克林顿的医改遭到了强有力的反

---

① 克林顿在 1993 年提出了医疗改革方案，目的是要实现全民医保，其主要内容包括：要求雇主必须为雇员提供医疗保险，没有工作的人由政府协助获得医保，成立新机构医保联盟（Health Care Alliances）来监管医疗机构和保护消费者利益，等等。这个医改方案遭到保险商、医药商、保守主义政见者等的强烈反对。克林顿和民主党的医改在 1994 年正式宣告失败。

② D. 鲍克（Derek Bok，哈佛大学校长），"The Great Health Care Debate of 1993—94"，Public Talk，Online Journal of Discourse Leadership。

对，不得不流产。其后续结果是，现行的、问题丛生的医疗体制不仅继续维持着，而且向着有利于利益集团、有害于大众的方向恶性发展。在1999—2009年间，美国的医保费用增长了131%（同期的一般通胀只有28%），保费飞涨给医疗保险公司带来了巨大利润，在2000—2009年间，美国10家最大的保险公司的利润增加了250%。① 医疗费用的上涨不仅直接影响了普通民众的收入和健康，而且间接影响了美国企业的劳工成本和竞争力。

第三件大事是克林顿与莱温斯基的绯闻事件。② 这件大事的特点是：（1）问题简单，大众易于理解，而且具有娱乐的刺激性；（2）绯闻本身与财团利益无关，但政敌可以利用绯闻获取政治利益；（3）克林顿的婚外情与公共利益几乎没有关系。虽然这种绯闻不关乎国家重大利益，但在整个1998年及其后的一长段时间里，克林顿的绯闻事件占据了美国政治舞台的中心。从调查克林顿的婚外情，到政敌设置圈套让克林顿对婚外情的撒谎转化成"作伪证"，再到政敌以"作伪证"来弹劾克林顿，旷日持久。

在这段时间里，大众的兴趣都集中在绯闻上，其他真正重大的事情反被抛到脑后，甚至连国际恐怖组织对美国的袭击也没有引起大众足够的注意。1998年8月7日，美国在坦桑尼亚和肯尼亚的大使馆遭到恐怖袭击，

---

① 资料来源：Kaiser Family Foundation, U. S. Department of Health and Human Services。
② 克林顿在1995—1997年间曾经与白宫的见习生莱温斯基（1995年时22岁）有过不同程度的性关系。1998年，原本负责调查克林顿在经济等方面问题的独立检察官斯塔尔（K. Starr），把重心转向调查克林顿的"性骚扰"问题。斯塔尔是克林顿的政敌共和党人，在对经济等问题调查无果的情况下，集中精力瞄准与"性骚扰"可能相关的事情。莱温斯基的一位朋友将她私下讲过的和克林顿亲密关系的情况报告给斯塔尔。虽然这种亲密关系不是"性骚扰"，但当克林顿在接受调查时宣誓说自己与莱温斯基没有性关系，这个行为构成了"作伪证"。1998年12月，众议院以"作伪证"和"妨碍司法公正"的罪名，通过了对克林顿的总统弹劾，随后案件转入参议院进行审判。根据宪法，参议院需要有三分之二的赞成票才能定罪。由于克林顿的民主党在参议院中的席位超过三分之一，同时也有一些共和党参议员没有投赞成票，最终，克林顿被开释。

二百多人被炸死，数千人受伤。这个消息却没有莱温斯基 8 月 6 日开始向大陪审团提供证词的新闻更引起人们的亢奋和兴趣，大家兴致勃勃地追踪着绯闻调查的进展，无暇旁骛其他。当美国中央情报局确认爆炸案是基地组织所为之后，克林顿在 8 月 20 日下令用导弹袭击基地组织在阿富汗和苏丹的几个据点。立刻有政敌指责导弹袭击是想淡化绯闻事件，企图转移大众的视线。不过，大众的视线并没有被转移，大众对绯闻的兴趣远大于基地组织，而且这种兴趣旷日持久，经久不衰。

1999 年 3 月，莱温斯基接受美国广播公司的电视访问，有 7000 万人收看，打破新闻秀收视纪录。当大众争相追看绯闻消息的时候，有关基地组织的新闻被打入了冷宫。在绯闻热潮期间，中央情报局和联邦调查局发现了基地组织活动的一些蛛丝马迹，但都没有追踪调查。譬如"9·11"事件中的一名劫机者在 1999 年就被情报机构获知参与基地组织活动，可是他的名字却没有列入监视名单，以至于 2001 年他能够顺利进入美国进行劫机。① 又譬如联邦调查局的一位官员早在 1998 年就调查到基地组织在美国的一些活动，但他的相关情报却被轻率地抛到一旁。② 这些活动的蛛丝马迹都没有得到足够的重视，没有进行认真的追踪调查。如果追踪调查这些活动能像追踪调查克林顿绯闻那样"穷追不舍"，"9·11"事件的悲剧也许就可以避免。

第四件大事是伊拉克的大规模杀伤性武器③，这件大事涉及的问题有多层面的特点。（1）问题表面简单，大众能够理解，但深层却非常复杂，

---

①　这位劫机者是萨利姆·阿勒·哈兹米（Salem al-Hazmi），沙特阿拉伯人。

②　联邦调查局官员罗伯特·怀特（Robert Wright）在 1998 年发现了基地组织在美国的筹款渠道，并追踪到一位沙特银行家的相关信息，但这些信息都没有引起重视。

③　美国在 2003 年以伊拉克萨达姆政权藏有大规模杀伤性武器为理由入侵伊拉克，这个行动没有得到联合国的授权，受到很多国家的批评。美国在伊拉克并没有找到大规模杀伤性武器，还造成一系列恶劣后果，譬如，战争造成了大量的伤亡，军费使美国的财政赤字和国家债务大增，萨达姆政权垮台打破中东权力格局，使美国宿敌伊朗的势力扩大，等等。

譬如，如何确定伊拉克是否有大规模杀伤性武器？若伊拉克确有大规模杀伤性武器，是否会对美国造成伤害？它的大规模杀伤性武器对中东、对世界有什么影响？这些问题不是一般大众易于理解的。（2）大规模杀伤性武器及其后的伊拉克战争与多方利益集团相关，亲以色列的集团、军火集团、石油集团等都和战争有着错综复杂的关系。（3）大规模杀伤性武器原本对美国利益的影响很小，因为伊拉克即使拥有这些武器，也不太可能用来攻击美国，但对伊拉克开战则对美国利益集团的影响非常巨大。

根据大规模杀伤性武器问题表面简单的特性，利益集团制造了危言耸听的相关新闻来吸引大众的注意力，煽动大众的恐惧心理。又由于大规模杀伤性武器和伊拉克战争问题深层的复杂性，大众一是没有可能自己去调查大规模杀伤性武器的真实情况，二是没有兴趣去认真研究中东、世界、军事、外交、经济等复杂的问题，因此很容易被利益集团的危言耸听所忽悠。在利益集团的引导下，美国发动了伊拉克战争，没有找到大规模杀伤性武器，却深深陷入了军事、外交、经济的困境，对美国的公共利益造成了深远的伤害。

以上这四件大事在美国的政治生活中并非孤立个别的事件，类似的事件还很多。面对这些事件，很多崇尚民主的人会认为，这些只是民主制度在实践过程中出现的误差，民主理论是没有错的，民主逻辑是正确的，就好像化学实验中由于杂质的污染出现了误差，发生了非预期的结果，这不能说明化学理论有问题。

当一种理论在实践中不断发生误差，不断出现非预期的结果，尊重事实、崇尚理性的人就应该去重新审视理论，去探索在基本逻辑层面可能潜藏的问题。

第四章　西方民主的基本逻辑问题

在西方的民主理论中，至少有三个逻辑层面的问题值得质疑。第一个是人民概念的群体本位性和自由权利概念的个体本位性的矛盾；第二个是不负责任的权利所导致的自我毁灭的机制；第三个是中位数效应导致的自我弱化的机制。下面将对这三个问题进行更为具体的探讨。

一、概念矛盾：人民的群体性与权利的个体性

民主的核心是"人民统治"，英文"民主"一词源于希腊文，本意是"由人民统治"，林肯的著名民主语录"人民的政府，属于人民，为人民"（民有、民治、民享），就凸显这个理念。但是，在西方民主体制中，还有一个更为重要的理念："保障个人权利"。在西方民主的话语叙事中，"人民统治"和"个人权利"不仅没有矛盾，而且是相辅相成的一对概念，民主就是要保障个人权利，只有保障了个人权利才能实现人民统治的民主。不过，从深层逻辑的角度来看，这两个概念存在着矛盾。因为，"人民统治"是一个群体本位的概念，而"个人权利"则是一个个体本位的概念，它们各自的行动单位（acting unit）是不同的，"人民统治"的行动单位是集体，"个人权利"的行动单位是个人。在个体本位的框架中，人民是无数个人的集合，这些个人具有不同的利益和意见，不存在整体化的

"人民利益"和"民意"。所谓"人民利益"其实是很多互相冲突的利益，所谓"民意"则是无数互相对立的意见。

民主理论为了解决"人民统治"中个人意见冲突的问题，使用了"大多数"来代表"人民"，大多数人的意见就是人民的意见。不过，如何定义"大多数"，又产生了新问题。若把"大多数"定义为"绝对多数"，那么"大多数"就应该是大于50%。当只有两种意见A和B的时候，虽然有可能出现A和B各为50%，但只要稍有差异，还是可以确定微弱的"绝对多数"。不过，在现实生活中，不同的意见往往不止两种，如果有三种意见A、B、C，就很可能不存在"绝对多数"，没有一种意见可以达到50%以上。此时可以做出的妥协是把"绝对多数"改为"相对多数"，把A、B、C中人数最多的意见定义成人民的意见。譬如A是32%，B是33%，C是35%，那么C就是"相对多数"，就代表了"人民"。如此结果就出现了悖论，"相对多数代表人民"导出"绝对少数代表人民"，因为35%的人支持C意见，而65%的人不支持C意见，35%的"相对多数"本身是"绝对少数"，民主制中的人民竟然演变成"绝对少数"。

关于民主制度中的"大多数"问题，历史上已有许多学者对此进行过研究，譬如，早在罗马时代，小普林尼①就已经注意到与此相关的问题；文艺复兴时期，德意志神学家尼古拉斯②在思考神圣罗马帝国的帝位投票时，对有关多数的选举方法进行了很多研究，并觉察到其中的悖论；到了18世纪，波达③计数法和孔多塞④悖论研究检验了很多投票方法，系统地指出了民主选举导致的"非多数"悖论。在20世纪下半叶，美国经济学

---

① 小普林尼（Pliny the Younger，61 或 62—113），罗马帝国律师、作家和元老。
② 尼古拉斯（Nicholas of Cusa，1401—1464），德国科学家、哲学家和神学家。
③ 波达（J. C. de Borda，1733—1799），法国工程师、海军军官和投票理论家。
④ 孔多塞（M. J. A. N. de Caritat, Marquis de Condorcet，1743—1794），法国科学家、革命家和政治理论家。

家阿罗①对这个问题进行了更为严格的推理研究，证明了"不可能定理"，指出不可能存在一种选举机制，可以通过多数票规则而使个人的偏好意见总合为社会的偏好意见，也就是说，不可能使个体本位的不同意见总合为群体本位的人民意见。

虽然有这么多的学者进行了严格的探讨，并得出了理性的结论，但西方民主制却没有对"人民统治"和"个人权利"的概念矛盾做出认真的理性处理。根据理性的逻辑，如果民主制要坚持"个人权利"，就应该修正"人民统治"，应该改用一个个体本位的概念来描述"民主"的统治形式；如果民主制要保留"人民统治"，就应该修正"个人权利"，应该从群体本位的角度来考虑群体中成员的非个体本位的权利问题，来理性地寻求群体本位的人民利益。但是，西方民主制并没有表现出认真而理性的态度，而是违背理性地把"个人权利"和"人民统治"强行焊接起来。

这种焊接术可以给民主制带来一些好处，可以使民主制在政治语境中"占领道德制高点"，可以使人产生自信的优越幻觉。不过，在政治实践中，却会引发很多问题。如果"人民统治"就是"保障个人权利"，每个人都可以认为自己是人民，自己的利益就是"人民利益"，自己的意见就是"民意"。但是个人是无数的，人民只有一个，把异质个体的集合视为同质的单体，会加深异质个体之间的对立，因为个体会把自己视为同质单体的代表，而将其他异质的人视为"非人民"，个体之间的异质差异，就会被视为"人民"与"非人民"之间的对立。

这种对立可以在许多民主制国家的政治实践中看到，仅以 2013 年为例，世界上就出现过很多这样的例子。此处以 2013 年为例，并非这年有什么特别，而是因为 2013 年与现在的距离，既不太远又不太近，太远可

---

① K. J. 阿罗（Kenneth Joseph Arrow，1921— ），美国经济学家，1972 年获得诺贝尔经济学奖。

能会使人感到太遥远太陌生，太近又可能尘埃还未落定，不便于案例描述。在 2013 年，从非洲到亚洲，从欧洲到美洲，都发生了"人民"与"非人民"对立的案例。在非洲的埃及，实行民主制仅一年左右，反对穆斯林兄弟会（简称"穆兄会"）的人们就在解放广场游行示威，打出了"人民要求政权下台"的标语口号，这和 2011 年反对穆巴拉克专制政府时的标语口号一模一样，结果，军方以响应"人民的意愿"和维护"人民的利益"为名，废黜了民选的穆兄会总统，把穆兄会定为"恐怖组织"，禁止其参与政治，使其成为"非人民"，这场"人民"和"非人民"的冲突造成了数千人死亡。

在亚洲的泰国，亲英拉政府的"红衫军"和反政府的"黄衫军"壁垒分明，冲突频频。"黄衫军"组织起"人民"委员会，要求民选的"红衫军"政府把权力交给"人民"委员会。"黄衫军"不断地以"人民"的名义，占领楼宇、堵塞交通，红黄两派持续的冲突严重影响了正常的社会生活和经济活动。

在欧洲的乌克兰，亲俄和亲欧盟的两派因加入欧盟的不同意见而势不两立，亲欧盟派发动了大规模的游行示威来反对民选的亲俄派政府，进行了激烈持久的街头活动。其中一位领导人称："假如这个政府不履行人民的意愿，这个政府就没有了，这个总统就没有了。"① 这位领导人所谓的"人民意愿"，其实就是他自己的意愿，当政府不履行这种意愿时，就可以认为这个政府不存在了，他的逻辑是，民主政府是"人民统治"，是必须履行"人民意愿"的，而他自己的个人意愿就是"人民意愿"，不履行他的意愿就不是"人民统治"，人民可以无视不实行人民统治的政府。这种把"个人意愿"混淆成"人民意愿"的逻辑，使民主选举的政府处于可

---

① 乌克兰反对派领导人维塔利·克利钦科（Vitaly Klitschko）的言论，引自英国《卫报》（*The Guardian*），2013 年 12 月 1 日。

随时被无视的不稳定状态。对立的派别都可以运用这种逻辑，宣称不合己意的政府"不履行人民的意愿""不实行人民统治"，由此无视民选政府的存在。2013 年的这些街头活动，导致了乌克兰亲俄政府在 2014 年垮台，以及其他很多动乱。目前①乌克兰正经历着俄罗斯的"特别军事行动"，轰炸、围城、难民……这一切还未尘埃落定，难以做结论性的描述，不过可以推断的是，目前的灾难是和 2013 年的街头活动相关的。

在美洲，把"个人意愿"混淆成"人民意愿"的逻辑也很流行，也造成了恶果，譬如 2013 年在美国的国会中，茶党的几个议员为了阻止奥巴马的医改，迫使政府停摆关门 16 天，他们在停摆事件中常以"美国人民"自居，大肆宣称反对他们的意见就是"不听美国人民的意见"，他们做的事情就是"为美国人民"。

由于"个人权利"和"人民统治"的非理性焊接，由于混淆"个人意愿"和"人民意愿"的逻辑误导，社会中的个人分歧很容易被渲染而演变成"人民"和"非人民"的对立冲突，导致政府停摆、经济受损、街头暴力、流血伤亡等恶劣的社会后果。这些后果不仅会损害群体本位的"人民利益"，也会使社会中大量的个体本位的"个人利益"受到伤害。

"保障个人权利"是西方民主价值的核心精髓，西方民主制是不会轻易抛弃个体本位的概念的，在这样的前提下，西方民主制就需要在群体本位的人民概念上做出理性的修正，以解决概念矛盾的问题，而不应该为了占领道德制高点而含混不清地焊接"个人权利"和"人民统治"。在保障个人权利的框架中，需要正视个人之间的不同意见和利益，并且接受一个不完美的、有缺陷的现实：在民主制度中，很多个人的意见会被否定，很多个人的利益会被损害，不存在人人的意见都被接受、人人的利益都被满

---

①　"目前"是指 2022 年 3 月上旬。

足的"人民统治"状态。

这个现实显然不能登上道德制高点，而只能停留在半山腰上，是一个苟且的妥协点，是一个有缺陷的平衡点。在这个平衡点上，许多人会对现实的结果不满意，并且企图改变，以争取更多的个人利益。

在民主制的运作中，平衡时时会被打破，苟且妥协的平衡点时时会有移动。但无论怎样移动，都不可能达到那"人民统治"的道德制高点，除非所有的个人歧见都消失了，个人的个性都同化成统一的共性。

二、自毁机制：不负责任的权利

西方民主理论的第二个值得质疑的逻辑层面问题是不负责任的权利。在西方民主制中有几项关键性的权利是被定义为"不可剥夺"的，因此具有了"无条件"的绝对存在状态，选举权就是这样的权利。选举是西方民主制度的核心程序，参与选举被视为人的基本权利，如果不让人参与选举，就是剥夺人的选举权。但是，关于选举的责任，则很少阐述，即使提及，也只是从必须参与投票的角度，也就是说，只要去投票了，就是履行了选举的责任。

在理论讨论中，"责任"往往可以简化为"做"与"不做"，但在具体的社会实践中，"责任"应该更具体化为"如何做"。譬如驾驶汽车，在沙特阿拉伯，政府不允许女性开车①，这被国际社会中的许多民主人士批评为"不民主"，剥夺了女性开车的权利。即使在民主社会，如在美国，虽然没有剥夺女性的开车权利，但也不是每个女性，或者每个人都可以开车的。一个人如果要想行使开车的权利，必须首先履行一种特殊的责任：

---

① 2017年，沙特阿拉伯开始允许女性开车。

获取驾驶执照。这种责任是很具体的，有一系列具体细致的程序：笔试的时候要回答一系列问题，检测应试者是否理解了交通规则；路考的时候要完成一系列驾驶动作，考验驾驶者对汽车的掌控能力。这种开车的"责任"，不是简单的"开"与"不开"，而是具体的"如何开"：驾驶者要按照交通规则和汽车驾驶原理来开车。

对驾驶者规定这种责任要求，是因为开车牵扯到公共利益，如果允许人无照驾驶，就会引发交通事故，会对公众的生命财产造成损失。因此需要设立一道责任的门槛，履行了责任的人才可以跨过门槛、行使权利，这种做法是对公众利益的负责，是得到理性社会普遍认同的。

选举执政者也牵扯到公共利益，而且牵扯的利益要比驾驶汽车重大得多。误驾汽车会引发的事故是交通事故，造成的生命财产损失是有限的；错选执政者会引发的事故是政治事故、经济事故、外交事故、军事事故等，会造成的生命财产损失是无法估量的。为了避免误驾汽车引发事故，才对驾驶者设立了"理解交通规则、掌握汽车性能"的门槛。如果要想避免错选执政者，是否也应该要求选举者对候选人的政策主张、政治理念，以及候选人的素质等信息有所理解和掌握呢？在目前的美国选举制度中，是没有这样的责任要求的。只要是有选举权的人，就可以去投票选择执政者，选举者没有责任去理解投票的内容，没有责任去掌握相关的信息。即使对候选人一无所知，也可以在选票上任意打钩打叉，从而对选举结果产生影响。

对比"权利"和"责任"这两个观念，可以看到背后隐示的两大不同。第一，权利注重个人，责任关注他人和群体；权利述及的是个人应该拥有什么，责任考虑的是个人和群体的关系、个人在群体中应该如何行为。第二，权利注重的是现时，责任更为关注未来的影响。"驾驶权利"重视的是个人现时的权利；"驾驶责任"考虑的是驾驶可能在未来造成的影响。权利以个人为本，而个人的生命是有限的，因此对权利的关注难以超越个人生命的局限。责任是从群体的视角切入的，而群体的生命期要远远超越个人，因此对责任的关注总是从大局和长远利益着眼。当个人权利成为关注中心的时候，人会倾向于争取个人权利最大化，而对旁人权利的考虑一般只会从自己权利是否受影响、是否得到保障的角度来思考。为了使自己权利获得最大化，个人很可能罔顾他人权利。在民主政治的实践中，可以看到很多为了个人权利最大化，而压制他人权利，甚至损害群体长远利益的例子。譬如美国的金融财团通过游说获得了金融不受监管的权利最大化，罔顾民众在金融活动中的受保护权利，损害了社会的长远利益。

民主的根本目的是要为群体选择执政者，要为群体做出决策。但是，西方普选的民主程序，却是建立在"个人权利"的价值体系上的，只强调个人的选举权，不注重个人的选举责任。由于个人权利中潜伏着"个人高于群体"的因素，因此以个人权利为基础的选举程序就隐含着忽视群体利益的机制。如果一个程序是以"为群体做决策"为目的，但其程序中却含有"忽视群体利益"的机制，这个程序岂不会引导出"忽视自身利益"的决策？这岂不是一个悖论式的程序？悖论式的程序潜伏着自我毁灭的机制，隐藏着自毁的基因。

在美国的民主制度中，可以观察到至少有两个具有悖论机制的特点已经形成。第一个特点是小集团强势化。在前面的章节中，已经列举了美国的财团左右政府决策的许多事实，讨论了立法对人口的1%有利而对99%有害的现象，这种现象就是小集团强势化的实例，奥尔森的理论更是剖析了这种现象的必然性。小集团强势化的结果造成了社会大群体的长远利益遭受损失，有害于社会的可持续发展，带有自我毁灭的倾向。2008年的金融海啸正是一次规模不小的自我毁灭，2011年美国国会中的政党小集团为了各自的利益争斗厮杀，使得美国国债评级被下调，又是一次小规模的自我毁灭。

第二个特点是政治低智化。由于很多人不愿意花费时间和精力去认真思考复杂的问题，而宁愿相信别人提供的简单明确答案，这种心理倾向在民主制度中会被政客和强势集团利用来拉选票，他们推出适合大众心理的简明逻辑，避免在深刻的层面上讨论复杂的问题。即使复杂的问题事关群体重大利益，他们也要想法回避，或者把复杂问题简单化。金融衍生品问题太过复杂，就避而不谈；医保问题也很复杂，就被歪曲简单化为"官僚机构浪费低效"。这种避而不谈和歪曲简化的结果是低智化：复杂问题不在高智的层面上讨论，而被刻意简单化到低智的层面来搞蛊惑宣传。结果，事关群体利益的复杂问题被回避、被歪曲，而不是被讨论、被解决。这些问题在回避和歪曲的掩盖下繁衍发展，最终酿成大祸，爆发出如2008年金融危机那样的自我毁灭海啸。

如果选民在行使选举权的同时必须履行责任，必须通过某种责任门槛，小集团强势化和政治低智化的问题就有可能解决，至少是有可能减少。试想一下，如果有投票权的人都认真研读过克林顿医改的相关文件，知道医改要成立的机构究竟是什么，医药保险集团就很难再用"官僚机构浪费低效"的简单歪曲话语来忽悠选民。如果有投票权的人能通过学习理解金融衍生品潜伏的危险性，金融财团就很难肆无忌惮地让国会禁止商品期货交易委员会监管衍生品，还获得了一系列"去管制"的优惠政策。如果有投票权的人都研究分析了伊拉克问题和中东的大局，政客和利益集团就很难用大规模杀伤性武器的危言耸听来发动伊拉克战争。即使选民不可能有准确的情报来判断大规模杀伤性武器是否存在，但他们起码可以对伊拉克战争会给美国、中东、世界造成的影响有较深入的思考和理智的态度，迫使政客要在高智的层面来辩论回答这些复杂的问题，而不是用低智的蛊惑来忽悠大众。在高智层面的辩论有利于做出明智的决策，即使主战派最终得胜，但在高智的辩论中，由于主战派必须回答许多复杂的问题，就会迫使他们对未来的战争做更全面的准备，而不是轻率地闯入伊拉克，搞得泥潭深陷，后患无穷。

正是因为缺乏高智的辩论，美国侵入伊拉克的时候犯了很多简单的错误，如派出的兵力不足、对暴民抢劫毫无准备、军车的防护设备不当等。如果这些问题能在高智层面进行辩论，美国大概就不会轻举妄动地发动战争了。正是因为这种低智化的政治大环境，使得即使是高智的政客，也必须把自己的精力用在抓眼球的低智问题上，甚至会在低智层面的情绪化辩论中头脑发热，使自己最终也被低智化了。

没有门槛的选举使得整个政治被低智化，这种低智化突出地表现在政客们的竞选战略中。由于大多数民众不愿意对复杂问题进行研究和深思，而这大多数又是选票的重要来源，政客为了获得决定其执政命运的票源，就必须打动这些不愿深思者，就要采用简单、低智的竞选话题来取悦于他们。美国的竞选战略家发现，获选的最佳方法是打倒政敌，而打倒政敌的最佳方法是攻击政敌的低俗简单弱点，因为这样的弱点是最易于被理解的，最能抓住大多数人的眼球。这种战略被称为负竞选战略，有别于正竞选战略。正竞选战略是宣传自己如何好，负竞选战略是攻击政敌如何坏。

在美国，成功的负竞选战略往往是在简单低俗的问题上攻击政敌如何坏。如果是宣传自己在处理对国家有重大关系的复杂问题上如何好，大多数人不理解，抓不住他们的眼球。如果是攻击政敌在处理对国家有重大关系的复杂问题上如何坏，大多数人难以理解，也提不起兴趣。但如果是攻击政敌在简单低俗问题上如何坏，就很容易引起大多数人的注意，因为简单明了，能够抓住人的眼球。在近三十多年来的美国总统竞选中，低智化的负竞选战略被广泛运用，并且取得了巨大的成效。譬如老布什在竞选时，攻击对手杜卡克斯要把罪犯从监狱里释放出来为非作歹①，小布什竞选连任时，攻击对手凯里在越战时骗取勋章②。这些捕风捉影、无中生有的事情配上了生动而煽情的电视画面，很容易打动不愿意进行深入复杂思考的选民，杜卡克斯和凯里都因此而败北。由于在没有责任门槛的竞选体制中潜伏着低智化的生长因子，使低智化的负竞选战略非常契合这样的生存环境，因而运用这种战略的人易于生存，易于胜出。

在西方自由民主思想发端的初期，民主参政的权利并非如现在这般不受责任的制约，那时曾有各式各样的隐形门槛。

文艺复兴时期的人文主义是西方自由民主思想的先驱，人文主义者主张复兴希腊和罗马的公民精神，强调公民要积极参与政治和公共事务，这种参与是现代民主参政的雏形。在人文主义学者最初提出公民参与概念的时候，他们特别强调了公民教育。文艺复兴时期的人文主义之父弗朗西斯克·彼特拉克③认为，公民只有接受了教育，才能有效地参与政治。人文主义者没有提出政治参与的具体方案，但是详细地构建了一套如何培养公民的新教育制度。

当时在意大利流行的教育制度是中世纪模式，人文主义者认为中世纪

---

①　杜卡克斯曾是马萨诸塞州的州长，该州的监狱有政策准许囚犯周末放假短暂离开监狱，这是为了帮助囚犯更好地自我改造和适应社会。在杜卡克斯任内，有一个谋杀犯在周末假后没有返回监狱，跑到外州犯下了强奸等罪行。老布什的竞选团队抓住这个案例，进行了大量的负竞选宣传，他们制作了煽动情绪的电视广告：许多长相恐怖的罪犯走过一个旋转门，被释放到社会上。这个广告被大量播放，对杜卡克斯造成重大打击。

②　2004年，支持小布什的共和党人资助了一些自称越战时和凯里在同一部队的人，让他们跳出来大做电视广告。这些人说，在一次战斗中他们和凯里同乘一艘快艇，凯里在战斗中没有受伤却谎报负伤骗取勋章。事实上，海军医院有凯里负伤的记录，但是这个无中生有的攻击太过意外、太过突然，凯里没有来得及找出所有的历史档案资料，也没有准备好足够的"反宣传"资金来做应对的广告，因而受到很大的伤害。

③　弗朗西斯克·彼特拉克（Francesco Petrarca, 1304—1374），意大利人文主义学者。

的教育制度不能培养出公民参与政治的能力，因此他们设计了一套新教育制度，以使公民能够通过教育获取这种能力。他们认为参与政治需要两种能力，一种是判断能力，参与政治就是要对和政治相关的各种事务做出判断，而判断是需要知识的，因此公民需要接受教育获得知识，以便具备判断能力；另一种能力是沟通能力，参与政治是要进行政治对话，要让别人理解自己的意见，要说服别人接受自己的政治主张，因此参与政治需要沟通的能力。人文主义者为培养这两种能力设置了两大类课程，培养判断能力的课程有历史、数学、几何、天文学、音乐、诗歌等；培养沟通能力的课程包括雄辩术（修辞学）、逻辑学、拉丁文等。从这套新教育制度中可以看出，人文主义者为公民设置了隐性的能力门槛，公民需要通过学习跨过这道门槛，才能够有效地参与政治。

在 18 世纪和 19 世纪的时候，英国公民的投票权也有门槛。当时英国的法律明确规定，成年男性公民必须拥有相当数量的土地所有权或使用权才可以参与投票，当时能够参与投票的公民是极少数。1832 年，英国议会通过改革法案，把投票门槛降低了一些，尽管门槛降低了，但能够参与投票的公民仍然是很少数，估计只占人口的 5% 左右。① 英国当时设置这道门槛的理由是：投票人必须"在国家中拥有利益相关的关系"②，而拥有财产和缴纳税赋被视为拥有利益相关的关系，所以这样的人才能在公共事务中发表意见。从这个理由中，可以看到隐含"责任"影子，因为"利益相关的关系"多数是融入责任的，尤其是拥有财产需要履行一系列责任，譬如要交税、要履行某些合同等。只有尽了这些责任的人，才有权利参与投票。

---

① John Phillips, Charles Wetherell, "The Great Reform Act of 1832 and the Political Modernization of England", *The American Historical Review*, vol. 100, 1995, pp. 411-436.

② "在国家中拥有利益相关的关系"（a stake in the country），参看英国广播公司（BBC）的历史资料，http：//www.bbc.co.uk/bitesize/higher/history/democracy/changes/revision/1/。

在 19 世纪中期之后，英国议会通过法律，逐步降低投票权的门槛，先是使越来越多的男性公民获得了选举权，到了 1928 年，英国女性也获得了选举权。此时距离 1688 年的"光荣革命"已有 240 年。在英国历史上，"光荣革命"标志着议会的权力超越了君主的权力，但是 1688—1832 年间的英国政体，并不是民主制度，而是精英寡头统治，不仅投票权有财产门槛，当选议员的财产门槛更高，公民必须拥有很大数量的财产，才有资格当选为议员。[①] 1832 年通过了《议会改革法》，使更多的人获得了投票权，但直到 1928 年之前，英国也仍然没有实行一人一票的无门槛民主政治。虽然英国在这 240 多年间没有实行民主政治，却在这段时间内完成了从中世纪体制向现代国家体制的转型，同时也实现了工业革命，成为世界上的超级强国。

在 18—19 世纪的时候，美国人的投票权也有门槛，许多州只允许拥有财产和缴纳税赋的成年男性白人投票，财产的门槛在 19 世纪上半叶逐渐降低取消。1870 年美国宪法第 15 条修正案将投票权扩大至男性公民中的有色人种，受惠者主要是黑人，以及一部分获得了美国公民权的印第安人。1920 年美国宪法第 19 条修正案使美国女性公民也获得了投票权。迟至 1924 年，全部印第安人才得到了投票权，以前很多印第安人没有美国公民权，所以他们根本不能投票，1924 年的《印第安人公民权法》使全部印第安人得到了公民权，同时也获得了投票权。实现普选民主的 1924 年距离签署《独立宣言》的 1776 年已有近一个半世纪。

回顾从文艺复兴时代以来的公民参政门槛，可以看到人文主义者主张的能力门槛最接近责任门槛的理念，也最具有理性。不过，这种门槛却很难付诸实践，因为它涉及了很多难题：如何实行公民能力的教育？受教育

---

① 当选为议员必须拥有 600 英镑的年收入（镇的议席是拥有 300 英镑年收入），获得投票权需要拥有至少价值 40 先令的财产（1 英镑等于 20 先令）。参阅大英百科全书。

到什么程度可算是有了公民能力？参政能力怎么衡量？……这些问题的解决需要复杂的实践安排，而各种安排都可能会有疵瑕，甚至会引发新的大问题。英美实践过的财产纳税等门槛，离责任门槛的距离很大，更为接近阶级门槛。这种门槛有较多阶级利益的渗入，较少纯粹理性的考量。正是因为缺乏理性的支撑，这种门槛很容易受到批评攻击，尤其是这种门槛中含有"反人人平等"的悖论，更是患有自我否定的先天不足。于是，这种门槛在"平等权利"的民主大潮下被逐渐冲垮，没有为责任门槛留下一点儿余地。

民主大潮逐渐冲垮选举门槛的时期，恰与自由的概念从理性主义向浪漫主义嬗变的时期相吻合，都是在浪漫主义兴起的 19 世纪。在浪漫主义的裹挟之下，自由被"去理性"，权利被"去责任"。权利的"去责任"在实质上也是"去理性"，这种"去理性"表现在两个层面上：个人层面和程序层面。在个人的层面，它使得个人在参与选举的时候无须做理性的思考；在程序的层面，它埋下了违反理性的逻辑悖论误区。

选举是西方民主体制的核心程序，民主体制是被定义为"人民的政府，属于人民，为人民"，也就是说，选举程序是应该产生"为人民"的结果。但是，不负责任的选举权利使得小集团强势化和政治低智化大肆发展，因而在美国导致了有利于 1% 而不利于 99% 的政治结果。当政治结果不利于社会中的 99% 的时候，会对社会产生毁灭性的影响。一个"为人民"而设计的程序，却重复产生只为 1% 的"不为人民"的自毁结果，是因为在这个程序中存在着逻辑误区。

三、自弱机制：中位数效应的趋中化

除了具有自毁机制的逻辑误区之外，在西方民主制度中还有另一个具有自弱机制的逻辑误区，这是在基本逻辑层面上第三个值得质疑的问题。

　　第三个逻辑误区是在民主的多数制规则下形成的，具有趋中化、反趋强的特点。民主的根本原则是多数制，民主决策是要遵从多数人的意愿。在民主制的框架下，虽然少数人的基本权利可以得到保障，但是根本决策还是得听从多数人的意见。这种根据多数人的意愿做出的决策会有什么样的特点呢？

　　在进行进一步讨论之前，需要对此处所言的"多数人"做出一些说明，因为前面在论述第一个逻辑误区的概念矛盾时，曾经讨论过"大多数"的问题，可能会引起读者的一些困惑。此处的讨论与前面的讨论有所不同，前面的讨论着眼于个体本位与群体本位的概念矛盾，强调个体本位的"大多数"不能蒙混理性地变换成群体本位的"人民"。此处所要讨论的"多数人"是完全基于个体本位的（不是群体本位的"人民"）。所谓的"智慧能力"是以虚拟的智力指数作标识的，譬如类似于"智商"那样的指数，每个个体都会有自己的唯一指数。这是一种能力指数，不是前面讨论的个人意见偏好。关于如何建构这样的智力指数，不是本书关注的问题，本书只是借用这样一个虚拟的指数，来分析民主制在逻辑层面上的问题，而且着眼点只限于个体的"智慧能力"。[①]

　　假设可以用这样一个虚拟指数来标识个人的智力水平，并且对全国所有人的智力水平都进行测试。假设最低者为 0 分，中位数者为 50 分，最高者为 100 分，然后做出智力分数的密度曲线，其密度分布应呈现出正常状态的正态分布特征：多数人的分数集中在 50 分左右，越趋近低端 0 分或高端 100 分的人数越少（参看图 1）。此处所谓的智力是指理解和处理某些问题的智慧能力、知解能力。这种智慧能力未必能够量化为可用区间标

---

　　① 此处所说的"智慧能力"，是暂时的简便表达，更为准确的表达应该是"智慧能力和道德素质"，关于这个问题在本章节的后半部分有所阐述。

量显示的分数，一般只能用序数标量来表现其大小。但是为了叙述讨论的方便，此处使用了分数，这种以特定的分数标识的智力概念，在下文中还会多次使用。①

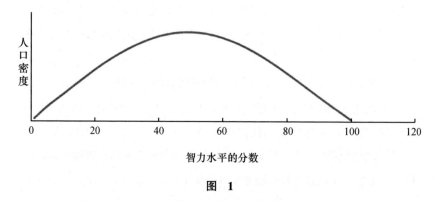

图 1

遵循多数制原则做出的决策，其智力特点应该是趋近 50 分左右的水平，因为多数人的智力水平是在 50 分左右。从好的方面来看，这种决策避免了接近 0 分的低智愚蠢结果；但从坏的方面来看，这种决策也使接近 100 分的高智英明卓见无法被采用。民主制具有这种中位数效应的趋中化机制，虽然防止了趋弱，但也阻碍了趋强。在一国之内的小框架中，中位数效应是趋中的，并不是趋弱的；但若在多国竞争的国际大框架中，民主制的中位数效应就不仅仅是趋中，很可能有趋弱的倾向。

在国际的大框架中比较各国的趋强或趋弱的倾向，可以通过比较各国执政者的智力水平来推演。因为执政者是制定决策的，其智力水平影响决策的水平，执政者的智力越高，越有利于该国的发展和进步。要做智力水平的国际比较，就需要假设对全世界所有人的智力都进行了测试，最低者

① 本书关于智力水平和选择执政者方式的讨论是基于假设的纯理论研讨，不涉及实证的计量分析。

是国际智力 0 分，中位数者是国际智力 50 分，最高者是国际智力 100 分。由于各个国家人口的智力素质不同，用国际智力分数来衡量，各国的最低分、中位数分、最高分都会是不同的。

　　为了更为视觉化地描述和分析两个不同的国家，下面几个图像可以用来做辅助说明，帮助读者更清晰地观察和比较两个国家的智力水平，以及选择执政者的不同方法。图中所示的智力水平，都是用国际智力分数来衡量的。假设有两个不同的国家 A 与 B，A 国国民的智力水平高，其最高分者是 70 分，其中位数者是 40 分，其最低分者是 10 分；B 国国民的智力水平低，其最高分者是 60 分，其中位数者是 30 分，其最低分者是 0 分。假设这两国国民的智力密度曲线都呈正态分布，图 2 中的两条正态曲线就描述了这两国国民的智力水平分布状况。

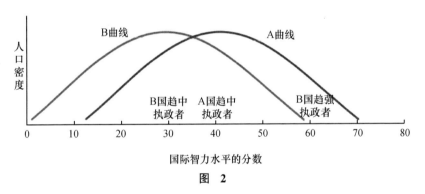

图　2

　　如果 A 国和 B 国都采用了趋中化的民主选举方式来选择执政者，A 国的执政者将会是国内中位数者的智力水准，40 分；B 国的执政者也将会是国内中位数者的智力水准，30 分。因此，B 国执政者的智力水平会比 A 国执政者的低 10 分。

　　如果 B 国采用了趋强的、非民主选举的方式来选择执政者，其执政者的智力水平就可以超越中位数（30 分）。若能选择第 1 名执政，其智力水平就能达到 60 分。如果 A 国仍然采用趋中化的民主选举制，A 国执政者的智力水平仍会是 A 国中位数者的 40 分。此时，B 国执政者的智力水平（60 分）就会高过 A 国执政者的智力水平（40 分）达 20 分之多。（参看图 2）

从历史发展的视角来思考弱国与强国之间的竞争，采用什么样的战略来选择执政者可以帮助弱国赶超强国呢？弱国教育资源贫乏，国民智力水平较低；强国教育资源雄厚，国民智力水平较高。智力形势对弱国不利，但如果强国固守趋中化的民主制，弱国可以有三种战略来进行超越式的发展。

第一种战略，弱国采用趋强化的选择执政者方法，使得自己国家中的智力水平最高者执政，这种战略在图 2 中已有显示。B 国是弱国，A 国是强国。B 国若能选择第一名（60 分）当执政者，就可以超越 A 国的趋中执政者（40 分）的智力水平。这个逻辑是十分明显的，但是，把这个逻辑落实成为可操作的方法却是非常困难的，如何能够选择智力最高者执政，这是个数千年来未能解决的难题，因此也是这种战略的主要缺点。关于操作方法问题，后面几章将会讨论，此章只集中讨论基本逻辑。

第二种战略，弱国采用提高全民智力水平的方法，图 3 描述了这种战略。弱国如果能够把全民的智力都提高了，其中位数的智力水平自然也会提高。正如图 3 所示，B 国若能把全民的智力都提高，其密度曲线就可以从 B 移至 B′，最低分从 0 分移至 13 分，中位数从 30 分移至 43 分，最高分从 60 分移至 73 分。此时 B 国即使采用趋中化的民主制，其执政者的智力水平也能高过 A 国的，B 国的中位数是 43 分，A 国的中位数是 40 分（假设 A 国的全民智力水平没有变化）。这种战略的优点是，民主选举的方法是现成的，不用耗费精力去研究设计新的选择执政者的方法。这种战略的缺点是，提高全民智力水平需要大量的资源，还需要相当长的时间，在这样长的时间里，其他强国民众的智力水平很可能也会提高不少。

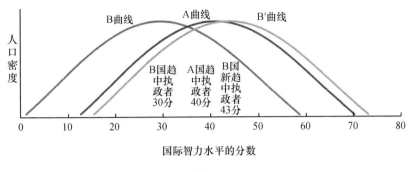

图 3

第三种战略，这是第一种战略和第二种战略的结合，图4描述了这种战略。在这种战略的指导下，弱国既投入资源来提高全民的智力水平，同时也投入精力去研究设计趋强化的选择执政者的方法。从图4中可以看到，全民智力的提高使B移至B″。虽然B″的中位数（35分）还没有超越A的中位数（40分），但B″的第一名（最高分65分）已远高于A的中位数（40分）达25分之多。此时B国若能够选择第一名做执政者，其智力水平将大大优于以民主方法选举出来的A国执政者，即使是选择了比第一名较差的第八名、第九名等，其智力水平也将优于A国的执政者。这种战略的优点是，和第一种战略相比，其执政者的智力水平能够达到更高的层次；和第二种战略相比，其所需的资源和时间会少一些。这种战略的缺点是，它既需要花费精力来研究设计趋强化的选择执政者方法，又需要投入一定的资源来提高全民的智力水平。当然，这种战略有灵活性，其成分中所含的第一种战略或第二种战略的比例，可以因时、因地、因势而调整，以实现更佳的结果。

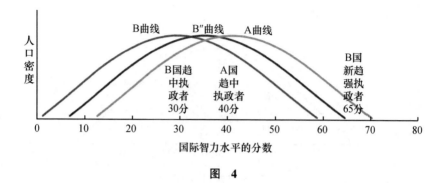

图 4

从国际竞争的角度来看，一个国家执政者的智力水平越高，这个国家成为强国的可能性越大。即使这个国家初始的总体状况比较低弱，如果它能够不断地选择智力水平第一名，或者接近第一名的人成为执政者，它就能够比其他选择智力水平趋中者执政的国家发展得更快。用趋强取向选择执政者，可以使国家加速趋强；用趋中取向选择执政者，会在面对趋强国家竞争的时候显现出颓势。

一人一票的民主选举，不是一种趋强取向的选择执政者的制度，它具有趋中化取向，即防止了趋弱，也阻碍了趋强，是居中者得道。在民主选举中，那些智力 0 分的人不可能当选，但智力 100 分的高智者却会因为曲高和寡、难以理解，也被排斥于执政决策的圈子之外。民主的多数制规则含有趋中效应，难以实现趋强取向的选择。

在美国的民主制度中，可以明显地观察到这种趋中效应对政治决策的影响，前文述及的政治低智化现象，就与趋中效应相关。由于多数人的智力水平趋于国内 50 分的水平[1]，政客在讨论问题的时候，需要迁就这种 50 分的智力水平环境，不能把讨论分析问题的智力水平提得太高，因为那将

---

[1] 此处及其后的关于"趋中效应"叙述中的 0 分、50 分、100 分等，均指国内测试排列的国内智力水平分数，不是国际智力水平分数。

使大多数人无法理解。因此，即使是高智力的政客，也要把自己的水平降低，以适应 50 分的环境。

在趋中效应的影响之下，民主选举制中的何种政客容易被选举成为执政者呢？就认知和解决政治、经济、外交、军事等问题的知解判断能力而言，政客的知解智力水平在 50 分左右，较易于被多数人接受；若智力水平太高，多数人不能理解，大众反而会认为这种政客是极端怪人，是胡思乱想，是脱离民众，是不切实际等。若智力水平太低，当然也不会被多数人接受，因为多数人能认识到这种政客愚蠢低能。

就沟通能力而言，政客的沟通水平越高，越容易当选执政。沟通能力和上文所述的知解能力不同，知解能力是指政客认识和处理大政问题的能力，表现为知解智力；沟通能力是指政客和选民之间的沟通能力，可以视作沟通方面的智力。如果有两位政客 A 与 B，政客 A 知解大政问题的能力很强，但他不擅长沟通，不善于让大众理解他的能力；政客 B 在知解能力方面不如政客 A，但很擅长沟通，能让大众欣赏他的能力。在竞选中，虽然政客 B 的知解能力较低，但他高超的沟通水平使他可以把自己的能力包装得很好，让大众以为他"为人民"的能力很强；而政客 A，虽然他的知解能力较高，但他不擅长沟通，在和大众沟通的过程中，他的低下沟通水平很可能使他自我矮化，让大众以为他是一个无能的人。于是，政客 B 易于当选，政客 A 往往落选。

在美国的选举制度中，由于金钱的影响力非常巨大，政客掌控金钱的能力也成为能否当选的重要因素。掌控金钱的能力可视为金钱智力，这种智力和处理大政的知解能力不一样。在市场经济体系中，金钱智力高的人往往能够积累大量财富，他们有的直接从政成为政客，更多的是雄踞商界通过游说献金等来影响政治。从市场竞争中脱颖而出的财团巨子，其金钱智力是远高于 50 分的，但这种高于 50 分是高于金钱智力的 50 分，并不是高于政治知解能力的 50 分。在美国的政治中，这类金钱智力高的人对决策有极大的影响力，这种现象在前文已经叙述过。

这些金钱高智力者左右政治，是否有助于解决趋中化的问题呢？金钱高智力者介入执政，是否也是一种趋强取向的选择执政者的方法呢？从美国的现实来看，答案是否定的。因为，这些人的高智力是在金钱方面，不是在认识和处理政治问题方面。而且，这些人操纵政治权力是为了自己个人的利益，不是"为人民"，不过，他们为了使大多数人相信他们提倡的政策不是仅仅有利于少数人，他们会使用低智化的战略来忽悠大众、偷梁换柱。这些人的高智力，可以帮助他们设计出聪明的、为他们自私利益服务的低智化战略。智力越高，设计出的低智化战略越聪明，越能忽悠大众，越能造成政治低智化。金钱高智力者左右政治，很可能只为1%服务，而不会为99%服务，不会为群体的长远利益服务。

从群体生存发展的角度来看，选择具有何种智力的人当执政者能够更有利于群体长远利益呢？群体长远利益是一个非常复杂的问题，能够对这个问题做出正确解答的人必须具有很高的知解智力，这样的高智力将帮助他们准确地判断维护群体长远利益需要什么样的政策，需要如何来执行贯彻。譬如，什么样的经济发展战略有利于群体长远利益？什么样的医疗体制能够为大众提供优良的服务，又不造成群体过重的财政负担？什么样的外交政策对国家的长远发展有利？……他们要有认知问题的能力，解决问题的能力。随着生产力的发展、社会的复杂化、环境的不断变迁，关于群体长远利益的问题会变得越来越复杂，对知解能力的要求会越来越高。

GDP曾被很多人认为是社会发展的目标，是群体长远利益的中心，但是有远见的人认识到环境保护对群体长远利益的影响也很大，因此他们会较早地考虑如何平衡GDP增长和环境保护之间的关系，以及其他将会影响群体长远利益的因素。由于社会总是要发展的，社会环境总是会变化的，已存的政治体制都会不断地面临自我调整的挑战，若不能做出适当的调整反应，就会发生政治衰退。关心群体生存发展的执政者，应该有能力敏锐地识别和判断新出现的问题，并且能够设计出应对的调整方案。如此才能防止政治衰退的发生，才能避免政治衰退给群体长远利益造成伤害。判断和处理这些问题，需要有远瞻性的知解能力，需要有平衡舍取的知解能力。当执政者的这类知解能力越高，就越能够有利于群体长远利益。

　　考虑群体长远利益，需要执政者从群体利益的角度出发，而不是从个人利益的角度出发。这种需要有对智慧的要求，也有对道德的要求，因此，用"智力"来描述执政者的素质特征，并非是一个贴切的词汇。儒家的词汇"贤"也许更为合适，"贤"同时含有智慧能力和道德情怀的双重意义，"贤商"将是衡量执政者素质的更佳指标（此处的"商"是借用"智商"一词中的"商"的含义）。不过，为了避免在短小的章节中过多地转换词汇，本章仍使用已使用的词汇"智力"，只在必要时附加说明。此处要加以说明的是，从群体生存发展的角度来看，衡量执政者素质的特殊智力是应该包含智慧和道德的双重意义。执政者的这种特殊智力越高，越有利于维护群体长远利益。①

　　让智者贤者执政的理念在东西方的历史中都有久远的渊源。在中国有尧舜的"传贤不传子"的禅让，被誉为"大同之世"的理想美德；在西方有柏拉图的"哲学王"执政，被视为是理想的共和国。柏拉图根据人性的差异把人分为三类，第一类是受智慧驱使的人，他认为这类人应该是执政决策的"哲学王"；第二类是受勇敢驱使的人，这类人应该作战士；第三类是受欲望驱使的人，这类人应该从事经济活动。柏拉图构思由"哲学王"执政的共和国，是因为他从苏格拉底被民主投票处死的事件中，看到了雅典公民社会的一个致命问题。由于社会中的大多数人不能理解苏格拉底的智慧，苏格拉底的思想被视为"毒害"学生的谬误，因此公民陪审团

---

　　① 衡量特殊智力水平的方法应该是灵活的，不过本书的重点不是研究衡量特殊智力水平的具体方法，因此不就衡量方法做进一步的讨论。

通过民主投票处死了苏格拉底。苏格拉底之死使柏拉图对民主充满怀疑，他不认为民主的决策是智慧的，因此构想了"哲学王"，让智者来领导理想共和国。

让智者执政不仅是一种理想，也是一条潜规则。虽然这条"潜规则"在很多时候并没有被人意识到，但它却表现在无意识的制度安排中。因为由智者领导的国家有更强大的生存发展能力，安排智者执政的制度自然会在"生存竞争""自然选择"中表现出优势，从而使得这些制度可持续、可壮大。譬如，在君主制的中世纪，执政的君主是世袭的，表面上没有"智者执政"的安排，但是，君主制中往往有制度安排王子贵族接受良好教育，中世纪时代教育资源极度贫乏，绝大多数人都是文盲，受过教育的王子和贵族会比没有受过教育的人更为"智慧"一些。这种让未来进入执政决策圈的王子贵族接受教育的制度安排，就是这条"潜规则"的表现。

随着生产力的发达，教育资源的丰富，社会结构的变迁，许多非贵族的工商士绅富有阶级也有了接受教育的机会，因而这些富有阶级里出现了大批比王子贵族更智慧的人。让这些阶级中的智者执政，会对国家的发展更为有利。于是，智者执政的"潜规则"再次发生作用。譬如在英国，以非贵族的有产士绅精英为主体的议会的权力越来越大，"光荣革命"使得议会的权力超越了君主的权力。这些非贵族精英的执政表现也的确比君主更为出色，英国在"光荣革命"后发展迅速，崛起成为"日不落帝国"。

但是"光荣革命"之后，在西方国家向现代政治体制转型的过程中，智者执政的"潜规则"却没有被理性地认识到，更没有被有意识地制度化。相反，在浪漫主义崛起之后，"去理性"的个人自由、"去责任"的个人权利成为潮流主题。在浪漫主义大潮的裹挟之下，精英民主逐渐被一人一票的普选民主所替代。人们浪漫地相信，一人一票的普选是"人人平等"的最公平选举，将会选出"为人民"的执政者，将能建成"属于人民、为人民"的政府。这个执政者会推行"为人民"的政策,这个政府会保障"人人平等"。但是,美国民主制度实践的结果,却并没有实现这样的理想境界。在美国的政治现实中,人人并不平等,财团的权利远大于平民,金钱的力量可以左右政治。如此的政治现实,与其说是"民主",不如说是"金主"。在一人一票的表象之下,真正作主的不是人民,而是金钱。

浪漫的民主理想从"人生而平等"这个未经证实的前提出发,设计了一人一票的普选制度,以为可以选出"属于人民、为人民"的政府,可以构建"人人平等"的社会。但是,当个人权利不受责任的制约,当市场自由纵容金钱兴风作浪时,民主的普选制度给了金钱智力高的财团巨大的空间来操纵选举、左右政治。这种制度导致了多金的小集团强势,同时使得大群体弱化,最终伤害了群体的长远利益。

如果能够摆脱"人生而自由""人生而平等"的浪漫幻想的诱惑,能够正视人并非生而自由、并非生而平等的现实,并从现实出发来设计更为理性的选择执政者的方法,群体的长远利益应该能够获得更好的保障和发展。

从群体的长远利益来考虑,让智力高、道德高的贤能优者来执政是理性的、正确的,因为他们既能知解群体长远利益,也能关怀群体长远利益。因此,与其在一人一票的制度下让"金主"执政,不如抛弃虚伪的"人人平等"外壳,采取能够选择智力道德高的贤能"优主"执政的方法。从君主到民主的演变,是在生产力提高和教育普及的历史发展中,智者执政的"潜规则"无意识的体现。从"民主"到"优主"的思路转型,是在民主制度暴露出自毁自弱等重大缺陷的历史关口,有意识地遵循智者执政的"潜规则",探索构建人类进一步发展的新制度。

第五章　民主制度的改革与优主政治的尝试

一、摆脱"最不坏"的故步自封

从君主发展到民主已经成为历史事实，在 20 世纪末，世界上已有 60%的国家实行了民主选举①，民主被认为是历史潮流。虽然西方式的民主制在实践中出现了许多问题，但是鼓吹非民主制仍然会被很多人斥为反对普世价值。面对如此的潮流舆论，"优主"要想得到一定的话语权，困难重重。

当优主要在民主之外另辟出路、试探新径的时候，迎面碰到的一堵巨墙是丘吉尔的名言："民主政治是最坏的政府形式，但是要排除已经试验过的、所有的其他政治形式。"这是丘吉尔 1947 年在英国议院演说中的一段讲话。对于这段讲话，可以有两种解释。第一种是："民主的政府虽然很坏，但它比其他形式的政府都好，民主政府是最不坏的。"第二种是："民主的政府虽然很坏，但它比迄今试验过的其他形式的政府都好；至于没有试验过的政府形式和民主政府的比较，则是未知。"

在当前的民主大潮中，极少听到第二种解释，占领话语霸权的是第一

---

① 参阅福山（Francis Fukuyama）：《政治秩序的起源》（*The Origins of Political Order*），Farrar, Straus And Giroux, New York, 2011。

种解释。无论西方式的民主制度出现了什么问题，民主崇尚者都可以用"最不坏论"来为民主辩护。一方面，使得民主制能够持续占领道德制高点，另一方面，可以阻断探索其他新的政府形式的道路，以便西方式民主制独霸天下。这种"最不坏论"的辩护衍生出两个很有害于理性探索的结果。

第一个结果是二分法。在目前"最不坏论"流行的语境中，政府形式往往被分为两种：民主和非民主。民主是最不坏的，非民主自然是更坏的，两相比较之下，民主政体就是"好"政府，非民主政体就是"坏"政府，而且非民主往往被冠以"专制"附上"独裁""暴政"等联想意义。这种二分法，忽略了民主政体中存在的多样性，也否认了非民主政体中的多样性。

借用丘吉尔名言中的"试验过"，在试验过民主政府的国家中，它们的表现各不相同，有的表现好，有的表现坏，这些表现不同的民主国家不应该笼统地归于最不坏的。譬如伊拉克民主政府的表现就很差，许多伊拉克公民逃往邻近的非民主国家，他们的"双脚公投"显示了伊拉克绝不是"最不坏的"。

在试验过非民主政府的国家中，它们的表现也各不相同，其中表现好的可以和很多民主国家媲美，可以胜过那些表现差的民主国家，完全可以进入"优于最不坏"的行列，譬如被称为非民主的威权主义国家新加坡就远胜过民主的印度。

无论是民主还是非民主的国家，之所以表现得好是多种因素造成的，有的因素与民主体制相关，有的与民主体制无关。要想探索和试验好的政府形式，应该对这些因素做理性的分析。而武断地把一种因素视为决定因素，并笼统地称其为"最不坏的"，非常有害于全面的理性分析，有碍于人类探索"更优"的政府形式。

第二个结果是普世价值化。"最不坏论"让民主政体占领了道德制高点，因为其他非民主的东西都是比"最不坏的"更坏，都是低于"最不坏的"民主。站在道德制高点上，民主可以向下面俯视宣教，宣称民主政府是高于普世间所有其他政体的，所有非民主的国家都应该摒弃它们的"坏"政府，建立民主的"好"政府，人间普世都应该向民主的制高点靠拢，民主是普世价值。

认真思考"民主是普世价值"这一说法，可以发现有一个关键的问题值得进一步分析探讨："民主是普世价值"中的"普世"，是指"空间的普世"，还是"时间的普世"？从理性分析的角度看，若说民主是时间上的普世价值，明显有违常识理性。时间上的普世是永恒，难道现代人可以确定万年之后人类的普世价值吗？现代人对那时候的普世环境一无所知，对那时候人会变成什么样子也无法预知，怎么就可以永恒地代表未来人类决定什么是他们的普世价值？现代人要把自己的价值强加给未来人，这岂不是专断？岂不是专制？这是剥夺未来人的价值选择权利。

若说民主不是时间上的普世价值，只是空间中的普世价值，这又会引发一系列问题。由于现实世界的空间是存在于时间之中的，这空间里存在的民主普世价值是始于何时？又将终于何时呢？这起始与终止之时是全世界都同步一致的呢，还是各国各地都不一致？英国是始于 1688 年的"光荣革命"吗？或者是全民（包括妇女）都获得了选举权的 1928 年？美国是要跟随英国的 1688 年或者 1928 年，还是要根据自己的时间表呢？譬如签署《独立宣言》之年，或者废除奴隶制之年，等等。其他国家又要如何决定起始和终止之时呢？决定起始之时的根据和标准是什么？预测终止之时的根据和标准又是什么？民主普世价值的宣扬者对这些问题都没有做出过理性的回答。

苏联解体是一个"试验过"的非民主政治制度的失败案例，这使得民主"最不坏论"获得了一个强有力的例证，使民主普世价值观被更多的人接受。西方民主政体国家在冷战中的胜利，把民主普世价值观推向一个新高峰，美国学者福山的《历史的终结及最后之人》是矗立在这个新高峰上的一本名著。福山认为，在冷战中共产主义败于西方自由民主主义是"人类意识形态发展的终点"，表现了"西方自由民主普世化为人类最后一种统治形式"。福山的书是 1992 年出版的，但是其后在许多实行民主政治的国家中发生的事实却非常糟糕，以至于福山后来也承认，在 1990 年代末期以后，民主化发生了退潮。①

　　虽然福山仍然相信西方自由民主政体的优越，但是他在 2011 年出版的《政治秩序的起源》一书中，没有笼统地赞美民主制，而是引入了更为具体的机构要素标准来分析评价现代政治体制。他强调了三种机构要素：强国家、法治、民主问责。② 他认为西方自由民主体制融合了这三个要素，而其他非民主体制都有缺陷，或者缺一，或者缺二，甚至缺三。

　　强国家的重要性是福山在观察和研究了世界上许多发展中国家的现实之后得出的结论。他说："建设（强的）国家是国际社会面对的最重要问题之一，因为软弱和失败的国家是世界上许多最严重问题的根源，譬如贫困、艾滋病、毒品、恐怖主义。"③ 在研究的过程中，福山观察到一些非民主的政体也能建设起强国家，甚至有时比民主政体的国家还要强大有力。当集权国家中有好领导的时候，集权国家的力量能够比民主国家的更为强大有效，因而在解决许多问题时能够胜过民主国家。不过，福山认为，虽然集权政体在有好领导时能够建设强国家，但却难以克服"坏皇

---

　　① 参阅福山：《政治秩序的起源》（*The Origins of Political Order*），Farrar，Straus and Giroux，New York，2011。
　　② 同上。
　　③ 福山：《国家构建：21 世纪的国家治理与世界秩序》（*State-Building：Governance and World Order in the 21st Century*），Cornell University Press，Ithaca，2004，ix。

帝"的问题，一旦"坏皇帝"出现，国家就很可能陷于灭顶之灾。

福山在讨论这个问题的时候，明显地使用了二分法的分类：一类是民主国家，另一类是集权国家。不过，观察世界的现实可以看到，那种"一个皇帝""一个领袖"的集权政体只代表了非民主国家中的一部分，非民主国家也有多个领导人集体掌权的政体，而且这些领导人的任期也不是如皇帝般的终身制。非终身制的集体领导体制为克服"坏皇帝"的问题开启了广阔的空间。如果有九位领导人集体执政，每个领导人的任期都只有十年，那么，发生"坏皇帝"灾难的条件是：这九个人在他们的任期内都是"坏皇帝"。出现这样条件的可能性要比出现一个终身制的"坏皇帝"的可能性小得多，而且还可以有许多的制度安排来避免形成这样的条件。关于如何才能避免形成这样的条件，是下面两个章节讨论的题目，暂不在此细述。

此处要表述的是，强国家并不是民主政体的专利，相反，非民主政体在这方面有时可以做得更好，因为民主政体在民主争议的过程中常会发生扯皮、拖拉等低效、无能的问题，这会使国家的力量大打折扣。福山对于民主政体会出现的这类低效、无能的弱国家问题，也有所反省，他在2014年出版的《政治秩序和政治衰退》一书中，使用了"否决政治"（vetocracy）来描述美国民主政府的机能障碍，由于民主体制中权力制衡的制度安排，使太多的人拥有了否决权，导致政府难以有力地做出决策，只要有人不同意（哪怕是很小一部分人），就可以进行否决，政府决策举步艰难，国家机能出现障碍。①

法治是西方民主政体的标志性制度要素，但是福山也承认，非民主国家也可以实行法治，甚至在中世纪的一些国家里就有法治制度。这些中世

---

① 参阅福山：《政治秩序和政治衰退》（*Political Order and Political Decay*），Farrar, Straus and Giroux, New York, 2014。

纪的法治曾经是束缚君主暴政的有力工具，因为君主也要遵守已经形成的法律，不可违反这些法律，随心所欲地施政。在肯定法治有利于束缚暴政的同时，福山也指出了法治的负面影响：僵化。在中世纪，一些法律保护了旧的社会阶级和习俗，妨碍了现代社会的构建，使国家在社会转型时表现得僵化和软弱。在现代，法治引起的僵化也有很多例子。譬如在美国，两党在参议院辩论法案的时候，少数党常利用冗长演说的法律程序，来无限制地拖长辩论演说，以阻止通过多数党提出的法案。

　　法治不仅会引起僵化的问题，某些法治还直接会产生"不为人民"的结果。回顾法治在美国的实践，可以看到法治产生的复杂影响，有"为人民"的结果，也有"不为人民"的结果。法治的"为人民"结果突出地表现在防止了执政者的无法无天侵犯人民的行为，譬如执政者不能随意把人投入监狱，在美国不遵守法律程序的任意逮捕监禁等现象较少发生。以至于美国在"9·11"事件后处理国际恐怖分子的时候，把嫌犯关押到了古巴岛上的关塔那摩海军基地的军事监狱中，以便逃避美国法治中的一些束缚。但是同时，法治的"不为人民"结果也有许多表现，譬如前文讨论过的"小集团强势化"现象，那些小集团就是利用法治中的合法程序获得了对己有利、对人民有害的法律，从金融去管制到超级政治行动委员会，这些法都不是"为人民"的，是为1%服务，不是为99%服务。通过法治程序制定"不为人民"的法，使"不为人民"的行为合法化，使金钱收买政治合法化，这是法治在民主制度中产生的负面影响、形成的负面结果。

　　关于第三个要素"民主问责"，福山特别强调的是自下而上的问责。在民主体制中，执政者是下面的选民投票选举产生的，这种制度安排使得民主选举制具有自下而上的问责机制。若要当选执政，上面的执政者就要接受下面选民的问责，就要对下面的选民负责。这种自下而上的问责制度，强调的是上面的执政者要负责任，却忽视了选民的责任问题，没有规定下面的选民也要负责任。在目前美国的民主选举制中，选民拥有不负责任的选举权，这种不负责任的选举行为造成了许多问题，这些问题在前文中详细讨论过。自下而上的问责形成了不对称的责任，负责任的一方（上级）要接受不负责任一方（下级）的问责，这就使得大政责任可以被不负责任的人牵引，这实在是一个逻辑的误区。除了"不负责任的选举权"的问题之外，自下而上的问责制还面临另一个重大问题。由于下面的选民数量很大，这些选民分裂为许多集团，并非一个整体，各个集团要问责政府的事情很不一样，甲集团要问责的事情会与乙集团的不同，甚至完全相反。执政者在接受问责的时候是有选择性的，对某些集团的问责会很积极负责，对另一些集团的问责则消极冷漠。前文讨论过小集团强势化的问题，就和执政者的问责选择性相关，执政者对强势小集团的问责尽心尽力，而对弱势大集团的问责则不理不睬，这种选择性使得强势小集团能够越来越强地操纵政府的决策。有选择性的自下而上问责制促成了政府只对下面的1%负责任，而对下面的99%不负责任，对群体的长远利益不负责任。

与自下而上问责制相对立的是自上而下问责制，这种自上而下问责制是许多商业公司的组织模式：普通员工接受低层经理的问责，低层经理接受中层经理的问责，中层经理接受高级主管的问责。在这种问责制度中，几乎每个人都有责任，都要接受上级的问责监督，因此工作效率会比较高，使得公司群体的利益能够得到有效的保证。当公司群体获利时，群体中的成员都能得到不同程度的利益。低层员工能得到的最起码利益是有工作的机会，不会失业。至于员工的其他福利待遇，则会因经理的不同经营理念而有所不同，经理并不是根据员工的问责来决定公司的福利政策，而是根据公司的利润效益来做决定的，是要考虑公司的长远发展利益。当然，这种问责制度也有潜在的危险，由于缺少对高管的问责，有的高管为了个人利益会损害公司利益。譬如美国 2001 年发生的安然公司破产丑闻，安然公司的高管制造假账，隐瞒亏空，虚报利润，自己捞了一大笔，却使公司破产，普通员工不仅失业了，还失去了在公司中的投资。不过，安然公司这样的丑闻毕竟是少数，很多公司的自上而下问责制还是运作成功的，比自下而上问责制更有效率，更有利于公司的群体利益。

福山在《政治秩序的起源》和《政治秩序和政治衰退》中，还特别讨论了国家发展过程中很可能发生的一种现象：政治衰退。他认为，产生政治衰退的一个重要原因是体制僵化。一个国家在建立之初构建的体制，是适合那个时代的环境的，是应对和处理那个环境中产生的问题的。但是，环境会发生变化，新问题会不断地涌现，如果体制僵化了，就会在处理新问题时发生机能障碍，使国家衰退。福山列举了许多古代和现代的例子，譬如在古代，一些国家在遭受军事挫败之后，仍然沿用老思路，把精力用于举行更多的祈祷仪式上，例如把资源用于向战神奉献更多的牺牲祭品方面，而不是调整思路去研究军事装备等新问题。福山举的现代例子是美国体制在处理财政赤字问题方面表现出的机能障碍，权力制衡的体制是美国建国之父们为防止独裁暴政而设计的，但是近来的美国社会中出现了缺乏共识的新因素，利益集团的游说力量又发展到罕见的新水平，面对这些新问题，权力制衡的体制却没有进行调整，因而在国会中出现了两极化的对抗死结，不能对财政赤字等问题做出理性的决策，使得国家面临政治衰退的危险。

在政治衰退的阴影面前，美国的民主制度是否能够进行成功的调整和改革呢？福山指出了调整和改革面临的两大障碍，一是在政治方面，二是在观念认识方面。政治方面的障碍主要是体制内已经形成的政治力量，他们不愿意放弃既得利益，不想进行改革。观念认识方面的障碍主要是美国

良治

已经形成的根深蒂固的政治观念——"民主参与""政治透明"。福山指出，这种观念使得改革的思路僵化，只要一提改革，就只会从增加"民主参与"和"政治透明"的思路来考虑，认为要克服政府的机能障碍，需要设置更多的途径、增加更大的透明度。但是，从政府各个机构的现有表现来看，并非参与多、透明度高的机构就能够降低机能障碍。福山引用了一项调查，是对政府的 15 个机构的表现评价，其中表现最好的三个机构是：疾病控制与预防中心、国家航空航天局、军队；而表现最坏的机构是：国会。三个表现好的机构都是极少民主参与、极低透明度的；表现最坏的国会则是最多"民主参与"、最多"民主问责"、最多"政治透明"的。① 在观念认识方面的这个障碍，反映了神经学和心理学所指出的人类思维弱点问题——对"内构现实"② 的情绪化执着。虽然人们通过自己的经验感觉到某些机构好、某些机构坏，那些好机构是参与少、透明度低，坏机构是参与多、透明度高的，但很多人仍然固守"内构现实"，不愿意做理性的调整和修改，仍然坚信参与和透明能够降低机能障碍的观念。民主"最不坏"也是一种内构现实，是民主体制进行调整改革的障碍，若固守这个内构现实，很可能导致民主体制在故步自封的陶醉中自我退化。

民主政府是不是"最不坏"呢？在"最不坏"之外，会不会有"最佳"或者"更佳"呢？从理性的角度来看，"最佳"应该是不存在的，但"更佳"则很有可能。在历史发展的过程中，人类有追求更完美的政府形式的愿望和冲动，在设计一种新的政府形式的时候，很多人希望这种新形式政府能够克服旧形式政府不能解决的问题，能比其他所有政府形式都更好更佳。但是，无论设计者多么的聪明，他都会面临至少两个难以克服的

---

① 参阅福山：《政治秩序和政治衰退》（*Political Order and Political Decay*），Farrar, Straus and Giroux, New York, 2014。

② 参考本书前言。

098

障碍。第一个是未来外部环境的变化，譬如，仅仅是电视的出现，就给美国的选举增加了大量的新变数，这是当年美国建国之父们无法想象的。近年来快速崛起的网络，正在给政治环境增添更多的新变数，不仅是二百多年前的建国之父们无法想象的，就是二十多年前的政治家们也无法想象。第二个是体制内部的变化，由于人性中的贪婪、自私等因素，总会有一些聪明的恶人会找到体制程序中的漏洞，发展出牟取私利的合法附加物，譬如利用"言论自由"搞出超级政治行动委员会，为强势小集团牟利。体制存在的时间越长，这些附加物就会越多，盘根错节，恶性生长，有的很可能发展成为大毒瘤。

要想克服这两个障碍，就不能把自己的体制称为"最不坏的"，而是应该积极地从体制内和体制外来探索"更佳"的制度形式。探索得到的新形式肯定不会是完美的，但通过试验这些新形式，可以得到新的经验，可以不断丰富人类对政府形式的认识。面对民主体制中出现的自弱自毁等各种问题，下面两个章节将讨论在民主政体的体制框架内可能的改革，以及在体制框架外可能的创新。

二、西方民主体制内的改革：改进选举

所谓在民主体制的框架内进行改革，就是指要保留民主体制的核心程序——民主选举制，要在民主选举的框架内想法解决自弱自毁的各种问题。

民主选举制建立在西方个人自由、个人权利的价值体系上，选举制的运作是个人行使权利来参与投票，因此在选举制的框架内进行改革，就要从个人出发，考虑如何改革个人选举行为。前文讨论过"不负责任的权利"的危害问题，不负责任的投票权利正是形成民主体制的自毁机制的重

要原因。要改革个人的选举行为，就需要认真考虑如何使选民能够改变自己的行为，能够解决不负责任的问题。

在讨论具体的改革方法之前，笔者在此需要做一简短的说明。本书前面几个章节都是分析已有体制中的问题，现在将要讨论的是还未实践过的改革方法。已存体制中的问题比较容易做具体细致的分析讨论，因为那些问题已经存在于实践之中。而未实践过的改革方法，则很难对其进行具体细致的分析，讨论只能停留在"纸上谈兵"的大方向、大原则层面上。改革的具体方法是需要从实践中摸索出来的，不是在实践之前就能完全设计出来的。因此，本章节讨论的改革方法，是大方向、大原则的，希望能起到抛砖引玉的作用。真正有价值的具体改革方法，还是要来自实践，方法是多元的，结论是开放的。

关于如何改进选民的选举行为，可以循两条大方向、大原则的思路。第一条思路是从"强制"改变个人不负责任行为的角度出发，第二条思路更依赖个人的自觉来促成自觉的责任感。

所谓强制改变个人行为，并非强迫每个人都采取同样的行为，若真如此，是有违西方的个人自由价值观的，难以在西方民主制的框架内通行。较易于通行的方法是设立责任门槛，对于想获得选举权的人，要强制他们通过这个门槛。在通过门槛之前，人可以有自由的选择，可以选择参与选举，或者不参与选举，若选择了参与选举，就必须跨过这道门槛，若选择不参与选举，就不必去跨越门槛；在通过门槛之后，人也可以有自由来决定投票选举何人。所谓强制的行为，只是通过门槛的行为。

这种"门槛方法"的最大难题在于门槛设计：什么样的门槛才是合适的门槛呢？设计门槛的式样，要根据门槛的目的来考虑，如果门槛的目的是要提高选民的责任，以便解决引起自毁的政治低智化和小集团强势化的问题，那么考虑门槛的式样就要从解决这两个问题的角度出发。选民低智是这两个问题的共同症结，这在前面的章节里已经讨论过，由于选民的低智，导致了政治的低智化，同时也由于选民的低智，使得小集团很容易操纵民众来加强自己集团的势力。所以，这道门槛的目的是要使得跨过门槛的人不再是低智，门槛要起到筛取高智者的效果。这种筛取高智者的门槛，很容易令人联想到用教育水平作标准的筛取方法。在历史上也有过以教育水平或文化水平作门槛的例子，譬如美国南方的一些州在内战之后曾经实行过用文化考试（the literacy test）来充当甄别选民资格的门槛，但这些考试被南方的白人种族主义者利用来刁难黑人，使黑人难以获得选举权。在 1960 年代的美国民权运动大潮中，这些歧视性的、不公平的考试门槛都被禁止了。

用教育水平、文化水平作选民的责任门槛有其自身的缺陷性，因为它没有直接针对门槛的根本目的——责任。选举所要负的责任主要是指对选举内容的理解，譬如候选人所主张的政策等。教育水平、文化水平只代表一般的理解能力，并不表示对这些具体政策的理解程度。有些教育水平不高的人，很关心政治讨论，阅读大量相关信息，有些教育水平高的人，不关心政治讨论，从不阅读相关信息，前者对具体政策的理解就会比后者好，尽管他们的教育水平不高。因此，用教育水平、文化水平作为参与选举的门槛，会使一些不负责任的人进了门，而把一些负责任的人拒于门外。

若不用一般的教育水平、文化水平作门槛，是否可以用特殊的考试做责任门槛呢？驾驶执照的考试，就是驾驶责任的门槛，这是被普遍接受的一种门槛方式，很少听到人们对其有"歧视性""不公平"等的批评。但是，选举和驾驶不同，驾驶的内容有很严格的特定界线，选举内容的界线则模糊得多。各次竞选讨论的题目不尽相同，每次竞选讨论的题目都不止一个，伊拉克战争、医疗制度改革、金融业监管、堕胎合法化、同性恋结婚……林林总总，五花八门。应该把哪些题目列入考试？各个题目应该设置什么考题？由谁来决定考试？……这些都是非常难解的问题。这些问题的解决，只有通过实践中的摸索。而从实践中摸索出来的答案，也都未必完美，仍需要不断地改进。同时，实践还会提出许多事先无法想象出来的新问题，这些新问题也只能从继续实践中摸索新的解决方法。

除了考试的方法之外，是否还有其他方法可以直接监督选民的参与责任行为呢？美国法院中的陪审员制度，是一种可以借鉴参考的方法。陪审员不需要参加考试，但陪审员在审判中的参与行为是有责任规范的。相关的规范相当多，其中重要的规范是要求陪审员宣誓遵从的，譬如不能怀有偏见，必须遵守法庭指示等。另外有些规范是用纪律来约束的，如在审判过程中不和外人谈论案件，若有外人企图影响陪审员的决定要报告法庭等。还有些规范是以道德伦理的形式来要求陪审员的，如要重视证据、要依据法律、要对整个审判全神贯注等。陪审员的参与行为受到法官及其他相关人员的监督，陪审员之间也有互相监督。在这样的责任规范之下，大多数陪审员在审判中都能认真聆听审讯，仔细研究资料。尽管陪审员的教育水平未必很高，但在认真聆听和研究之后，他们能够了解和掌握案件的相关信息，因此能够做出负责任的决定。

如果选民也能像陪审员那样认真地聆听选举的辩论，仔细地研究相关的资料，他们参与选举的行为就能是负责任的。不过，选举和陪审不同，陪审只涉及一个案件，相关的资料比较有限，选举要涉及许多题目，相关资料的数量非常庞大。另外，陪审员人数不多，法庭有较好的制度来监督他们的行为。而选民的人数是海量的，在这选民大海之中，缺少法庭制度中那样的人员来监督选民的行为。因此，若要用类似陪审制度的方法来做责任门槛，至少需要准备好三个条件。第一，构建选举责任的具体规范；第二，形成遵守规范的自律机制；第三，建立监督选民的制度。

还有人提出使用抽签制，通过抽签选出一些人来行使投票的权利与责任，这些人一方面有投票的权利，同时另一方面也必须履行参与投票的责任，譬如要全面掌握相关的信息、要认真研究相关的问题等。抽签制和陪审制有密切的关系，一般陪审员首先是通过抽签程序产生的，后来再通过另一些程序，在被抽中的人中挑选出最终的陪审员来。

无论责任门槛是采用考试制、陪审制，还是抽签制，都面临着众多的难题。尤其当社会越来越发达，选举要涉及的问题也变得越来越复杂，责任门槛的难度也会越来越大。很难想象能够设计出一种完美的，或近似完美的责任门槛。设计出来的门槛一般都会有缺陷，而且门槛还很可能引发新问题。可行的办法只能是渐进地修补，在实践中不断发现问题，不断进行修补。无论是最初的设计，还是后来的修补，都应该遵循多元化、本土化的原则，而不要搞单一化、普世化的一刀切。不同的国家，不同的地方，不同的社区，会有不同的历史、文化、社会、经济等因素，有些因素是可以利用来为选举的责任门槛服务的，譬如某些本土机构可以监督选民的行为、某些民间组织可以协助设计考试的内容等。这些可以利用的因素也不会是完美的，都会隐含或大或小的问题，对于这些问题又要有再修补的措施，因此，修补门槛将会是一个长期而持久、艰难而辛苦的历程。

除了用门槛来强制改变选民不负责任的行为，另一条改进选举的思路是从提高选民自觉责任感的角度出发的。自觉责任感与选民的素质密切相关，因此提高国民素质是这条思路的核心。现在许多国家提倡的公民精神、公民意识教育，都有助于培养公民的自觉责任感。文艺复兴时期的人文主义者彼特拉克，也是强调要通过教育来帮助公民更积极地参与政治。中国古代的儒家强调"教化"的治理方法，亦包含提高个人素质、增加参政责任感的思路。儒家主张"修身、齐家、治国、平天下"，修身可以理解为培养自觉的政治责任感，而整个修齐治平就是通过修身来实现治国平天下的政治参与。虽然儒家不提选举，但培养参政责任感的思路也是很有参考价值的。

这种通过提高国民素质来培养选举责任感的方法也有不少缺陷，很明显的一个缺陷是时效慢。前文讨论过弱国赶超强国的几种战略，其中的第二种战略是提高全民智力，这种战略的主要缺点也是时效慢。不过，提高智力和提高选举责任感略有不同，智力涵盖的知识信息量非常大，需要一点一点地学习，而选举责任感是一个道德的问题，有顿悟的可能性。当然，如何找到顿悟的方法又是一个难题。如同设计责任门槛一样，提高责任感的方法也应该是多元化、本土化的，而不是单一化、普世化的。不同的国家、不同的地方、不同的社区，会有不同的历史、文化、社会因素，其中有些因素可以利用来帮助人顿悟。

在强制性门槛和自觉性素质这两条思路之外，还可以考虑的一种方法是推荐，由选民的社区或社团等基层组织，推荐具有选举责任感的人去参加选举。推荐与考试不同但有关联，推荐与选举不同但也有关联。考试的门槛一般是由上层或专业人士制定的，推荐的门槛则很大程度是由基层控制的，尽管构建门槛的大原则不任由基层决定，但基层仍然可以发挥巨大的影响力。责任感是门槛的大原则，基层无法随意更改，不过基层可以决定谁是具有责任感的人。

推荐与选举的不同之处是，在现代社会中，选民和候选人多数不认识，缺乏直接观察的渠道，只能从竞选秀中得到一些印象。如果推荐的社区或社团的单位很小的话，民众和被推荐者之间就可以有直接观察的渠道，可以对被推荐者有较为全面的了解。推荐具有的这些特点使其成为一种值得考虑的方法，但是这种方法也存在着许多缺陷。首先，推荐的程序中含有滋生腐败的漏洞，地方势力操纵推荐的现象在古今中外的历史中屡见不鲜，如何堵住这些漏洞是巨大的难题。其次，关于具体的推荐方法也存在着许多技术性问题，譬如，推荐的社区和社团的单位应该有多大？大小是以人数计还是以其他指数计？每个单位应该推荐多少人？各个单位推荐的人数都应该是相同的吗？凡是有选举责任感的人都应该被推荐吗？……这些问题都不是易于回答的。

　　上面讨论的几种方法都是针对不负责任的选举权利的现象，是为了解决西方民主制度中的两大问题：政治低智化和小集团强势化。这些方法都有缺陷，而且还都没有真正提上实践的日程。在美国的民主实践中，针对"小集团强势化"这单一问题的选举制度改革，已有不少讨论，也有人提出过很具体的改革建议，尤其是针对竞选活动中财务方面的问题。

　　竞选需要金钱，竞选的财务问题直接关系到金钱对竞选结果的影响。早在19世纪，竞选活动的财务问题就困扰着美国的政治。1867年美国国会通过了第一个相关法案①，对竞选活动的募金方式做出一些限制，在此后的一个多世纪中，又通过了不少法案，在竞选活动的资金来源、金额数量、使用方法等方面进行了限制和规范。但是这些法案多数成了一纸空文，政客们很容易"道高一尺，魔高一丈"地规避。多年以来，握有大量金钱的小集团积累了越来越大的政治影响力，通过影响被选举的议员和被委任的法官，他们的利益和意向被这些立法者、司法者逐渐固化成法律和制度，前文讨论过的政治献金和超级政治行动委员会的问题，就显示出强势小集团的利益和意向已同议员、法官融为一体。当立法的议员沦为小集团利益的服务者之后，要想通过立法来改革竞选活动财务问题以限制小集团强势化就变得愈发困难。

　　自从1980年代以来，美国国会中有过不少关于竞选活动财务改革的提案，但这些提案有的还未能付诸表决就被封杀，有的虽付诸表决却未能

---

① 第一个相关法案是 *Naval Appropriations Bill*，1867。

通过。只有一个提案在 2002 年获得了通过①，不过这个法案的改革力度很小，不能解决实质性的问题。2000 年美国总统初选时，前参议员布拉德利②竞选民主党总统候选人的提名，他的竞选纲领中的一大亮点是要对竞选活动财务进行更为实质性的改革，他提议不用私人资金而用公共资金来搞竞选活动，以防止私人集团对政治的影响。他特别提出了"免费电视时间"的具体建议，竞选人只能使用统一的免费电视时间来搞竞选宣传，不能由自己花钱买电视广告。布拉德利的这些建议可以对小集团操纵竞选产生较为实质性的限制，可以帮助民主体制克服自毁自弱的一些问题。但是，布拉德利没有成为总统，甚至都没有被民主党提名为总统候选人，他的这些建议更是被抛掷一旁，没有成为法律。

这就是体制内改革常会遇到的困境，由于旧体制内存在着势力强大的既得利益集团，他们会抵制侵犯自身利益的改革，他们可以利用自身在体制内已经形成的强势力量，给改革者布下重重障碍。

体制内改革的一大优点是可以避免剧烈的社会转型动荡，一大缺点是会受到既得利益者的掣肘。由于各个国家有不同的历史、文化、社会背景，各国的体制内改革者面临的障碍和可以利用的因素各不相同，在未来的改革实践中，改革者们可以根据自己的情况提出不同的渐进改革方案，每个方案都会有缺陷，也都会遭遇各种障碍和抵制，但是他们可以在渐进中摸索出路，有可能创造出一片新天地，克服民主体制中的自毁自弱问题，甚至有可能发展出更佳的新体制。

---

① 2002 年通过的法案是《跨党派竞选改革法》（*The Bipartisan Campaign Reform Act*，BCRA，也被称为 *The McCain-Feingold Bill*，2002）。

② W. 布拉德利（William Warren Bradley, 1943—　），美国参议员。

三、西方民主体制外的探索：优主政治

在民主体制之外思考更佳的政府形式，就不必囿于民主的价值体系。西方民主制是建立在个人自由、个人权利的价值体系之上的，因此决定了体制内改革只能从个人出发，从改革个人的选举行为等方面着眼。而体制外的改革，则可以超越个人，以更加广阔的视野来考虑问题。

衡量政府形式的优劣，应该以组织政府的目的为准绳。人类是为了什么目的才要组织政府的呢？人是社会性动物、群居性动物，人类是因为需要结成群体共居的社会来生存和发展，才产生了组织政府的要求，政府是人类群体中的一种组织结构。群体社会中的政府形式，对群体的生存和发展影响巨大。从群体的生存发展角度来看，好的政府形式应该是能够对群体长远的生存发展有利的。因此，在民主体制外思考更佳的政府形式，应该从群体出发，考虑如何才能有利于群体长远利益。

什么样的政府形式才能有利于群体长远利益呢？回答这个问题可以分两步进行。第一步是确定由什么样的人执政，才能够有利于群体长远利益；第二步是需要什么样的选择方法，才能够使这样的人成为执政者。

第一步，什么样的人执政能够有利于群体长远利益呢？从群体长远利益来考虑，这样的人显然应该具备两个条件。第一，他的知解智力是高的，能够在错综复杂的环境中认识到什么是群体长远利益，并且有能力来解决与群体长远利益相关的各种问题，这种知解智力不仅是思考问题的智力，还包括动手解决问题的能力。第二，他的道德水平也是高的，能够不为一己或小集团的利益所左右，能够为群体长远利益服务。在前文阐述民主政体中有关"自弱机制：中位数效应的趋中化"那一章节里，曾经讨论过这个问题，并且提出了"贤商"的概念。贤商的概念借用了儒家的话

语，"贤"同时含有智慧和道德的双重意义，因此贤商也就包含了上述两个条件中的因素。贤商高的人，对群体长远利益的知解能力高，同时对群体长远利益的道德责任感也高。所以，选择贤商高的人执政，有利于群体长远利益。

在"趋中化的自弱机制"那章节里，曾使用密度曲线来描述和讨论民主体制执政者决策水平的中位数效应，同样类似的方法也可以用来分析此处要讨论的问题：什么样的人执政能够有利于群体长远利益？假设对全国所有人的贤商进行了测试，最低者的分数是 0 分，中位数者是 50 分，最高者是 100 分，那么让贤商指数越接近 100 分的人执政，将会对群体长远利益越有利。不过，如果让最高的 100 分者单独执政，也会产生一些问题。由于个人的贤商水平是会发生相对变化的，今天某人是最高分，明天也许会有后来居上者超越此人，今天的 100 分者，明天未必一定仍是 100 分，有的人会后来居上，有的人会自我衰退。如果要随时根据贤商分数来更换执政者，一方面会引起不稳定，另一方面在操作上也很不实际。较易于操作的方法是组成一个由高贤商的优者贤士组成的优贤集团，如果这个集团能够囊括贤商高于 80 分或 90 分以上的人，那么由这个优贤集团来执政，就能够避免不稳定的问题，因为 100 分者即使会有变化，多数也不会跳出这个高于八九十分的圈子。而且这个优者贤士圈子可以吐故纳新，使自己的贤商保持在八九十分以上。集团的吐故纳新往往是部分成员的变化，而不会是整个集团的大变动，因此会有相对的稳定性。

第二步，采用什么样的选择方法能够使高贤商的优贤集团执政呢？答案是，首先社会需要达成共识，肯定高贤商的优贤集团执政是有利于社会大群体的长远利益的，因此是合乎理性逻辑的正当安排。这种共识是非常重要的，它使优主政治的优贤集团执政获得了正当性、合法性。在欧洲君主制的政体中，国王的正当性是由血统决定的，在西方民主制的政体中，总统的正当性是由选举赋予的，这些正当性都得到当时社会的共识，因此使得执政者能够行使权力，能够在稳定的状况下对国家进行管理。当这种共识被质疑、被打破的时候，社会就会发生动荡，政权就可能发生更迭。对优贤集团执政要达成的共识是：执政者需要具有高端的贤商，而不是高贵的血统；选择高贤商的优秀贤士作执政者的方法不是普选制，而是其他方法。至于其他方法是什么，正是下面需要进一步探讨的问题。不同的国家，由于其不同的社会、文化、历史等因素，很可能发展出不同的选择优秀贤士、实行优者执政的具体方法程序。这些具体方法程序一般会遵循下面五个方面的大原则。

第一，执政集团的大门是开放的，不应该设置除了"贤"之外的任何其他准入条件，譬如种族、性别、阶级、出身、职业、经济状况、教育水平、宗教信仰、政治取向等。只有开放大门，才能把天下优秀的有贤之士囊括到这个优贤群体中来。在历史上，很多国家的执政集团会排斥人才，把优秀的有贤之士拒于大门之外，有的是因为阶级出身的原因，有的是因为民族、部族、地区的原因，有的是因为宗教信仰的原因，有的是因为政治意识形态的原因，等等。

这种歧视性排斥的一大恶果是使执政集团缺乏多元化的、高素质的新鲜血液，使集团内只有信仰一种"主义"、来自一个特定社会阶层的"单一化"人士，这种"单一化"的环境会使决策偏颇。歧视性排斥的另一大恶果是造成大众的不公平感，引发社会的不满和不稳定。这种情况在国家面临历史变迁挑战时会变得更为严重，因为在历史变迁的时候，执政集团内的"老"人很可能与外界的变化脱节，无法应付新环境的挑战，譬如当资本主义的发展改变了社会的环境，君主制执政集团中的旧贵族和新生的资本主义环境脱节，面对新挑战不知所措。同时，在环境变化的时候，社会大众也会在变化中迷惘不安，如果执政者不能妥善应付挑战，大众的不安很可能转化为巨大的社会动荡。

开放大门一方面可以给执政集团提供高素质的新鲜血液，另一方面也可以使社会有公平感，为执政的稳定性提供基础。要想更进一步地增多人才供给和增强社会公平感，执政集团还应该给大众安排和提供改进贤商的途径，譬如公共教育等，这些措施可以使社会整体的素质提高，使高贤商的人才增多，也使大众感到更公平和包容。在这样的优主制度中，大众有社会条件来增进自己的优贤素质，当素质提高之后可以通过开放的大门参与优主团体。只要负责任地努力提高自己的素质，就有开放的大门可以进入，就有政治活动可以参与。

第二，执政集团的大门要有择优的门槛，能够选择高贤商的人进入集团，这种择优的机制是执政集团能够维持高贤商的关键。择优面临的一大难题是"优"的标准，前面讨论时假设过对全国所有人进行贤商测试，似乎有一种绝对客观的贤商标准，而且是可以计量测试的。但那种假设只是纯理论的假设，在实践中未必可行，因为很难构建出绝对客观的、可计量的贤商测试方法。

即使是构建相对客观的标准，也会面临环境变化的问题，需要不断更新改变。譬如在中国的科举取士时代，四书五经曾经是标准，但鸦片战争之后形势变了，旧标准已不能有效地择取新时期的"优"者，戊戌变法就要对科举考试进行改革。不仅是戊戌变法要改革科举，在中国实行科举制的一千多年中，科举考试的内容也有过多次的改变，王安石、朱元璋等都根据新形势、针对旧标准进行过科举改革。西方的文官考试，内容也在不断地更新变化。好的择优标准，应该是能够与时俱进的。制定标准的人应该对时势大局和社会发展有敏锐的感觉，能够意识到什么样的素质对群体长远利益至关重要。当鸦片战争轰开了中国的大门之后，只知四书五经的人就不再是优者了，能有利于群体长远利益的人需要有更广阔的视野。这种能够制定出与时俱进的择优标准的人，其贤商必须相当高。

优贤集团要想维持自己的优秀精英地位，就需要对择优门槛不断地更新调整，固守老门槛会使集团老化，丧失"优"的地位，降落成为"非优者"组成的"假优者"集团。对择优门槛的调整，不仅是改变考试内容，还需要调整选择的形式。考试应该只是整个择优程序中的一个组成部分，至于什么是其他的组成部分，这个问题本身也是需要不断更新调整的。唐代取士，不仅仅根据考试成绩，还要求有知名人士推荐。这种考试与推荐相结合的方法，对于选择优秀人才曾经起过积极的作用，但也为权贵阶层打开了营私舞弊的方便之门。在唐朝后期，随着政治大局的腐败，推荐中的舞弊愈演愈烈，唐朝最终在腐败中四分五裂归于灭亡。明朝初年的朱元璋曾大力举办科举考试来招募人才，但连考三年后发现，录取的人才文章写得好却缺乏实际工作能力，因此于1373年决定暂停科举考试，改用荐举的方法。可是荐举的结果并不比科举好，因此1382年再度恢复科举考试。此后科举荐举两途并行，不过，"科"与"荐"孰重孰轻是不断调整的，最后是科举占了上风。在生产力发展缓慢的中国农业社会时代，择优的方法尚有如此的反复调整，到了生产力飞速发展、社会日新月异的现代，择优方法的改进就更需要与时俱进，要能够根据新的变化，利用新的工具，创造出新的方法。

择优门槛是保证优贤集团能够维持高贤商水平的极重要因素，优贤集团的组成必须有择优的机制，才能使自己在素质方面立于社会的高端。

第三，执政集团内部要有继续自我优化的机制，以便保持优秀。择优门槛固然能够帮助优贤集团网罗高素质人才，但如果这些人进入优贤集团后就不再思进取，其中有些人将会水准下降、慢慢落伍。相反，如果优贤集团有继续优化的措施安排，使进入门槛的人保持上进，那么，原来是以80分进入的人，继续上进就可能成为85分、90分的人，整个优贤集团的素质就会整体提高，他们的执政能力就能够更加优秀。

继续优化的措施可以是多元化的，其中应该特别注重两个方面，一是要加强学习和历练，使集团内的成员不断学习新知识，拓展新视野，培育新能力。二是要加强道德方面的纪律检查，以防止集团成员的腐化堕落，当执政集团成员处于握有权力的地位时，很容易受到各种腐败力量的侵蚀，因此，道德纪检是保持高贤商的重要措施。道德的下滑往往会比智力的降低更容易引起大众的反感，因为理解智力的变化需要一定的智力条件，大众中智力较高者能发觉的变化，智力较低者未必能觉察，所以优贤集团智力的降低只会引起部分大众的反感；而道德水平的下滑是绝大部分大众都易于理解和觉察的，因此会引起更加广泛的大众反感。这种反感会败坏优贤集团执政的社会共识，从根本上颠覆优贤集团执政的正当性、合法性。

第四，执政集团内部的组织机构要有结构优化的趋优化机制。所谓趋优化机制，主要是指以下几点。（1）要有机制不断根据内部与外部的变化来改进组织结构，以形成不断优化的领导功能。（2）要有机制在进行人事安排时能够以事择人，因为不同的岗位需要不同的能力，不仅是专业的能力，而且是合作共处的能力，需要考虑这些人组成领导集团后形成的集团综合能力，而不仅是单人能力。（3）要有机制防止高层出现个人独裁的情况。前文在讨论民主选举制度的时候，曾指出过选举制的中位数效应的趋中化和不负责任的投票问题。如果在 80 分以上的优贤集团中实行民主选举，是否也会产生趋中化和不负责任的现象呢？在优贤集团内的民主选举，情况会有一些不同。首先，80 分以上的人比较容易理解 100 分者的智慧，因此 100 分等高端者不必大幅度地使自己低智化来适应选举，优贤集团内的民主辩论就可以在相当高的智力水平上进行。其次，具有 80 分以上贤商的人有较高的道德自我要求，一般会对选举负责任，较少发生不负责任的投票现象，而且优贤集团人数较少，比较容易进行监督，更能够敦促负责任的行为。因此，在优贤集团内部实行民主选举，中位数效应会比较小，趋中化现象会比较弱。

即使是在优贤集团内使用投票选举的方法，也会产生一些问题，譬如有人为了当选会把很多精力放在拉票上，而且有可能助长小集团的形成。因此需要在票选之外，再形成一些方法，譬如，通过面谈获得推荐建议、通过调研获得全面信息、通过协商获得人选共识。民主机制可以防范个人独裁，但民主机制也有其缺欠，因此优主集团在使用民主机制时也应该使用其他的辅助方法，以产生更好的结构优化效果。民主选举制具有自下而上的问责机制，因此可以防止高层领导腐败滥权。但是民主选举制缺乏自上而下的问责机制，而自上而下问责可以产生更高的行政效率。另外，在结构优化的组织中，高层领导集团具有更高的优贤能力，自上而下问责可以使整体行为更倾向于高端的水平，因此，优贤集团若在内部推行民主的同时，又形成另一种自上而下的问责制度，可以使趋优化的结构机制发挥出更好的效果。在结构优化的组织中做出的顶层设计，可以对群体长远利益产生更佳的影响。

第五，优贤精英要和集团外的非精英保持密切的联系，要"走下去"。"走下去"主要有两个目的，一是要了解下面的情况和意见，下面群众的各种各样需要，精英很可能不知道，下面群众的各种各样想法，精英也很可能不熟悉。这些需要和想法构成了现实世界的重要部分，不了解这些情况就无法对现实世界有准确的把握，了解了情况可以拓展精英的智慧，在了解情况的同时精英也倾听了下面的各种意见，并且反省自己的意见，使自己的智慧更高。二是要向下面传播自己的智慧，把自己的高智高贤意见传播开来，以提高群体的素质。这种"走下去"是在群体长远利益的大原则下进行的，对群体长远利益有益的意见要吸收，还要消化到决策中去；对大原则不利的意见要设法引导其改变，以使群体中尽量多的成员能够为实现大原则而同心协力。听取意见会使贤士精英们的智慧更加全面，引导意见可使群体的整体贤商提高。让贤商高的贤士精英引导群体成员，使整个群体对群体的长远利益有更高智的认识，对群体的长远发展有更良好的行动。

在西方民主体制中，由于自由主义强调个人思想自由，政府若要引导大众的思想，会被很多人视为"洗脑"。虽然民主社会中的"非政府"高贤商知识分子可以对社会思潮产生影响，但是由于他们缺乏丰厚的传播资源，他们难以起到很有效的引导作用。在西方的民主实践中，能够有效地引导大众观念和行为的往往是市场，是握有丰厚资源的小集团。市场和小集团并不以群体长远利益为重，其引导一般不能使大众产生有益于群体长远利益的思想和行为，而是会倾向于金主小集团的利益。优主制可以减少和避免这方面的问题，这正是优贤集团执政的一种优势。

上面叙述了五个方面的大原则，这些原则在实践的时候会有不同的操作难度，另外，不同的原则对优主政治结果的终极影响也会有所不相同。

就操作的难度而言，五大原则各自的特点大致如下。

第一个开放大门的原则，其执行时的技术操作难度相对最低，只需开放就可以了，不需要设计特殊的方法程序，需要的是政治决心、政治意志。

第二个择优门槛的原则，执行时的操作难度相对较大，因为需要设计出择优的方法程序，而且需要不断地对这些方法程序进行更新改革，以便能够适应新情况、解决新问题。

第三个保持优秀的原则，在执行时难度更大，既需要不断地设计出相应的方法和程序，还需要掌握"度"的问题。"度"在反腐方面尤为重要，惩罚腐败要进行到什么程度？如果抓出一个稍有腐败的官员，就会使整个部门彻底崩溃以至于投鼠"毁"器、影响全局，那么是否应该灵活处理呢？如何灵活处理呢？灵活到什么程度呢？和"择优门槛"相比，反腐的操作难度显然要更大。因为择优的考试可以相对地"一刀切"，所有人都可以用同样的门槛，可以不强调灵活性，但反腐却难以如此。另外，择优的时候所有人都在门外，都不在优主集团之内，还不可能对某个部门产生什么影响，因此不必考虑投鼠忌器的问题。这些情况使得"保持优秀"要比"择优门槛"在执行操作时更为复杂，难度更大。

第四个组织结构优化的趋优化原则，其执行操作难度相对是最大的，比反腐还要大。因为反腐有具体明确的标准，而"结构优化"是一个大方向，缺乏具体明确的标准。结构优化原则强调的是，要改进组织结构以形成不断优化的领导功能，要形成优化的集团综合能力。而领导功能、集团综合能力都没有具体明确的标准，所需的能力会随着环境的变化而变化。因此，在推进结构优化的时候，必须同时探索优化的具体指标，这个指标还必须与时俱进。

第五个与非精英联系的原则，虽然也存在缺乏具体衡量标准的问题，但其执行操作难度应该是相对较低的，更需要的是政治决心、政治意志。

就五大原则对于优主政治的不同终极影响而言，第一、二、三原则（开放大门、择优门槛、保持优秀）执行得好，可以保证执政集团是优者的集团，这是优主政治的命门所在；如果执行得不好，优主政治就会丧失其本质。第四、五原则（结构趋优化、联系非精英）执行得好，可以使优主政治发挥更高的效益；执行得不好，虽然会使效益降低，但不会使优主政治丧失其本质，因为优主集团中的人仍然是优者，是优于一般人的优秀人士，是优者在执政。

在优主政治的实践过程中，很可能还会发现一些五大原则之外的新原则，对新原则不断地进行发掘和总结，可以使优主政治更为丰富，也可以使优主政治对已有的原则进行改良和调整。

优贤集团执政的优主政治并非没有缺点，而是存在着潜在的问题。在潜在的层面中，优主制的政府既有问题和缺点，也有长处和优点。对于优主政治的潜在缺点和优点，都需要进行具体的分析。

优贤集团执政的第一个潜在缺点是坏精英主宰权力。坏精英是很有可能冒充高贤商者混入优贤集团的，如果坏精英不被好贤士识破和击败，就有可能执掌大权，并利用优贤集团自上而下的执政权力来为己谋利而损害群体的长远利益。

坏精英的问题类似于坏皇帝的问题，但有两点重要的差异。第一，坏皇帝是个人终身制的执政形式，而在优贤集团执政的政府形式中，高层执政者并非只是一个人，也未必是终身制。如果优贤集团的最高权力机构有九个人，每个人的任期限制为十年，那么只有当这九个人在这十年中都是坏精英，才会发生坏皇帝那样的坏结果。第二，皇帝是世袭的，即便发现太子是个坏人，也很难剥夺他继承王位的权利，而贤士不是世袭的，是通过考试、推荐、晋升等途径进入最高执政小圈子的。因此，要防止坏精英进入最高执政小圈子，可以有比较多的防卫线，譬如在推荐和晋升的时候听取更广泛的意见、开辟更多的举报渠道、实行更严格的监督检查制度等。

优贤集团执政的第二个潜在缺点是执政地位吸引逐私利者。由于优贤集团处于执政的地位，这种地位是可以给人带来许多实际利益的，因此会吸引逐私利者加入优贤集团，就好像政治投机分子是为了当官才加入执政党。虽然优贤集团的准入门槛是高贤商，即智力和道德水平都要高，但并不排除某些高智力、低道德的人能够伪装自己，混入优贤集团。执政权力的诱惑力是巨大的，足以吸引高智力低道德者蜂拥而至，此时，甄别的门槛和内部的纪检就愈发显得重要，否则，这个潜在的问题会使优贤集团腐化败落。

优贤集团执政的第三个潜在缺点是精英对基层缺乏理解。贤士精英在智力方面和基层大众存在差距，他们喜欢讨论的问题很可能是大众不理解的、不愿意涉及的，而大众喜闻乐见的一些活动，他们也很可能不感兴趣、不愿意参与。这种隔膜会使贤士精英对基层缺乏了解，会导致产生至少两个有害的结果。一是贤士精英对社会的认识不全面，影响他们做出正确的判断和决策。二是贤士精英在执行政策的时候不能与基层有良好的互动合作。要想克服这个潜在的缺点，贤士精英需要主动参与基层的活动。

在西方民主制中谈论"参与"的时候，主要是强调自下而上的参与，是指大众要参与上层的决策。在优贤集团执政的框架中，"参与"则是更强调自上而下的参与。由于在优贤集团执政的政府形式中没有普选，大众不能通过选举来参与选择上层执政者，贤士精英和大众之间就缺少了这个自下而上的沟通渠道，因此贤士精英需要开拓自上而下的渠道和基层大众沟通，使社会的各个阶层增加理解和共识。这种自上而下的参与非常重要，它可以使贤士精英对社会有全面的认识和理解，使贤士精英和大众产生和谐的互动。

优贤集团执政的第四个潜在缺点是不透明性。首先，由于优贤集团并非普选产生，与公开竞选的民主选举的透明度相差很大，在公开竞选中，竞选者要大量作秀，而优贤集团的选拔是不需要作秀的，竞选作秀的曝光能够增加透明度，不作秀就少了这个透明渠道。其次，优贤集团的工作涉及许多敏感复杂问题，有的是国家安全问题必须保密，有的是高度专业化的复杂问题，即使不保密一般人也看不出个所以然来，而要解释给大众听，需要耗费极大的精力和时间，没有耐心的人、沟通能力不强的人难以做好，这也加大了不透明性。这种不透明性会引发多种弊病，譬如增加优贤集团和大众的隔膜，造成大众对执政集团的不信任，执政集团内部的坏分子乘机作弊，腐败现象不易被暴露等。

优贤集团需要创造适合的渠道来增加透明度，所谓适合是指把适当的信息传递到适当的层面，而不是极端化地全部透明。向百分之百的大众公布百分之百的信息，并非有利于群体的长远利益，反而会造成一些问题。由于人对信息的接受和关注是有选择性的，不少人会选择那些对群体长远利益无关紧要的信息来关注，把过多的精力投入对这些信息的追踪和议论，反而忽略了与群体长远利益关系重大的其他信息，譬如美国大众对克林顿绯闻的过度关注就忽略了金融衍生品和恐怖分子的信息。[①] 另外，由于利益集团会大肆炒作对其有利的信息，使大众的信息关注进一步偏离群体的长远利益，譬如大肆渲染伊拉克藏有大规模杀伤性武器，使大众支持小布什政府发动了伊拉克战争，给美国的群体长远利益带来很大的损伤。

美国国会中的公开政策审议辩论是为了强调透明性，但这种透明往往被利益集团用来为己牟利，利益集团派人旁听辩论，密切监视接受其政治献金的议员。议员在如此严密的监视之下，即使认识到为利益集团说话有违国家利益，也很难不按利益集团的意愿去做；如果政策审议辩论是不公开透明的，议员就有"打马虎眼"的空间，可以事后对利益集团说自己已尽了努力，只是对方力量太强，无法使利益集团的要求获得通过。普通大众是极少参与这种审议辩论的，因为他们一是没有时间，二是缺乏专业知识来理解复杂的辩论，所以这种透明只是给利益集团提供了"监督"的渠道，但大众实际上并不能享用。

这种透明带来的结果，往往对利益集团有利，而对群体长远利益未必有利。前文曾叙述过福山引用对美国政府机构表现的评价调查：表现好的机构是透明度低、民主参与少的，表现坏的机构是透明度高、民主参与多的。这项调查反映了透明的复杂性，绝不是越透明越好，透明的适度很重

---

① 本处提及美国的问题，在本书第三章第四节有详细介绍。

要。因此，要想克服优贤集团的不透明性问题，需要创造和选择适合的渠道，掌握和控制适当的分寸。

优贤集团执政的第五个潜在缺点是过分看上级脸色行事，由于优主制是自上而下的问责制，有人为了自己的晋升会看上级脸色行事，而不是为群体的长远利益着想。如果上级也缺乏为群体长远利益着想的优贤素质，就会使这个机构的行事偏离群体长远利益的方向。

除了这五个潜在缺点，在实践中优主制还会暴露出其他的问题，都需要随时警觉。

虽然优贤集团执政有潜在的缺点，但也有潜在的优点，有的优点恰恰是与其潜在的缺点相对应的。譬如，与看上级脸色行事相对应的是看民粹脸色行事，民粹脸色很多时候是情绪化的、片面的、短视的，还很容易被利益集团操纵，民主制很多时候要看民粹脸色行事，而优主制则可以避免这个问题。又譬如，与坏精英主宰权力相对应的是好精英主宰权力。如果是优质高端的好贤士精英主宰了权力，其决策就能够有利于群体长远利益，而且体制内的从上而下的问责机制，还能够高效率地贯彻执行这些有利群体长远利益的决策。熊彼特在《资本主义、社会主义与民主》① 一书中描述了民主体制的一些缺点，譬如效率低下的问题，在民主议会中经常发生浪费精力的旷日持久的争吵，难以做出高效的决议，优主制恰恰可以避免这种现象，克服低效的问题。又譬如民主制中短视和不顾大局的问题，民主选举制使得政治家总要考虑迫在眉睫的、决定其去留命运的选举，而且为了拉选票又得讨好局部的票源集团，因此短视和不顾大局的问题比较严重。

在优贤集团执政的框架中，如果进入优贤集团的门槛是关注群体长远利益的贤商水平，以后的晋升又以类似的政绩为标准，那么远瞻和顾大局

---

① Joseph A. Schumpeter, *Capitalism*, *Socialism and Democracy*, New York: Harper Perennial Mordernthought, 1950.

就会成为激励机制，优贤集团成员在决策时就会避免短视和不顾大局。即使有些成员内心深处是要为己谋私利的，但他们也必须强迫自己去做些有利于群体长远利益的事情，因为远瞻和顾大局是激励机制，他们会受激励机制驱使。民主选举无意中设置了短视和不顾大局的激励机制，优贤集团执政体制则可以有意地设置远瞻和顾大局的激励机制。在优主体制进行择优选拔的时候，还可以因地置宜、因时而易地设置更为具体的选拔标准，以适应群体长远利益在时代和环境的变化中产生的不同要求。在不同的时期，有不同的关键和不同的瓶颈，有不同的影响未来发展的问题，优主体制可以高瞻远瞩地、未雨绸缪地为解决这些问题而提拔相关的人才，因而能够可持续地捍卫和发展群体的长远利益。

熊彼特还特别强调了民主体制中的另一个问题：选举制度造就的政治家以竞选为专业特长，他们对于政府的行政管理反而是外行，因此会发生外行人瞎管理乱指挥的现象。① 在优贤集团执政的体制中，执政的贤士精英不需要搞竞选，因此不用投入精力使自己成为竞选专家，他们的精力可以用在使自己成为行政管理专家方面。由于优贤集团相对稳定，当贤士精英跨入门槛进入集团之后，他们可以在各自的岗位上积累管理的经验，成为某个领域的专业管理人才，内行的专家和职业的政治家可以自然融合为一。优贤集团还可以实行长期培养的制度，在岗位上、在实践中，有针对性地培养执政需要的人才，提高执政者的专业能力。

优贤集团执政的政府形式属于精英模式，精英执政的模式在世界上有许多不同的形态，这些不同主要源于精英的定义②，柏拉图的理想"共和国"中的精英是"哲学王"，各国历史实践中出现的执政精英多种多样，

---

① Joseph A. Schumpeter, *Capitalism, Socialism and Democracy*, New York: Harrer Pernnial Mordernthought, 1950.

② 古典精英主义以柏拉图为代表，精英被定义为在能力和道德方面绝对优秀的人士；在 20 世纪，西方出现了一批精英主义的理论，但在这些理论中，"精英"（elite）已与两千多年前柏拉图的定义有所区别，演变成能够出人头地、能够占据权力高端的人士。

有元老精英、贵族精英、军事精英、以财产定义的精英、以教育程度定义的精英等，贤士精英的定义是具有高智力和高道德来为群体长远利益服务的人士。无论以何种定义来标示精英，精英模式中都含有不平等的原则，精英和非精英是不平等的，贤士和非贤士是不平等的。在精英模式中，不平等是公开的、透明的。民主政体反对不平等的原则，追求人人平等的政治理想，因此安排了一人一票的选举程序，以及人人言论自由、人人结社自由等政治程序，坚称实行这样的民主程序就是人人平等。

但是，在实践过程中，民主体制却发生了小集团强势化等不平等现象。这些现象被人人平等的程序假象所掩饰，成为隐蔽的、不透明的不平等。这种隐蔽的不平等，不仅使人不能正视难以避免的人人不平等的客观现实，还使一小撮人可以利用人人平等的幌子来牟取个人和小集团的私利。如果不平等的现实是不可避免的，与其让不平等有利于强势小集团，不如让不平等有利于高贤商的贤士精英集团。与其在民主的伪装下搞不平等的"金主"政治，不如正视不平等的现实，更为理性地实行优主政治。在国际竞争的大环境中，优主政治能使弱国更快地赶超强国，这种政治体制符合前文所述的第一或第三种赶超战略，因此将会为该国谋取更好的群体长远利益。

从理论上来讲，优主制模式的优点和优势是比较容易理解的。那么，在现实的实践中，是否能够找到优主制模式的成功案例呢？新加坡可以被视为这样的案例。新加坡的政治体制很接近于优主模式，前面所描述的优主模式五个方面的大原则，都可以在新加坡的政治实践中看到明显的印记。

第一是执政集团大门开放的原则。新加坡的执政集团的最重要成员是人民行动党，该党在议会中占有绝对多数的议席，政府中的重要高级职位也几乎全由人民行动党党员担任。人民行动党在吸收党员的时候采取了开放性的政策，只要提出申请，几乎都可以加入。新加坡的族裔矛盾曾经非常尖锐，新加坡独立建国于 1965 年，在 1964 年和 1969 年都发生过大规模的马来裔暴动，死伤数百人。族裔冲突在许多发展中国家都发生过，是治理的难题，也很容易造成执政的优势族裔采取排他政策，把其他族裔排挤出执政集团。新加坡的执政集团没有实行族裔排他政策，而是非常开放，人民行动党吸纳各族党员，党的某些高级职位由少数族裔担任。另外，在新加坡的政府内阁中，也可以看到相当数量的少数族裔担任了部长高官，包括财政部部长、外交部部长等重要的职位。这样的开放性不仅缓解了族裔矛盾，还吸纳了更多的优者。

第二是择优门槛的原则。人民行动党的党员分两大类：普通党员和干部党员（每大类中又细分为两小类：预备的和正式的）。虽然成为普通党员的大门很开放，没有高门槛，但要成为干部党员则需要跨过一道很高的"择优"门槛，这正体现了"执政集团的大门具有择优门槛"的原则。对于这条原则，新加坡的执政者们有高度的自觉认识，这可以从他们的自述言论和制度安排中看出来。他们强调任人唯贤的治理哲学，譬如人民行动党秘书长李显龙①曾经说："新加坡采取精英治理政府的哲学。我们必须挑选各行业的精英来参与国家治理，这些精英需要具备的先决条件是有社会责任感，是愿意为人民服务的。"②

这段话显示了新加坡择优的两条标准：一是"行业精英"，二是"有社会责任感"。这两条标准恰恰也是优主模式强调的执政者应该具备的两个条件："对群体长远利益的知解能力高""对群体长远利益的道德责任感也高"。在新加坡的体制中，选择高贤商者的制度安排不止一种，干部党员的挑选是其中之一。干部党员一般是从普通党员中的杰出分子里面挑选出来的，由人民行动党议员向甄选小组提名，甄选小组的成员有四名至五名，都是部长或议员，被提名的候选者要通过严格细致的面试。每年大约

---

① 李显龙（1952—　），自 2004 年起担任新加坡政府总理、人民行动党秘书长。
② 《海峡时报》（*The Straits Times*），2008 年 7 月 8 日。

有一百名候选者被挑选去面试，能够被面试并不意味着一定能够成为干部党员，通过面试被选上去的人不多。人民行动党的干部党员人数是相当少的，估计全党只有一千名左右。① 由于人数少，又由于挑选过程的严格和神秘，使得"成为干部党员"具有了不少特殊的意义，首先是荣誉感，虽然干部党员并没有得到很特别的物质报酬，却获得了荣耀的自豪感，使他们觉得自己成了"精英"，成了精英圈子中的"内部人"。② 另外，也使干部党员产生了归属感，他们觉得自己是属于一个精干而忠诚的骨干小圈子。这种荣誉感和归属感可以促成一种为党、为群体奋斗的激励机制，使干部党员团结协力。

除了在普通党员中挑选高贤商的精英，新加坡的执政集团还设置了在党外招募优贤人士的各项制度，譬如为了招募高素质的女性，执政集团联系了新加坡的三所大学，让各校提名优贤杰出的本科女生去参加人民行动党的活动，还给她们提供机会加入商界领袖的人脉圈子，并让她们获得政界女强人的指导。③ 人民行动党的创始人李光耀④非常强调要到党外去"识别"优秀人才，要去"物色"，他曾经说过，在新加坡的奖学金制度中表现优秀的人，党就要去"识别"和"物色"。⑤ 如果人民行动党相中了某个优秀人才，往往会锲而不舍地与其"茶叙"，想方设法将其纳入

---

① 关于干部党员的挑选程序及人数，参阅 Diane K. Mauzy 与 R. S. Milne, *Singapore Politics Under the People's Action Party*, London、New York：Routledge, 2002。

② 参阅 Netina Tan, "Institutionalized Hegemonic Party Rule in Singapore", *Party Institutionalization in Asia：Democracies, Autocracies and the Shadows of the Past*, Erik Kuhonta、Allen Hicken edited, Cambridge University Press, 2014。

③ 参阅 Netina Tan, "Institutionalized Hegemonic Party Rule in Singapore", *Party Institutionalization in Asia：Democracies, Autocracies and the Shadows of the Past*, Erik Kuhonta、Allen Hicken edited, Cambridge University Press, 2014。

④ 李光耀（1923—2015），人民行动党的创始人，曾任该党秘书长，并担任新加坡政府第一任总理。

⑤ 参阅 Netina Tan, "Institutionalized Hegemonic Party Rule in Singapore", *Party Institutionalization in Asia：Democracies, Autocracies and the Shadows of the Past*, Erik Kuhonta、Allen Hicken edited, Cambridge University Press, 2014。

旗下。

新加坡的执政集团除了设置了政党的择优制度，还设置了非政党的择优制度，譬如在政府中设立了公共服务署（The Public Service Commission），这个机构负责管理政府公务员的任命、晋升、处罚等事务，其关键的使命就是要保证任人唯贤。公务员并非全是人民行动党党员，这个机构使得执政集团多了一个"择优"的门槛，可以使"择优"的原则涵盖更大的群体，贯彻得更为全面。

第三是执政集团内部持续自我优化以便保持优秀的原则，这在新加坡的政治体制中有突出的表现。譬如干部党员有培训班①，以便进一步提高这些内部精英分子的素质。更为突出的"自我优化"措施表现在新加坡的防腐反贪制度方面，这使得执政精英可以避免腐化、劣化。

新加坡曾经贪污腐败泛滥，而且贪腐历史悠久。在英国殖民当局统治新加坡的 19 世纪，贪腐就很严重。由于情况严重，1871 年殖民当局颁布了第一个反贪污的法律②，但是贪腐的情况并没有因此而被制止，官员贪腐现象仍然很普遍。在第二次世界大战中，新加坡被日本占领（1942—1945），正常的经济活动被战争干扰，黑市因而侵入了生活的各个领域，利用裙带关系求生存成为常态，贪腐活动的蔓延愈发不可收拾。日本战败后，英国殖民当局重新统治新加坡，贪腐活动依然猖獗。在 1950 年代初，曾经发生了警察伙同歹徒偷盗 1800 磅毒品的惊人事件。③ 面对如此骇人听闻的贪腐现象，1952 年立法会决定不能再用警察部队中的机构来反贪，因

---

① 参阅 Netina Tan，"Institutionalized Hegemonic Party Rule in Singapore"，*Party Institutionalization in Asia：Democracies，Autocracies and the Shadows of the Past*，Erik Kuhonta、Allen Hicken edited，Cambridge University Press，2014。

② 该法律的全称是 The Penal Code of the Straits Settlements of Malacca, Penang and Singapore。

③ 参阅 Jon S. T. Quah，"Anti-corruption Agencies in Four Asian Countries：A Comparative Analysis"，*International Public Management Review*，electronic Journal at http：//www.ipmr.net Volume 8 Issue 2，2007，ⓒ International Public Management Network。

而成立了独立于警察系统之外的贪污调查局（The Corrupt Practices Investigation Bureau）。在此后的十多年中，贪污调查局的工作良莠不齐，贪腐现象仍不能被制止，问题依旧严重。

　　1965 年新加坡退出马来西亚联邦，成立了完全独立的新加坡共和国，反贪进入了全新的阶段。人民行动党领导的政府对贪污调查局进行了不断的改造，使其工作有了巨大的改进，贪腐活动因而大大减少。目前，新加坡已成为世界上最廉洁的国家之一，根据透明国际 2013 年的全球清廉指数，在全世界 177 个国家中，新加坡和挪威并列世界第五。① 新加坡的贪污调查局隶属于总理公署，平时受总理公署领导，必要时可以直接向总理汇报情况。但如果在办案中受到总理的干扰，贪污调查局可以向总统报告，请求总统授权，这就使得总理也难逃法网，使所有人都可以被反贪的大网覆盖。除了贪污调查局的制度设置，新加坡执政集团还通过其他部门实行了一系列相关的政策措施，以加强防腐反贪的效果，譬如负责管理公务员的公共服务署非常强调公务员要廉洁公正，其任命、晋升、处罚的措施都与廉洁公正相关。另外，新加坡还实行了高薪养廉的防贪政策，通过高薪高福利使得公务员不必也不想为了贪污的"小利"而丧失高薪福利等"大利"，如此配套形成了不想贪、不必贪、不能贪、不敢贪的反贪腐机制。

　　第四是执政集团内部组织结构的趋优化原则，人民行动党的组织结构正反映了这条原则。人民行动党的高层组织机构是中央执行委员会（The Central Executive Committee），由干部党员选举产生。干部党员已是经过"择优"门槛挑选出来的精英，再由他们选举更高的"优者"，以便使更优贤的人士能够担任更高的职务，使高层决策能够更加趋优，也能防止高端个人独裁。前文在分析这条原则时，曾经讨论过精英选举的中位数效应

---

① 参阅透明国际的官方网站，http：//cpi. transparency. org/cpi2013/results/。

的趋中化问题：虽然大众的普选有趋中化的效应，但在优贤精英集团内搞选举，趋中化的效应会大大减弱，因为优贤精英一般能够负责任地使用选举权，而且他们较高的智力水平也能防止选举中的低智化问题。从新加坡的政治实践来看，由精英的干部党员选出的中央执行委员会的确比较"聪明"，其"聪明"表现在他们的政绩上。他们领导的政府使新加坡这个资源非常匮乏的小国，在周边国家政治动乱不稳的情况下，能够实现经济高速发展，如此成果的取得和他们决策的"聪明"分不开。

"用最好、最聪明的人才来不断更新执政集团"是新加坡优主集团组织结构优化的宗旨，为了让更好、更聪明的"新鲜血液"来更新才能欠佳的老人，李光耀曾经亲自劝退过一些"党内老臣"，这些人在独立运动中做出过贡献，是"老资格"的党干部，但他们在治理国家的才能方面不如一些新秀，所以需要让位，以便组织结构优化。老臣让位的做法最初遭到一些抵制，但经过一段时间的努力，这种结构优化的更新已经在新加坡的优主集团中逐渐制度化。①

第五是执政集团的精英要和集团外的非精英保持密切联系原则。在新加坡的政治实践中有几项活动与此相关，譬如议员在自己的选区每周都有"会见人民"的时间，有时还会进行"走街"活动，在选举之前更是会登门入户去搞家访。② 另外，人民行动党的上层精英和基层支部之间每月举行沟通联系的月会，上层精英在月会上了解基层的工作，解释上层的各项政策。③ 近年来，网络成为人际沟通的重要渠道，人民行动党也开始使用网络作为上层与基层的沟通手段。

新加坡案例显示的并非完美的优主政治，在新加坡的政治实践中仍然

---

① 参阅 Diane K. Mauzy、R. S. Milne, *Singapore Politics Under the People's Action Party*, London、New York：Routledge, 2002。

② 同上。

③ 参阅 http://www.country-data.com/cgi-bin/query/r-11883.html。

可以看到不少缺陷。譬如，精英与非精英的沟通联系问题，人民行动党的那种月会，虽然可以起到一定的沟通效果，但很多时候月会是上层指导基层，沟通更偏向于指导而不是倾听。由于"高薪养廉""择优选拔"的实施，新加坡的精英形成了一个高富、高贵的阶层，和下层的差距隔膜日渐加大，如果不加强沟通联系，很可能会造成社会问题，不少学者对此表示了忧虑。① 在选举实践方面，新加坡也存在着问题。首先是人民行动党内部的选举瑕疵，在 1957 年之前中央执行委员会的选举是由全体党员参与的，但由于该年的选举使左翼亲共的很多成员当选了，反共精英们便采取非常措施将亲共派赶了出去，并且修改了选举规则，以后的选举就只允许干部党员参与。如此修改造成了两个后果，一是加强了中央执行委员会的团结共识，防止了派系纷争的分裂；二是排斥了反对派中的优者，使这些优者无法发挥潜力为群体长远利益做贡献。这两个后果反映了执政治理中的一个进退两难的困境问题：派别纷争会影响团结，排斥异派会影响包容；团结能带来高效率，而包容多派可以增加优者的数量和潜力。究竟应该进多少，退多少？如何进退，才能更有利于群体的长远利益？……这些问题在不同的情况下会有不同的答案，如何解决这些问题是对执政领导集团的考验，优秀的执政领导集团应该能够掌握好进退之度。

除党内选举之外，在党外的国家议会选举中，新加坡执政领导集团也有瑕疵。新加坡议会是全民普选的，在当前的西方民主话语主宰的普世价值语境之中，新加坡需要这层表面民主的外衣。不过，人民行动党为了防止多党在议会中造成纷争的乱局，总是想法使自己能够获得绝对多数的议席，它主要采用了不断更改选区和选举规则的方法来排斥反对党。当看到反对党的候选人在某个选区将要获胜，人民行动党就会通过自己掌握的立

---

① 参阅 Netina Tan, "Institutionalized Hegemonic Party Rule in Singapore", *Party Institu-tionalization in Asia: Democracies, Autocracies and the Shadows of the Past*, Erik Kuhonta、Allen Hicken edited, Cambridge University Press, 2014。

法优势去更改那个选区的规则，使反对党的候选人无法当选，使全民普选变得有名无实。这种方法使得新加坡可以享"民主"之名，行"优主"之实。如此"偷梁换柱"的方法当然是不难被识破的，所以很多西方人士把新加坡称为"威权政体"，而不是"民主政体"。

虽然新加坡的优主政治不完美，但它还是为群体的长远利益做出了很大的贡献，并且取得了很大的成果。自新加坡独立以来，其群体经济实力有了巨大的增长，人民生活水平有了可观的提高。1965 年独立建国时，新加坡人均 GDP 只是英国的 28%，1993 年赶上了英国，到了 2013 年其人均 GDP 已是英国的 140%，若以购买力平价（PPP）来衡量，新加坡 2013 年的人均 GDP 甚至已是英国的两倍多。[①] 正如前文所述，优主政治能使弱国更快地赶超强国，新加坡提供了一个很好的例子，弱小的前殖民地国家只用了不到三十年的时间，就赶上了强大的前宗主国。与新加坡形成鲜明对比的是印度，实行民主制的印度虽然也是英国的前殖民地，但印度独立后不仅没有能够赶超英国，和英国的人均 GDP 差距甚至还拉大了，1965 年印度的人均 GDP 是英国的 7%，到了 2013 年降为英国的 4%。[②]

在新加坡附近，还有一个前英国殖民地国家——缅甸，其独立后的历史给民主和优主都提供了特殊的启示，尤其是给优主政治提供了特殊的教训。缅甸独立后实行了十年左右民主制，结果是政党分裂、族裔对抗、经济困难、腐败滋生……于是发生了军事政变。此后军人统治了缅甸五十年左右，在军人统治的政体框架中，军队被定位的角色带有明显的优主味道。军人统治者强调要"训练和发展一支强有力的国防部队，使其具有军事、政治、经济和行政的卓见，来承担国家政治领导角色"[③]。军人要

[①] 数据来源：世界银行、经合组织（OECD）。

[②] 同上。

[③] 参阅 *Brief History of the Myanmar Army*, Defence Services Museum and Historical Institute, Rangoon, 1999。

"在前头推进和捍卫国家的十二个大目标"。① 这十二个大目标包括国家稳定、和平团结、经济发展、道德提升、文化传承等。② 不过发展的实际结果是，这十二大目标并没有如优主所愿地实现，缅甸的优主政治是失败的。缅甸的民主和优主都不成功，回顾缅甸自独立运动以来的历史，可以看到其不成功的曲折道路，也可以反省其不成功的原因。

在缅甸的历史中，既蕴涵着搞民主的元素，也蕴涵着搞优主的元素。作为英国殖民地，缅甸的精英受西方教育熏陶，接受西方民主价值观，想搞民主政治是很自然的。但是同时，缅甸军人在独立运动及其后各届政府中扮演的"优越"角色，再加上当时的国际大环境中一些肯定军人优越的思潮，使得搞"军人优主"的想法也很自然。领导缅甸独立的精英大部分是军人，譬如昂山、奈温。而且他们是"体制内"的正规军人，不是"体制外"的游击军人，他们在政府中一直占有"优"的重要领导地位。他们的独立运动始于 1930 年代反抗英国殖民当局的活动，由于日本当时要和英国争夺缅甸，日本军国主义政府积极支持缅甸独立运动，昂山等精英去过日本，接受过日本的军事训练。1942 年日本全面入侵缅甸，赶走了英国人，成立了所谓的"独立政府"，昂山、奈温等精英在这个政府中担任了部长等高级职务，他们领导的军队是这个政府的"正规军"。1945 年春，昂山领导这个"正规军"反戈一击，背弃日本，投向盟国联军；他们继而和英国谈判，最终达成了缅甸在 1948 年正式独立的协议。

在缅甸独立的历史进程中，军人在政府体制内扮演了举足轻重的领导角色，带领国家获得了独立，是优越的领导者。缅甸独立之后，民主元素显现了力量，成立了议会民主的政府，不过军人仍然在政府中保持着举足轻重的地位。这是因为缅甸独立之后，不断发生少数民族的起义，在中国

---

① 参阅 *Brief History of the Myanmar Army*，Rangoon：Defence Services Museum and Historical Institute，1999。

② 同上。

解放战争中溃败的部分国民党军队又进入缅甸，占领了大片领土。缅甸政府需要军人来和这些武装势力作战，使得军人继续有机会表现举足轻重的力量。同时，民主政府的执政表现不佳，政党内斗分裂、经济发展无力、社会治安不稳……这使得军人可以显现其相对的优越性，鼓励了优主元素的发酵。

在 1950—1960 年代，国际上有一派学者肯定军人在国家整合、国家建设中的重要作用，强调军队具有素质良好、组织性强、凝聚力大的优势，可以成为维持社会政治稳定的可靠力量，这种理论当时具有相当的市场。[1] 对于缅甸的军人来说，除了理论，他们还有一次"实践"，使他们可以自称自己是最可靠的优势力量。这次"实践"是军人"看守政府"在 1958—1960 年间的执政。1958 年民主执政的政党发生了严重分裂，冲突激化，可能引发内战，军队领导人与民主政府的领导人达成共识，进行了一次"共识的"军事政变，由军人组成"看守政府"。此后两年军人"看守政府"的执政绩效相当不错，一改民主政府的混乱低效状况。仅从宏观经济数字就可见一斑，在民主政府执政的 1948—1958 年间，人均 GDP 一直低于第二次世界大战前英国殖民统治时代的 1938 年。以 1938—1939 年为基数 100，民主政府时的最低年份甚至只是 61，而在军人执政的两年中，人均 GDP 发生了首次超越，1958—1959 是 102，1959—1960 是 107。[2] 不仅在宏观经济数据上，在维持治安、稳定物价、改善市政面貌等方面，军人执政期间也都有很明显的进步。

1960 年缅甸再次举行民主选举，这是军人"看守政府"在民主元素

---

① 关于这一派学者的观点，请参阅下列书籍及论文。Guy Pauker, "Southeast Asia as a Problem Area in the Next Decade", *World Politics*, xi（1959.04）。John J. Johnson, *The Military and Society in Latin America*, Stanford：Stanford University Press, 1964。Alfred Stepan, *The Military in Politics*, *Changing Pattern in Brazil*, Princeton：Princeton University Press, 1971。

② 数据来源请参阅 Louis J. Walinsky, *Economic Development in Burma 1951—1960*, The Twentieth Century Fund, Inc. New York, 1962, pp. 660-661。

的影响下做出的承诺，要归政于"民主政府"。在竞选中，吴努领导的党派主张要把佛教定为缅甸的国教，由于缅族占缅甸人口的 69% 左右，佛教是缅族文化的巨大支柱，这样的竞选纲领吸引了大量的缅族支持者，不过同时也冒犯了一些少数族裔（有些族裔不信仰佛教，或者与缅族的文化有很大的差异）。吴努竞选成功当政之后，几个少数民族的领导人开始酝酿要退出缅甸联邦，根据当时的民主宪法，他们是有权力这样做的。1962年，军人以防止国家分裂为理由，再次发动了政变，这次政变和民主政府并未达成"共识"，军人政府也不再是"看守政府"，而是要长久执政。

奈温是这次政变的领袖，政变后他领导的政府有两个突出的特点：一是在政治上，权力高度集中于领袖一人之手；二是在经济上，推行了缅甸社会主义道路的经济政策。在缅甸社会主义道路政策的指导下，工商业进行了大规模的国有化，农业虽然没有搞大规模的集体化，但是政府控制农产品的价格和买卖，还强势指导许多农业活动。在奈温政府时期（1962—1988），缅甸的经济表现差强人意。据传奈温 1967 年在内部高层讲话时说：缅甸在第二次世界大战前是世界上最大的稻米出口国，但现在却要喂不饱自己了。[①] 此后政府推出了一些改革措施，并且大力引进推广国际"绿色革命"的高产改良品种，使农业产出有了提高，农产品出口大为增加。从出口总额的数字来看，军政府开始执政的 1962 年是 2.6 亿美元，1970 年跌到 1 亿美元，推广"绿色革命"高产改良品种后的 1980 年大幅上升至 4.7 亿美元。[②] 但是到了 1980 年代的后期，"绿色革命"的效力渐弱，1987 年出口总额降到 2 亿美元左右，1988 年更是跌到 1.5 亿美元，GDP 也出现大

---

① 参阅 David Steinberg, *Burma/Myanmar*: *What Everyone Needs to Know*, Sceond, Oxford、New York: Oxford University Press, 2013。

② 数据来源请参阅 Khin Maung Kyi, Ronald Findlay, et al., *Economic Development of Burma*: *a Vision and Strategy*, Stockholm: Olof Palme International Center, 2000, p. 14, 图表 1.5, 源自世界银行数字。

幅度的下降。①

在奈温执政的晚期，他曾经做出过一些匪夷所思的经济决策，譬如废止某些面值的纸币。1987年9月政府突然宣布面值25、35、75缅元的纸币全部作废，同时推出面值45和90缅元的新纸币。如此怪异的决定据说是因为根据缅甸的占星术和命理学，奈温相信"9"是吉祥数字，用能被9整除的数额作货币面值可以使缅甸经济繁荣，还可以使他自己活到90岁。② 这次废止货币是突然宣布的，而且不允许持有旧币的人兑换新币，这使得很多人的财富骤然化为乌有，因此引起民众强烈的不满。这种不满成为1988年爆发的大规模民众反抗的重要原因。

在1988年的大规模民众反抗和激烈社会动荡之中，奈温于7月辞职，军人又在9月发动了一次政变，成立了国家法律和秩序恢复委员会（State Law and Order Restoration Council，SLORC），从此，奈温时代结束，缅甸进入了新军政府时代。③ 这个新军政府和奈温政府相比，有两点不同。第一，在政治上，新军政府是小集团的"集体领导"，而不是奈温式的"个人独裁"④；第二，在经济上，新军政府推行了私有化、市场化等新政策，而不再走缅甸社会主义道路。

在新军政府执政的1988—2011年间，缅甸的经济有相对较好的增长，官方公布的年增长数字有时候高达10%以上，虽然这些数字被不少海外学者质疑，但即使增长率没有官方数字那样高，缅甸经济还是有了相当不错

---

① 出口数字同上。GDP数字参阅http：//www. indexmundi. com/burma/gdp_real_growth_rate. html。

② 参阅David Steinberg，*Burma/Myanmar*：*What Everyone Needs to Know*，Sceond，Oxford、New York：Oxford University Press，2013。

③ SLORC在1997年变更名称为国家和平与发展委员会（State Peace and Development Council，SPDC），为叙述简便起见，用新军政府泛指1988—2011年间的缅甸政府。

④ 小集团中有一位相对重要的领导人，但其权力不似奈温那样绝对与强大。丹瑞将军曾经十多年是新军政府中重要的领导人。

的发展。在平息少数民族起义反抗方面，新军政府也取得了一些成效，与几个少数民族的武装力量达成了停火协议。新军政府的私有化和对外开放的经济政策虽然带来了经济增长，但也带来了大量的贪污腐败。新军政府人士在国企私有化时低价鲸吞国有资产、在开放吸引外国投资时利用特权跻身厚利的合资企业、在推行开发项目时大量攫取农民的土地……不少军队精英，还有与新军政府有特殊关系的人，在这期间暴富起来，而广大平民，尤其是失去土地的农民，则处于贫困之中，缅甸社会主义道路时代的平均主义被贫富悬殊所取代。

2007 年，为了推行市场化的价格改革，新军政府取消了燃油价格补贴，因此各种燃料的价格上涨一至五倍。这次市场化的价格剧涨，使贫困民众的生活雪上加霜，引发强烈的社会不满，引发了"番红花革命"。反对派的政治人士和学生，以及穿着番红花色袈裟的僧侣走上街头，举行大规模的游行示威。新军政府对这次游行的强力镇压，遭到了国内广大民众的抗议，也遭到国际上很多国家的谴责。在内外压力之下，民主元素再次显现力量，新军政府被迫加快进行"民主化"的转向，于 2008 年推出了新宪法，并且举行了批准宪法的公投。这部新宪法含有维持军人参与政治领导的内容，譬如议会下院（Pyithu Hluttaw）的 25% 议席由军人占据，也含有西方民主的成分，譬如两院制、多党竞争、权力制衡、保障个人基本自由权利等。根据宪法，2010 年举行了大选，一些民主派人士和少数民族党派的人士当选为议员，总统也不再是现役军人。[1] 军政府统治在大选之后的 2011 年正式结束。

缅甸政府民主化转型之后，进行了一系列民主改革，譬如释放政治犯、取消审查制度、开放报禁等。在经济方面也进行了更为开放、更为市场化的改革，积极吸引外国投资来促进缅甸的经济发展。民主化使西方国

---

[1]　总统吴登盛是退役军人，昂山素季在 2012 年当选为国会议员。

家减少了对缅甸的经济制裁，外资进入缅甸的数量大为增加，在 2012—2013 年间，缅甸的 GDP 年增长率在 7% 左右。[①] 不过在民主化进程中也出现了一些问题，尤其是穆斯林和佛教徒之间的暴力冲突，频频爆发，先是造成数百人丧生，后来更是发展成为震惊世界的罗兴亚难民危机。引发冲突的一个原因是佛教徒中激进分子的反穆斯林活动，解禁后的言论自由大环境，使激进的僧侣可以随意发表偏激蛊惑的演说，结社自由更使极端主义运动有了自由发展的大空间，给暴力冲突培养了参与者，提供了导火索。

回顾自独立以来的近七十年历史，可以看到缅甸的执政实践有半个世纪是要搞优主政治的，想把军队打造成"具有军事、政治、经济和行政的卓见"的优秀集团，"来承担国家政治领导角色"，来实现和平团结、经济发展、道德提升等有利于群体长远利益的伟大目标。但是，无论是"个人独裁"的奈温政府，还是"集体领导"的新军政府，都没有很好地实现这些目标，更没有真正地实现军队的"优"化。分析缅甸失败的原因，可以从优主政治的五个方面的大原则来看。缅甸军政府的执政实践显示，这五大原则都没有被遵循。

第一，开放大门的原则。虽然缅甸军队的大门没有明文规定"不开放"，但在实践中却有许多排他的、不包容的做法。譬如，克伦族的军人在第二次世界大战以及缅甸独立斗争中贡献很大，独立之初缅甸军队中有不少克伦族的官兵，总参谋长也由克伦族将军史密斯·董（Smith Dun）担任。但当发生了克伦族起义叛乱之后，虽然这些克伦族官兵效忠政府，没有参与叛乱，却被清洗出军队。史密斯·董是一位堪称德才双全的"优贤"将军，在才能方面，他在军事学院受训时就表现突出，获得了军事学院的最高荣誉奖项（英国殖民统治时期）；在战争的实践中，他也表现了

---

① 数据来源：世界银行。

突出的才能，第二次世界大战期间他被空投降落到敌占区，在伊洛瓦底江三角洲领导了成功的军事抵抗活动；在道德方面，他能够顾全大局忍辱负重，虽然他被缅族精英不公正地清除出军队，但为了国家团结统一的群体长远利益，他没有投入叛军，还能够约束手下的克伦族官兵。如此高贤商的优者却被排除，这明显违背了优主政治的开放原则：不设置除了"贤"之外的任何其他"准入条件"，如种族、阶级等。

第二，择优门槛的原则。缅甸的军队不按"贤"的条件来择优发展，没有优贤的门槛，而是搞任人唯亲，一方面把诸多"优者"挡在大门之外，另一方面又把许多"亲者"吸纳进来。在战争时代，奈温是第四缅甸步枪团（The Fourth Burma Rifles）的领导人，战后他大力提拔跟随他的第四步枪团成员，使第四步枪团的军人占据了军队和政府的许多要职，这些人未必都是优贤之士，有的甚至素质很差。第四步枪团军人通过任人唯亲的提拔，在政府中形成了自己的随从体系（entourage system）①，成为左右政府决策的强大力量。奈温辞职之后，在新军政府中，第四步枪团军人仍然占据要职，其第一任主席兼总理苏貌就是第四步枪团军人，此人教育程度不高，只读过八年左右的书。苏貌任职四年后神秘地辞职了，据说他心理状况不稳定，认为自己是蒲甘王朝 11 世纪一位缅甸国王的转世投胎，还身着王朝服装举行各种仪式。也有传说，对苏貌心理状况的非议是政敌造的谣言，目的是要把他赶下台。无论是苏貌心理状况不佳却被提拔为高级领导人，还是政敌通过造谣把高级领导人拉下马，都是违背择优门槛的原则的。搞随从体系的并非只是奈温和第四步枪团，缅甸大大小小的领导人都有各种各样的随从体系，因此往往是"一人得道，随从升天"，任人唯随从是亲。注重随从关系在缅甸文化中有长久的传统，缅甸军人集团想搞"优主"却没有采取措施来防范这个问题，结果是"随从"替代了

---

① 参阅 David Steinberg, *Burma/Myanmar*：*What Everyone Needs to Know*，Second，Oxford、New York：Oxford University Press，2013。

"优贤"，任人唯亲颠覆了优主政治。

第三，内部继续优化保持优秀的原则。这条原则特别注重的两个方面是加强学习和防止腐败，但缅甸军队在这两方面都有缺陷，尤其是在防止腐败方面。缅甸的腐败情况非常严重，被"透明国际"列为最腐败的国家之一，在全世界170多个国家的清廉指数排名中，历年来总是倒数第二、三位。[1] 缅甸的腐败状况在1988年之前相对较好，之后日益恶化。1988年政变之后，新军政府强力扩大军队，从1988年的168个营（battalion）逐渐增扩到504个营[2]，入伍军人从1988年的20万增至2002年的40万[3]。急速扩招很难控制进入军队的人员素质，由于军队享有很多特权，参军对钻营牟利者有很大的吸引力。在1988年后的市场化经济改革中，军队在国企私有化、吸引外资、经营合资企业等方面享尽特权，获利极丰，其中掩藏着无数贪污腐败活动。

腐败侵入了缅甸政府的各种机构，最近被媒体广泛报道的一位仰光法官索贿15万美元的事件，只是冰山一角。相关报道指出，法官索贿已形成"市场价格"，什么样的案件收什么价格的贿赂，什么价格的贿赂可以得到什么样的判决结果，都是明码标价，而且出现了招揽客户的中介服务，专职于法官与诉讼客户之间的贿赂沟通。关于军队内部腐败活动的具体详细报道比较少，因为军队善于保守"机密"，同时具有能力和手段影响媒体，军队腐败事件往往是在政坛高层派系斗争时暴露出来的，譬如2004年总理钦纽突然被捕，被控贪污受贿等罪，他的随从体系人员也被控贪腐而纷纷落马，这次贪腐曝光据说是与钦纽和丹瑞之间的派系斗争直接相关的。

---

① 参阅透明国际官方网站 http：//www.transparency.org/research/cpi/overview。

② 参阅 David Steinberg, *Burma/Myanmar: What Everyone Needs to Know*, Second, Oxford、New York：Oxford University Press, 2013, p.103。

③ 参阅 Ian Holliday, *Burma Redux: Global Justice and the Quest for Political Reform in Myanmar*, New York：Columbia University Press, 2012, p.72。

和"防止腐败"相比，缅甸军队在"加强学习"方面做得比较好。缅甸军方在军队中设立了很多教育训练机构，还开办了大学和研究院。这些机构中除了有纯属军事方面的专业之外，还有医学、工程、护理等专业，研究院的教育则着重于国际关系和战略研究。这些学校是要为军队和国家培养领导人才的，实现军方给自己的定位，使军人"具有军事、政治、经济和行政的卓见，来承担国家政治领导角色"。军政府中绝大多数高级官员都毕业于这些教育机构，譬如在 117 位部长、副部长中，有 101位是军人，这些军人的 81%（82 人）是这些院校的毕业生。① 政府高官多为校友的现象，折射出随从体系的严重性，这些军队院校既帮助了军人的学习，也推动了军人随从体系的构建。相比于非军队经营的普通院校，这些院校的资源更为丰富，这一方面有利于军队培养专业人才，另一方面却突出了军队的特权。如此的培养，很可能只是培养了专业才能，而未必是优主所必需的贤能，这正是缅甸军队在"加强学习""继续优化"方面的缺陷。

第四，内部组织机构趋优化的原则，以及防止个人独裁。趋优化是要使组织结构优化，在进行人士安排时以事择人，但是由于随从体系的问题，缅甸军队并不能很好地实行这条原则。从上而下的任命是任人唯亲，从下而上的跟从是尾随唯亲，都不是以事择人，随从关系严重影响了组织结构，不是趋优化，而是趋亲化。史密斯·董的被清除、苏貌的提升与下台，都表现了"趋亲"，而不是"趋优"。奈温时代实行了个人独裁，更是从根本上违背了这条原则，完全不是趋优化。

第五，与非精英密切联系的原则。缅甸军队给自己成立了医院、学校等服务机构，只有军队成员和他们的家属才能进入这些机构，享受相关的

---

① 参阅 Maung Aung Myoe, Officer Education and Leadership Training in Tatmadaw: a Survey"（working paper #346），Strategic and Defence Studies Center, Australian National University, 2000-2005, p. 15。

服务。军队建立这套机构体系的结果，至少形成了两道"墙"，有违与非精英密切联系的原则。第一道是阻碍接触的有形之墙，军人和他们的家人都去这些排外性的机构，不接触平民，自成一体，形成小圈子，自己筑墙隔绝联系。第二道是特权引起的仇富、仇军的无形之墙，军队机构获得政府给予的丰富资源，军人有特权可以排他地享用，平民只能望洋兴叹。

在军政府统治下，军人得到了大量特权，使他们很容易致富，而平民则分不到一杯羹。譬如，在 1988 年后的私有化、市场化经济改革中，政府成立了一些大型的综合企业集团，把很多缅甸社会主义道路时代的国有企业归于这些集团旗下，同时还授权这些集团经营一些利润极丰的项目，有宝石开采、大型银行、购物中心、工业园区、经济特区，还有各种各样的制造业、旅游业、进出口贸易的公司等。这些集团的很大部分股份是由现役或退役的高级军官持有，平民无权获得。特权之墙使平民对军队产生了强烈的反感，形成了抗拒的心理，特权给军人带来的财富和造成的贫富差距，也使得军人难以理解平民在无权、无财处境中的体验和想法。这种隔阂，使得优主政治所需的"了解下面的情况和意见，以丰富上层精英的智慧""向下传播高智高贤意见，以提高群体的素质"等构想无法实现。主政者在与民隔阂的情况下，很可能做出完全脱离实际的有害决策，奈温晚年关于废除货币的决定就是一个突出的例子。

当不能实行优主政治的五大原则时，优主政治的潜在缺点就会从潜伏中爆发出来，引发大量问题，而潜在优点则难以展现。譬如"坏皇帝"，奈温晚年给缅甸造成的政治经济问题，正是"坏皇帝"这个潜在缺点引起的。又譬如"吸引逐私利者"，缅甸军队享有大量特权，逐私利者趋之若鹜，想方设法加入军队，他们加入军队并不是为了追求实现那十二个伟大目标，而是为了自己的私利。当军队是由大量的逐私利者组成的时候，就不可能是"优主"，不可能为群体的长远利益而执政。缅甸的军政府原本希望把军队打造成优秀的精英组织，成为国家的领导栋梁，但是由于它没有遵循那五个大原则，使军人集团腐败劣化，难以成为"优主"，而是沉沦为"腐主""劣主"。缅甸的启示是，民主会发生问题，优主也不是说"优"就能够"优"的，需要在大原则的指导下构建一系列具体的方法措施来"择优""持优""行优"，才能够实现执政集团的真正优化，使贤者领导国家，使优者主导政府。

此章节关于优主政治的讨论，基本是在大原则、大方向的层面上。新加坡提供了一个具体的案例，但新加坡实行的具体方法，不仅不是完美的，也不宜于复制照搬。新加坡是根据自己国家的具体情况，在进退两难的权衡中，在实践挑战的摸索中，逐渐形成和改进自己的虽不完美、但有成效的"优主"治理方法。各个国家面临的具体情况不同，关于贤商的具体衡量标准，关于择优而入的门槛，关于群体长远利益的晋升激励机制，关于趋优化的决策组织结构，关于自上而下的参与制度等都需要在实践中发现和形成适合自己的具体方法，并且不断地根据新出现的问题来改进和创新。

这些方法都不应该是普世的、永恒的，而应该是多元化的、本土化的、可更新的。并且，优贤精英集团本身的形式也应该是多元化、本土化的，在不同的历史文化环境中，各国存在着不同的社会资本，有宗教的、政党的、氏族的、社区的、文化的、商业的、军事的……都有可能利用来作优贤精英集团的治理元素。多元化的优贤集团可以形成多元化的优主政治，民主政治强调普世的一元化、程序的单一化，优主政治则敞开了更为多元的、灵活的、可调整创新的程序空间。

要想实现"优主"的良好治理，需要制定出适合本国政治实践的优主程序制度，否则，理想中的"优主"就有可能变成"劣主"，缅甸并非单一的例子，历史上类似的例子不少。不过，不应该因为类似的例子，就放弃了继续的探索和改进。民主在历史上也有过恶劣的例子，譬如雅典民主处死了优智者苏格拉底、法国大革命民主实行了血腥镇压、希特勒通过民主选举上台执政……但是追求民主理想的人并没有因此而偃旗息鼓，他们吸取教训对民主制度进行了改进。

对优主理想的追求，不应该因为历史上的不成功例子而偃旗息鼓，不成功的例子可以成为借鉴的教训，成功之路在于持续的反省和创新。在人类进步的成功道路上，有多元化的路径，民主和优主是两条大道，构成这两条大道的是无数多元的小径。这些多元化的路径，展现了人类追求进步的丰富多彩实践，是人类群体的宝贵精神财富。

四、优主政治在中国历史上的实践

中国的政治历史可以提供一个分析优主主义的案例。在中国两千多年的历史中，优主政治有多种表现，优主主义五大原则的实行在各个时期各有不同，这种实践的多样性为分析优主主义的原则和其治理结果之间的关系提供了丰富的资料。

虽然在中国的历史上并没有"优主主义"这个词汇，但中国的政治意识和政治实践显现出很大的优主主义倾向，在两千多年的中国传统政治体制中有明显的表现。

中国政治传统崇尚的国家治理原则是"尚贤使能"，主张用贤能优者来治理国家，让这些优贤人士占据治理者的位置。早在战国时代荀子就指出，先王之道是"尚贤使能"，治国安邦的根本方法是让贤能圣者居于主政的尊贵之位。"故尊圣者王，贵贤者霸，敬贤者存，慢贤者亡，古今一也。故尚贤，使能，等贵贱，分亲疏，序长幼，此先王之道也。故尚贤使能，则主尊下安；贵贱有等，则令行而不流；亲疏有分，则施行而不悖；长幼有序，则事业捷成而有所休。"[1] 这种"尚贤使能"的思想，是贤能

---

[1]　荀子：《君子篇》。

优者治国的政治意识，表现了优主主义的倾向。

钱穆在《国史大纲》中分析了中国悠久的历史，提出了"士人政府"的概念。所谓士人政府，就是通过读书考试，让读书人中考试成绩好的优者担当政府的官员，组成优主集团。"所以若说政权，则中国应该是一种士人政权，政府大权都掌握在士——读书人手里，从汉到明都如此。"①钱穆比较了西方民主制的"从众"与中国士人制的"从贤"之不同，"中国政治上的传统观念，对一意见之从违抉择，往往并不取决于多数，如西方之所谓民主精神。而中国人传统，则常求取于贤人"②。"从众"代表了民主主义的精神，"从贤"体现了优主主义的原则。

政治体制选择了优主主义的大方向，并不能保证就一定能够取得优主主义的成功结果。正如前面一章节所述，缅甸军政府选择了优主主义的大方向，但并没有实现优主主义的成功结果。要想取得优主主义的成功结果，需要遵循一系列更为具体的优主主义原则，并且制定出相关的程序制度，否则，理想中的"优主"就很可能化为泡影。前面叙述过的五大原则，是非常必要的原则，如果违反了这些原则，就很难取得优主政治的成功结果。这种原则与结果的密切关系表现在中国历史中，无论是在汉、唐时期，还是在后来的宋、明、清朝代，当五大原则被违反的时候，都会出现挫折；而当五大原则被遵循的时候，就能够获得相对成功的结果。本章节将依次分析这五大原则在不同时期的不同表现，以及相关的结果。

第一，执政集团大门开放的原则。

中国的士人政府具有大门开放的特征，读书、投考、入仕基本上没有设置有形障碍。士人政府的大门开放制度并非一蹴而成，而是经过曲折道路发展出来的。这个曲折的过程反映了中国人对这条优主政治原则的认

---

① 钱穆：《中国历代政治得失》，北京：生活·读书·新知三联书店 2001 年版，第 128 页。(原著 1955 年)

② 同上书，第 35 页。(原著 1955 年)

识，而这种认识是在实践的经验教训中形成的。

在最初的汉代，实行的是乡举里选的察举制度，由郡的地方长官观察推举孝子和廉吏进入中央作郎官，虽然表面上对察举孝廉没有设置障碍，但地方的家族势力却介入了推举，孝廉往往是来自几个有势力的家族，而当上郎官的孝廉又进一步给自己的家族带来更大的势力，于是东汉时代地方门阀坐大，入仕的大门前出现了无形的障碍，阻挡了非望族出身的优秀人士。

此后，为了能够选拔更多的优秀人才，魏晋时代出台了九品中正制，给选拔定了标准，以免察举时因没有标准而可以任意把自己人抬上去。九品中正制的"定品"，是根据家世和行状来进行评级的，但后来这种评级被扭曲成强调家世门第，把选取人才的标准限制在门第的小范围内。

面对这些前朝的弊病，唐朝进行了较为彻底的改革，推出"怀牒自列"的政策，既不需要地方长官的察举，也不需要中央官员的九品中正评级，读书人可以自己到地方政府相关部门去报名参加中央的考试，无形障碍因此被扫除，入仕大门开放了。

从士人政府开放大门的曲折过程中可以看到，为了能够招募到尽可能多的优秀人才进入优主集团，贤明的执政者认识到开放大门的重要性，并且制定出制度来实行大门开放的原则。当然，制度总不可能是完美的，而且随着时间的推移和制度的老化，许多问题会滋生出来，把开放的大门渐渐堵塞，此时，需要优主集团中的贤明者能够做出反应，采取措施，及时把淤塞的障碍清除，否则，优主就有可能变质。

第二，择优门槛的原则。优主集团的大门不仅需要敞开，而且还需要设置择优的门槛，如此才能避免非优者鱼龙混杂地进入，才能把真正优秀的人才网罗吸纳进来。

在中国士人政府的历代体制中，择优的门槛一直存在，其相应的制度为了适应不断出现的问题，还不断有所改变。汉代设置太学，培养作官的人才，太学生是要参加考试的，甲等成绩者才可直接进入中央机构的"优主集团"作官，乙等成绩者要回到地方，如果他们在地方表现得好，经过地方长官的察举，也还有机会通过孝廉的身份再到中央作郎官，这正是上文叙述过的乡举里选孝廉察举制度。汉代的这种察举制度后来出现了门阀垄断的问题，唐代便不再使用地方察举制度，而是直接通过考试选取人才。

　　唐代考试分两步，第一步是礼部举行的考试，考试及格者进士及第，获得了作官的资格；这些进士及第者被分派到各个部门备用，然后吏部再对其进行第二步的考试。一般来说，第一步的礼部考试偏重的是才学；第二步的吏部考试偏重的是干练。两次考试，两重门槛，为的是能够选拔出在才学和干练两方面都优秀的人才。

　　宋代继承了唐代的考试制度，并且又进行了改革。唐代考试实行公卷通榜的方法，所谓公卷，是让考生在考前把自己平日的诗文遍送政府中有学问的官员品阅；所谓通榜，是考后出榜时，不仅仅根据考生考试中的表现，而且要根据那些品阅过考生诗文的人的舆论意见，来决定考生的全面成绩。这种不以考试一时之作来衡量考生的方法，有利也有弊，其利是增加了全面性，其弊是减少了公平性。那些在政府官场有人脉关系的考生，可以给自己造舆论，让自己胜出。宋代的改革针对了公平性的问题，取消了公卷制，考生不再把平日的诗文遍送政府官员，而且考试实行了糊名制，考官在批卷时不知道考生是谁，避免了利用人脉关系取胜的问题，不过这种方法却使全面性减弱了，因为考试成绩只能反映考生一日一时之作的水平。宋代还对考试内容进行了改革，由于唐代的考试重视诗赋，晚唐时出现了"进士轻薄"的现象，很多进士只熟悉诗赋，却对政治经典理念了解不够，宋代因此改为不考诗赋，转考经义。

　　后来明代在考试制度方面又进行了改革，当时由于报考的考生越来越多，无法让这么多人都到中央来参加考试，因此把考试分地分级，逐层筛选淘汰，及格者才能够参加上一级的考试。第一级是在府县考试，及格者是秀才；第二级是在省城考试，及格者是举人；第三级是在首都考试，及格者是进士。进士及第后还要留在中央政府继续深造，由老资格的前辈进士来教授，三年后再参加一次考试，成绩优异者可以进入翰林院，未来仕途广阔。

长期以来，考试制度是士人政府体制中的重要构成部分，是士人政府设置的择优门槛。由于时代环境的变迁，也由于制度自身的老化腐化，考试制度不断出现了问题，因而也不断地出现了更新改革，以便择优的功能可以发挥出来。历朝历代在考试制度方面进行的改革努力，正是这个历史过程的写照。

第三，优主集团内部自我优化保持优秀的原则。

这条原则突出表现在中国政府对官员的监察方面，这类监察机构很早就出现在政府之中，而且往往是由最高领导层直接介入管理，可视为是中国政府治理的传统特色。

自秦朝开始，中央的御史就成为了负责监察的官职，"监御史，秦官，掌监郡"①，其主要职责是纠察官员的过失。汉代政府中的最高层官位是"三公九卿"，所谓"三公"是：丞相、太尉、御史大夫。丞相负责行政，太尉负责军事，御史大夫负责监察。御史大夫的监察范围是很广的，包括中央和地方的内外百官，甚至还涵盖王室和宫廷。唐代的中央监察机构更为庞大，其名为"御史台"。唐代中央政府是由"三省六部一台"构成：掌管行政和军事的是"三省六部"，掌管监察的是"一台"——御史台。御史台还进一步作了分工扩充：左御史负责监察中央政府官员，右御史负责监察地方政府官员。御史台派出监察使，常驻地方，形成监察使的制度。

---

① 班固：《汉书·百官公卿表》。

　　唐朝的监察使制度，后来出现了问题。这些监察使掌握了地方行政权，成为高于地方官吏的长官。当有些监察使的常驻地是边疆重镇时，他们被赋予的权力从行政扩大到军事，甚至到"全权"，成了有全权调度的节度使。由于边疆重镇的政府要担当重要的军事防务职责，节度使常由武人担任。后来这些节度使成为了促生"藩镇割据"的温床。钱穆在评论唐代监察使、节度使的弊端时指出："中央的监察官变成了地方行政官，这是一大缺点。而由军队首领来充当地方行政首长，则更是大毛病。唐室之崩溃，也可说即崩溃在此一制度上。"① 原本是监察官员行为的制度，却演变为引发更大问题的温床，好事变成了坏事，这种现象不仅发生在唐代，以后的宋代和明代也有"好事变坏事"的问题。宋代的谏官制度本应该是用来监察政府官员的，但台谏却蜕变为高级官员利用来打击异己的工具。譬如，王安石变法时，反对变法的守旧派利用谏官处处作梗；又譬如，秦桧擅权，依赖台谏起家。明代王夫之曾总结了宋代政治的一个现象："巨奸且托台谏以登庸"。②

　　如何监察官员，如何进行纠察，这是中国历代政府探索的一个大难题。从历史的经验来看，为了减少官员的劣迹恶行，有作为的优主集团领导们会想法通过改进监察制度来进行纠察，其制度在一段时期内也会有所效果，但在时间推移的过程中，漏洞会暴露出来，制度本身也会异化、会蜕变，以致衍生出其他的大问题来。要想使一个制度持续地保持优良运作，需要优主集团的领导们持续地探索努力。历朝历代，有很多人进行了探索，使得中国的优主政治传统得以持续流传。

　　"执政集团保持优秀"是中国政治的传统理念，对中国的知识分子和政治家有深刻的影响，即使是接受了西方的"三权分立"等自由民主理论

---

　　①　钱穆：《中国历代政治得失》，北京：生活·读书·新知三联书店 2001 年版，第 45 页。（原著 1955 年）
　　②　王夫之：《宋论》卷 4《仁宗》。

的人，往往也会保留这个传统理念，譬如孙中山。在孙中山生活的 19 世纪末、20 世纪初，中国贫弱混乱，西方强盛富裕，很多人希望用西方模式来改造中国，使中国转弱为强。孙中山在美国生活很多年，接受了很多西方的政治理念，他提出了"五权宪法"的宪制构想。这五权中有流行于西方的"行政""立法""司法"的三权分立，但又加上了"考试权""监察权"有中国特色的机构。前面讲述过"科举考试""监御史"，恰恰合拍于考试权、监察权，反映了中国政治对"执政集团选择优秀、保持优秀"的重视。

第四，优主集团内部组织结构优化的趋优化原则。

在中国的历史上，"用人"和"派官"是构建政府组织结构的关键制度，也是影响士人政府的趋优程度的关键。回顾中国历史上几个朝代的"用人""派官"制度，可以对"趋优化"的问题有更进一步的思考和认识。

汉代的官吏任免升降是由"东曹"主管，东曹是汉代宰相属下的一个部门，不由皇帝主管；地方官吏则由郡太守县令长自行辟署任用，不用通过东曹。唐代的官吏任用之权属于"吏部"，连地方官吏的任用也归吏部主管，吏部是尚书省的一个部门，尚书省是中央政府三大机构中的一个（中书省、门下省、尚书省），这三大机构集体行使着宰相的权力，不似汉代宰相是一个人独当。

钱穆对汉唐两代的中央和地方政府以及用人制度的评价是："唐代中央政府的组织似较汉代进步了，但以地方政府论，则唐似不如汉。唐代已渐渐进到中央集权的地步，逐渐内重而外轻。中央大臣，比较汉朝要更像样些，但地方长官则较汉为差。……汉制三年考绩一次，三考始定黜陟，因阶级少，升迁机会优越，故能各安于位，人事变动不大，而行政效率也因之提高。唐代则迁调虽速，下级永远沉沦在下级，轻易不会升迁到上级去。于是在官品中渐分清浊，影响行政实际效力极大。"① 根据钱穆的意

---

① 钱穆：《中国历代政治得失》，北京：生活·读书·新知三联书店 2001 年版，第 42—43 页。（原著 1955 年）

见，唐代的"用人""派官"制度构建出来的政府结构，中央政府是相对趋优化的，而地方政府则不如汉代。

宋朝是一个皇帝权力扩大、宰相权力缩小的朝代，汉唐时代的用人权属于宰相，到了宋代，宰相的用人权被削弱了。明朝走向极端，宰相被废除，皇帝掌握了原本属于宰相的权力。钱穆对明代制度颇多批评，但却指出了一个与用人及趋优化相关的好制度——进士翰林制度。"明以后，科举分成两层，下层是秀才、举人，没法当大官。上层是进士与翰林，也没有做小官的。……在进士留馆时期及翰林院时期，一面读书修学，一面获得许多政治知识，静待政府之大用。进士与翰林成为政府一个储才养望之阶梯。科举本只是物色人才，并不能培植人才的。而在明清两代进士翰林制度下，却可培植些人才。……明清两代，许多大学问家，大政治家，多半从进士翰林出身。"①

钱穆指出的"科举物色人才"和"翰林培植人才"，可以视为是趋优化的前期步骤，但还不是优主集团内部结构的最终趋优化。把优者招募进入优主集团，并且使这些优者持续上进、不腐化堕落，这是可以保证优主集团的成员是"优"的，构成优主集团的"基本元素"是"优"的。但这些元素如何配合、如何组织，将对于优主集团的运作产生很大的影响，组织得好，运作效益会好，组织得不好，运作效益就会相对较差。要想使这些优者组成的优主集团运作得更有效益、更上一层楼，就需要在优主集团内部结构的趋优化方面下功夫。这种功夫是更为复杂的，需要更多的方法举措，需要不断地发现问题和进行改进。中国的王朝体制在这方面的建树不甚明显，同时在如何合理处置个人权力方面，也有漏洞缺陷。

在优主集团内部进行趋优化建构的时候，有一个需要警惕的问题是要避免形成个人独裁的结构，防范最高领导人的个人权力过大。个人权力过

---

① 钱穆：《中国历代政治得失》，北京：生活·读书·新知三联书店 2001 年版，第 116—117 页。（原著 1955 年）

大会出现独裁的问题，但最高领导人权力过小，也会有问题，也会使团队的领导功能不能趋优，这是一个需要全面考虑的问题，以便构建真正能够趋优的结构。在汉唐时代，皇帝的权力受到宰相权力的制约，减少了个人独裁的问题。宋代的宰相权力被削弱，明清时代根本废除了宰相，使得个人独裁的问题愈益严峻。当皇帝的个人独裁权力过大的时候，一旦出现"坏皇帝"的情况，后果将极为严重，这是中国的历史教训。

第五，优主集团必须和非精英保持密切联系的原则。

这条原则表现在"微服出巡"等中国传统特色的治理行为中。在中国历代的政治实践中，"微服出巡"是经常使用的一种治理方法，这是指皇帝或者官员穿上平民百姓的服装进行暗访和查寻，以了解民间的真实情况，这种做法可以起到"和非精英保持联系"的作用。受儒家传统影响的新加坡实行了优主政治，如前文所述，新加坡使用了"会见人民""家访""月会"来使优主集团和非精英保持联系，不过，为了反腐而采取的"高薪养廉"政策却使精英和下层的差距隔膜加大。这被一些学者视为隐忧，他们意识到，如果不解决这个问题，以后很可能出现麻烦。这些人的忧虑，反映了这第五条原则对取得优主政治成功结果的重要性。

上面简述了中国两千多年历史中展现出来的实践优主主义五大原则的一些情况，由于本书的重点是探讨优主主义的原则，因此这里对于中国案例的讨论，只是侧重于表述下述论点：优主主义原则与良好治理的关系，而不是全面探讨中国的政治问题。观察中国几个历史朝代的经验，可以看到这样一种关联现象：当优主主义的原则被遵循时，治理结果就比较良好，就能对"群体长远利益"贡献较大；而当优主主义的原则被违背时，就不能实现良好的治理，就会损害"群体长远利益"。这个现象展现在两千多年的历史长河之中。

第六章　追求群体的长远利益

一、个体本位与群体本位

　　优主政治是以实现"为群体长远利益"为目标的，这是一个理想的目标，是符合理性的人类生存发展的目标。追求这个目标是"应该"的，不过，是不是也是"可能"的呢？

　　西方民主建立在肯定个人自由、个人权利的价值体系上，是以个体为本位。从个体本位出发，个体利益是被视为高于群体利益的，而个体的生存期又是远远短于群体的存在期，因此"为群体长远利益"在逻辑上有违于个体本位的理性判断，是不太可能实现的。不过在现实中，的确存在许多"为群体长远利益"的实例，譬如，古今中外都有无数人为了民族和国家的利益忘我牺牲，还有很多人会为了自己未必受影响的远期环境问题而克制自己的利益，这类事例屡见不鲜。那么，人是不是个体本位的呢？

　　在本书第一部分讨论"自由"的时候，曾经分析过"人对自由的二重性心理"，在对待个体本位的问题上，人也具有二重性心理，一方面有个体本位的倾向，另一方面也有群体本位的倾向。自由主义显然是忽视了人的群体本位倾向，而过度强调了个体本位。社群主义在批评自由主义时指出，自由主义有"原子主义"（atomism）的偏颇，将人视为脱离社会的自我存在。① 社群主义学者艾特索尼②非常重视个人与社群的不可分割性，强调社群并不是个人的简单聚集（aggregate），而是个人与社群的一体化（integrate）③。"社会境况被知觉为一体化的'我们'，个人是'我们'的构成元素，'我们'扮演了'我'存在中的正当性和统合性角色。"④ 他因而提倡用"我与我们范式"（I&We paradigm）来分析问题，要兼顾我与我们之间的平衡，不能只看到"我"，而忽略了"我"之中的"我们"角色部分。

人是同时具有个体本位倾向和群体本位倾向的，这两种倾向在每个人心中的分量有所不同，有的人个体本位倾向较强，有的人群体本位倾向较强，这种不同是构成贤商差异的重要因素。当一个人心中有较强烈的群体本位倾向时，他就很可能为群体长远利益着想，并且愿意为群体长远利益服务。正是因为人心中具有群体本位的倾向，使得"为群体长远利益"不仅是"应该"的，而且是"可能"的。

人的群体本位倾向表现为人要超越个体的一种进化性的成长。道金斯的《自私的基因》⑤ 自 1976 年出版以来，风靡于无数个人主义者之中，很多人认为该书从生物学的角度证明了基因是自私的，因此，人在本质上是利己的，是个体本位的，人不可能是利他主义者，不会为群体长远利益服务。这些人往往忽略了该书的第十一章"觅母：新的复制基因"。在这一章里，道金斯讨论了人类的特殊性，"人类的一个非凡的特征——自觉的

---

① 关于原子主义等的观点，参阅 C. 泰勒（Charles Taylor）、M. 桑德尔（Michael Sandel）等人的著作。譬如，Charles Taylor, *Philosophy and the Human Sciences—Philosophical Papers 2*, Oxford：Cambridge University Press, 1985; *Sources of the Self—The Making of the Modern Identity*, Oxford：Cambridge University Press, 1989。

② A. 艾特索尼（Amitai Etzioni, 1929—　），德裔、以色列裔美国社会学家。

③ 参阅 Amitai Etzioni, *The Moral Dimension*, New York：The Free Press, 1988, p. 8。

④ 同上书，第 5 页。

⑤ Richard Dawkins, *The Selfish Gene*, 30th, Oxford：Oxford University Press, 2006。

预见能力"。① 生物的进化导致了主观意识的产生，在主观意识里，人可以模拟想象未来，因而使人能够具备"自觉的预见能力"。这种能力使人类可以超越生物基因的自私和短视，发展出超越即时个体的广阔视野。道金斯写道：

> 人类可能还有一个非凡的特征——表现真诚无私的利他行为的能力。……我要说明的一点是，即使我们着眼于阴暗面而假定人基本上是自私的，我们的自觉的预见能力——我们在想象中模拟未来的能力——能够防止我们纵容盲目的复制基因而干出那些最坏的、过分的自私行为。我们至少已经具备了精神上的力量去照顾我们的长期自私利益而不仅仅是短期自私利益。我们可以看到参加"鸽手集团"（"鸽手"是指和平友善的人——作者）所能带来的长远利益，而且我们可以坐下来讨论用什么方法能够使这个集团取得成功。我们具备足够的力量去抗拒我们那些与生俱来的自私基因。在必要时，我们也可以抗拒那些灌输到我们脑子里的自私觅母（"觅母"是指文化基因——作者）。我们甚至可以讨论如何审慎地培植纯粹的、无私的利他主义——这种利他主义在自然界里是没有立足之地的，在世界整个历史上也是前所未有的。我们是作为基因机器而被建造的，是作为觅母机器而被培养的，但我们具备足够的力量去反对我们的缔造者。在这个世界上，只有我们，我们人类，能够反抗自私的复制基因的暴政。②

---

① Richard Dawkins, *The Selfish Gene*, 30th, Oxford：Oxford University Press, 2006, p.200，中文参考卢允中与张岱云的翻译。

② 同上书，第200—201页，中文参考卢允中与张岱云的翻译。在其他学者的著作中，"觅母"有时被译为"米姆""模因"等。

人类的这种反抗自私基因的潜力在人的心理上是有所表现的。在本书"自由"部分中讨论过的"依附心理",就表现出人要超脱个体,要依附到个体之外的人际关系上的心理需要。这种心理需要可以为群体本位提供心理基础,使人在心理层面、在潜意识层面有动力要超越个体,要以群体为生存发展的本位。

除了心理需要,人的理性也在意识层面为群体本位提供了动力。人通过理性的分析,可以预见到群体的发展会对个体的生存产生的影响力。本书"自由"部分阐述了人类自由对个人自由的影响,人类自由是群体的产物,可以给个体带来更大的自由能力,譬如群体创造出的飞机轮船,使个体能够乘载其上,比那些没有飞机轮船的个体,有了更强大的生存发展能力。这种理性预见告诉个体,乘载于群体之中,个体能够获得更强大的生命力,因此,群体本位是对个体有利的理性结论。

在心理动力和理性动力的双重驱动之下,人很可能发展出"为群体长远利益"的情怀。在人类的历史上,在许多不同的文化中,都可以看到如此情怀的实例。不过,人有可能具备这种情怀,未必一定具有这种情怀。个体本位倾向和群体本位倾向,是同时存在的两股力量。在不同的个体心中,这两股力量的强弱各有不同。在不同的社会文化中,在不同的历史时期里,这两股力量也有不同的展现。有时个体本位会被认为是流行的价值,有时群体本位会被推崇为主流伦理。当一种本位成为某个群体中的主流价值时,这个群体中的成员会受到这种价值观的强烈影响,并引发成员间的一系列行为互动以及社会后果。

回顾西方的历史,在中世纪的欧洲,群体本位的倾向曾经非常强大,中世纪学者的社会结构理论认为,社会是由三个部分构成的:祈祷的人

（教士）、战斗的人（武士）、工作的人（农民、城市中的手工业者、商人等）。① 在这种社会结构理论的叙述中，个体的存在是以其在群体中的功能而定义的，教士的祈祷不仅仅是为了自己得救，而且被视为能使整个群体受益，武士的战斗也是为了保卫整个群体的安全，工作的人从事的活动更是为了给整个群体提供生存发展的产品和服务。这种社会结构理论是从群体本位的角度来解释世界，这种理论的叙述引导着人们以群体本位来进行思考和行动。

产生这种理论是群体本位倾向的反映，传播这种理论更进一步加强了社会的群体本位观念。中世纪之后，个体本位的倾向强大起来，很多中世纪后的现代理论思潮反映了这种转变，譬如崇尚个人自由的思潮和主张个人权利的理论，这些思潮和理论的流行，都不断地强化了个体本位的倾向。不过，西方在进入现代社会之后，也出现了一些倾向于群体本位的思潮和理论，譬如19世纪兴起的共产主义和20世纪涌现的社群主义。这些不同的思潮理论的此起彼伏、相互竞争，正显示出人心中固有的个体本位倾向和群体本位倾向两股力量的共存和较量。

在美国的历史上，个体本位和群体本位的两股力量共存过、较量过，它们之间的矛盾和互动对美国的政治产生了深刻的影响。美国著名的政治专栏作家迪翁的《我们分裂的政治心》② 描述了美国人心中的两种不同的核心价值：个人主义和社群主义。这两种价值在美国都有悠久的传统，个人主义崇尚个人自由、个人发展机会、个人自我表达的权利；社群主义强调社会责任和公民道德的重要性。这两种价值取向在美国政治史中都有所表现，建国初期汉弥尔顿等人的联邦主义和20世纪罗斯福总统重视民生

---

① 关于中世纪社会结构理论可参考11世纪文献，*Bishop Adalbero of Laon：The Tripartite Society（1050）*。

② E. J. Dionne，*Our Divided Political Heart*，New York：Bloomsbury，2012.

福利的"新政",是社群主义取向的例子。19世纪初杰弗逊总统力挺的个体自由农民的发展战略和20世纪里根总统的新自由主义政策,则是个人主义取向的例子。在历史上,这两种价值取向虽然有此消彼长的斗争,但基本上都能保持一定的平衡。在社群主义占上风时,仍能给个人主义留有余地;在个人主义占上风时,也能给社群主义留有余地。迪翁指出,兴起的茶党运动却打破了这种平衡的传统,他们全面否定社区责任,把个人主义取向推向激进狂热的极端。这种对个人主义价值的过度崇拜,给美国社会造成很大伤害。

群体本位式微、个体本位独大的状况会对现代化的复杂生产系统产生不利的影响。尤其当现代化生产变得越来越庞大复杂、越来越需要个体的复杂合作以及群体的共有资源的时候,社会对群体本位倾向的需要也会越来越大。首先,这种需要表现在生产和使用复杂产品方面,那些复杂的机械、巨型的设备、庞大的系统,不仅需要群体合作来生产,而且需要群体配合来操作使用,这些合作和配合都需要群体本位。其次,这种需要还表现在对资源的配置方面,现代化的生产和生活对资源能源的消耗越来越大,人口的增加更进一步加大了消耗量,而地球上的资源能源是有限的,如果以个体本位来进行消耗,人类的发展将陷入不可持续的资源耗竭困境,只有从群体本位的角度理性地配置资源,才能够使人类的生存发展可持续。与此相关的还有环境问题,现代化也给自然环境带来了越来越沉重的污染压力,个体本位很少考虑超越个体所能感受到的环境影响,群体本位才能从更广阔的范围、更长远的角度来处理环境问题,才能够维持可持续的人类生存环境。

除了自然环境之外,从人的社会生存环境来看,现代社会也需要人有较强的群体本位倾向。虽然现代人的生活质量变得越来越好,但独立生存能力却变得越来越差,越来越需要依赖群体才能够生存。譬如,现代人的健康状况和预期寿命要比传统社会中的人好得多、长得多，这是因为现代人能够享受优质的医疗服务，这样的服务系统是一个巨大的群体组织，由医疗财务体系和各种专业的医生医院所构成，个人正是依赖了这样的群体组织，才能获得现代人的高质量生活和健康。群体本位可以有助于这样的群体组织运作。随着科技的进一步发展，这样的群体组织很可能变得更加复杂，就更加需要群体本位的协调。

对于如何运作复杂的群体组织系统，新自由主义坚持了个体本位的看法，他们除了认为应该实行以个人权利为中心的西方民主制，还认为应该用"市场"手段来进行社会资源的配置运作。所谓市场，就是个人在市场上以个体本位来追逐个人利益的最大化，由市场的无形之手在无数的市场个体参与者之间做出协调，实现资源的最有效配置。关于这种以个体本位运作的市场会给社会发展带来的影响，是本书下一部分阐述的中心内容，因此暂不在此讨论。

优主政治的优贤执政体制则强调要用群体本位的思路来解决运作复杂系统的问题，从群体的大视野来作分析、安排和处置，而不是从个体、局部、集团的角度来考虑和运作。这种思路的核心是群体本位的大视野，不仅与个人主义的个体本位不同，也与各种"阶级主义""集团主义"的集团本位不同。当用这种大视野来分析复杂系统、衡量利弊得失、协调处理各个部分之间的关系的时候，执政者必须立足于整合的群体，而不是其中的一个部分。既不是其中的上层精英，也不是其中的底层大多数；既不是某个地区的人，也不是某个行业的人；既不是某个民族，也不是某个阶级……而是整合的群体。这种群体本位的大视野，既有别于个体本位的小视野，也有别于集团本位的中视野，此处所谓的"集团"，是指阶级、阶层、民族、宗教团体、政治派别等。

视野是一种分析问题的视角，当以集团本位的中视野来分析问题的时候，会把为某个集团的利益服务视为根本原则、根本目的；当以群体本位的大视野来分析问题的时候，即使是为群体中某个集团的利益服务，也不是把这种服务视为根本目的，只是把这种服务视为一种手段，其根本目的是群体的长远利益，给某个集团提供服务只是为了使这个集团能够更好地为群体服务。这两种不同视野的分析视角，可以通过"为底层服务"的例子来说明。如果把"为底层服务"视为根本原则、根本目的，这种视角就是集团本位的中视野，因为它把群体分割成不同的阶层，并从阶层本位的角度来看各个阶层的利益。

如果把"为底层服务"视为实现群体长远利益的一种手段，这种视野就是群体本位，在这样的视角下，为群体的一个部分服务的目的，是为了使这个部分能够更好地为群体的长远利益服务。就像人保养自己的脚，为脚提供各种保健服务，其根本目的并不是为脚服务，而是要保养好脚，使脚能更好地为人的整体服务。如果优主体制提倡以为某个阶级服务为根本目的，无论这个阶级是少数精英（譬如资产阶级），还是多数大众（譬如工农阶级），都有可能导致群体本位意识的淡化，使社会分裂和制度瓦解。

西方民主制强调"代表性"，这种"代表性"的概念是个体本位的概念。在"代表性"概念的指导下，民主制建立起"代议制政府"（representative government），公民选举自己的代表在议会中行使权力，这样的政府被定义为具有"代表性"，是"民主"的。关于如何衡量"代表性"，主要有两种观点。一种是"比例代表制"（proportional representation），强调权力机构中席位的成分比例要和社会中人口的成分比例相同，譬如社会人口中的工人比例是 30%、商贩比例是 15%，权力机构中就应该有 30%的工人代表和 15%的商贩代表。另一种是"多数制"，强调权力机构要由社会中的多数派的代表控制，譬如某党在大选中获得多数选票，这个党就成为执政党。

这两种观点都是从个体本位的视角出发，以个体本位来分割群体，划分不同的阶级，划分多数少数，要求群体的权力机构来代表这些分割的利益。但是，群体的长远利益很可能与这些分割的利益相冲突。这种冲突不是指被分割的各派之间的利益冲突，而是在超越个体本位的群体大视野下的冲突。譬如，张三和李四是被分割的两派，张三的利益是要填湖造田，李四的利益是要在湖中捕鱼；在个体本位视野下，张三和李四之间有利益冲突；在个体本位视野下要解决利益冲突，往往是让张三和李四都获得一些个体本位的利益，如让张三填一半的湖，让李四在另一半湖中捕鱼。群体本位的视野与此不同，是从群体长远利益的角度来审视张三李四的活动会造成的影响，填湖和捕鱼很可能对群体的自然大环境都会造成不良影响，因此为了群体的长远利益，既不能填湖，也不能捕鱼，张三和李四都要在群体利益的大视野下重新进入其他行业。

当强调"代表性"的时候，对利益的思考就会囿于个体本位，会根据所代表的个体派别的利益来思考，这正是群体本位的思考要避免的小视野。"代表性"把群体原子化，就好像把一座大厦看作一大堆砖头，忽视了大厦作为一个整体而具有的超越砖头的本质和价值，同样数量质量的砖头可以砌成结构完全不同的大厦，有的高雅精良，有的粗俗恶劣。不同的大厦不仅具有整体的不同性质，其整体的性质还会对其中的个体产生巨大影响，设计良好的大厦能够持久挺立，其中的砖头也能够经年累月长存，构造不良的大厦很可能被风雨损毁，其中的砖头也将因此粉身碎骨。正如本书"自由"部分中阐述过的"人类自由"对"个人自由"的影响，群体的人类自由可以给个体带来更大的自由能力、生存能力、发展能力。

对于优主体制来说，立足群体本位只是第一步，更大的难题是如何才能准确地判断和实现群体的长远利益。当张三李四为填湖捕鱼争执的时候，优贤执政者需要能够超越填湖捕鱼的问题，而认识到更为广阔的环境问题，甚至比环境更为宏大深刻的问题。认识个体的短期利益容易，因为只需要理解目前的状况；认识群体的长远利益就困难得多，因为需要有高瞻远瞩的目光，需要有预见未发生事情的能力。一位优贤执政者，既需要具备群体本位的道德以超脱个体本位的私利，也需要具备判断长远利益的智慧能力，以便为群体设计出更好的大厦结构，使群体能够获得更多的人类自由。

"为群体长远利益"是一个理想的目标，是符合理性的人类生存发展的目标。追求这个目标不仅是"应该"的，而且也是"可能"的，不过，实现这个目标并不容易，需要有群体本位的贤德，需要有高瞻远瞩的优秀智慧能力。西方民主建立在肯定个人自由和个人权利的价值体系上，这种体系非常契合个人主义的思潮，又由于西方民主把"个人权利"和"人民统治"进行了非理性的概念焊接，使得个人主义可以堂而皇之地占据"人民利益""人民意愿"的道德制高点。在这样的环境中，个体本位倾向泛滥的可能性很大，个人可以认为自己的利益就是人民群体的利益，自己的意愿就是人民群体的意愿，从而抹杀群体本位的概念，使群体本位倾向难以生存。在群体本位意识欠缺的政治体制中，"为群体长远利益"的理想较难实现。优主政治是从群体本位出发，"为群体长远利益"是其价值核心，选择执政者也是以此为标准，因此，优主政治在制度结构上为实现这个理想提供了条件。

二、"为群体长远利益"的多元化道路

关于"民主"和"群体长远利益"之间的矛盾，熊彼特很早就意识到了，并且做过精辟的分析，他的着眼点是"共同善"（the common good）

和"人民的意志"（the will of the people）。"共同善"是政治学中一个重要概念，是指一种能够被群体中所有成员都共享的好东西。民主主义者认为，通过民主程序做出的政治决定能够实现群体的"共同善"，体现了人民的意志。但是熊彼特对此提出了质疑，他的质疑主要集中在三个问题上。第一，群体中所有人都一致认同的"共同善"是不存在的。第二，即使所有人都认为某样东西对大家有"利"，但这个"利"究竟是应该以现时之"利"为准呢，还是以未来之"利"为准？这一点难以获得群体中所有人都一致赞同的意见。第三，基于上述两个问题，"人民的意志"也就不可能存在。① 熊彼特的三个质疑成为民主理论中的三大难题。

用个体本位和群体本位的概念框架来分析熊彼特的三大难题，可以看到这三个问题之所以难解，是因为西方民主制中的强烈个体本位倾向。西方民主崇尚个人自由、个人权利，以个人本位来确认意志和利益。这些个人本位的意志和利益彼此间是会有差异的，甚至很可能对立冲突，因此遵从了一部分人的意志，维护了一部分人的利益，就会违反另一部分人的意志，损害另一部分人的利益，使得"共同善"和"人民意志"难以形成。但如果在一个强调群体本位的社会中，熊彼特的难题就很有可能解决。当一个群体中的成员都具有强烈的群体本位倾向的时候，他们对"共同善"就比较容易达成一致的意见，也会比较重视未来的长期利益。

优主政治中的"群体长远利益"是和"共同善"很近似的概念，优主政治不崇尚个体本位的个人权利，而是提倡从群体本位的角度来思考社会问题，使得"为群体长远利益"可以成为不受概念矛盾困扰的核心价值。群体本位的思路还使"人民意志"的问题易于解决，熊彼特在分析人民意志的时候，是把人民视为无数个体的简单聚合，是用个体本位的方

---

① Joseph A. Schumpeter, *Capitalism, Socialism and Democracy*, Third Edition, New York: Harper Perennal Mordernthought, 1950, pp. 251-252.

法。正如社群主义不把社群视为个人的简单聚合，而是视为个人与群体的一体化存在，用群体本位的思路，人民也可以被视为一个一体化的存在。人民中的个人虽然各不相同，但他们通过一体化的结合形成了"人民"这个群体。人民的意志可以被视为这个一体化群体对自己生存发展的认识和追求，而群体长远利益恰是这种认识的表现。

西方民主陷入熊彼特难题的困境，除了因为"个体本位"和"群体本位"的概念矛盾，还因为程序定义和结果定义的定义混淆。西方民主对民主体制作了双重定义，一重是程序方面的定义，另一重是结果方面的定义。程序方面的定义是选举制、多党制、三权分立等；结果方面的定义是"人民的政府，属于人民，为人民"，实现"共同善""人民意志"等。本书前面的章节已经从实证经验方面检验过西方民主程序并不能保证产生"为人民"的结果，熊彼特更是从逻辑理论方面指出了问题。

为了回避在实践中的"程序"和"结果"的矛盾困境，西方民主采取了"重程序、轻结果"的方法。在流行的西方民主话语中，判断一个国家是否"民主"，只是看其是否实行了民主选举、是否实行了多党制等的程序，而不检验其是否实现了"为人民"的结果。相反，如果一个国家实现了"为人民"的结果但没有实行选举制和多党制的程序，西方民主话语也仍然会把这个国家称为"专制国家"。

这种"程序决定论"的方法会产生两个问题。第一个问题是程序导致的游戏规则的简单化和僵固化。当民主被设置为程序的时候，整个社会的政治生活就被纳入了一套游戏规则之中，譬如投票的规则、立法的规则、弹劾的规则等，要实行民主，就要遵守这些游戏规则。但是，人类社会的政治生活是复杂的、变化的，它不像是人造的游戏可以被人为地简单化、固定化。譬如篮球是一个人造的游戏，它有一套人为制定的程序规则。这套规则适用于人为界定的游戏，因为这样的游戏有清晰固定的活动范围：固定的投篮目标、固定的参与人数、固定的场地边界……在这个固定的环境中，已制定的程序规则被所有参与者认为是公正的、正当的，因此篮球游戏能够可持续地进行下去。但是，人类社会的政治生活并不是一个固定的游戏，它的参与人数、场地边界、内在活动都会不断变化，它的目标更不是单一固定的，某些时候有人会认为 A 是政治目标，某些时候有人会认为 B 是政治目标，多种多样，五花八门。在这样一种不固定的游戏中，采用固定的游戏规则就会产生很多问题。最初被认为是公正、正当的游戏规则，以后很可能被众多参与者认为是不公正、不正当的。这就使得这种规则无法可持续，使由程序规则定义的"民主"失去了可持续的基石。

第二个问题在体制内生的异化方面。当一个体制最初制定程序的时候，这些程序很可能是为了实现一个被认为是正当的目的，并采用了被认为是正当的手段。但是由于人性中的自私、贪婪等因素，社会中往往会有一些聪明而自私贪婪的人想方设法寻找程序中的漏洞，发展出能为不正当的私利服务的附加程序。譬如美国的超级政治行动委员会就是利用了自由言论、游说、竞选等程序中的漏洞，来为小集团的私利服务，而损害了"为人民"的大目标。一种体制的原始程序存在的时间越长，其衍生出的附加程序也会越多，这些有违最初正当目的之附加程序，会最终颠覆整个程序的正当性，就像美国目前的体制程序被许多人认为是为 1% 的人服务的程序。这样的程序在许多人心中已不再是"为人民"的"民主"，即使这种程序可以继续存在，其内含的民主定义也不可持续了。

西方民主话语的"程序决定论"，不仅用在了对国家民主性质的判断方面，还迂回地用在了对民主结果的推断方面，把未经检验的结果，蒙混理性地焊接到程序上。流行的西方民主话语给民主附加了很多明示或暗示的内容，譬如，民主是人民作主、民主是人人**自由**、**民主**是人人平等……在这样的语境中，民主被理解为，只要实行了民主选举程序，所有的附加内容就都可以实现了。这使得民主登上了道德制高点、理想制高点，这种制高点可以激发人们浪漫的幻想。启蒙运动宣扬了"人生而自由""人生而平等"的未经证实的假设，浪漫主义运动更进一步承诺民主政体将造就人人自由、人人平等的理想社会。如此的幻想可以使人激情澎湃、浪漫陶醉，却是远离客观现实的。在本书的"自由"部分，已对"人生而自由"进行过详细的讨论，此处需要对"人生而平等"也进行一些分析。

人不是"生而自由"的，也不是"生而平等"的。人生而不平等的一个重要原因是天生的体质差异，生而不平等的体质差异现象在绝大多数生物中都可以观察到。在有些生物中，这种体质差异更为深刻，以至于这种差异先天地决定了个体在群体中的社会地位，蚂蚁蜜蜂就属于这类生物。工蜂、雄蜂、蜂后的体质有器官性的差异，这种差异决定了它们在群体中的社会角色地位，也决定了整个群体的社会结构。蜂社会分为三个阶层：工蜂作工、雄蜂交配、蜂后生育。在这样的社会结构中，结构不可能改变，角色也不可能改变，不平等的结构和不平等的角色是先天固定的。工人、情人、皇后的角色由生理器官决定，工蜂的器官特点决定了它作劳苦工人的角色，使它无法改变地位去作游手好闲的情人，或者去作专职生育的皇后。

人类的体质差异不像蜂和蚁那样绝对，人有相同的器官[①]，只是器官的质量有所不同。这种同器不同质的差异，使人类群体的社会结构和角色分工都有了弹性。虽然人类社会中的结构和角色是不平等的，但不平等的内涵是可以变更的，人类社会可以从一种不平等的结构变化为另一种不平

---

① 人的性器官虽有性别的差异，但在同性之中，性器官是没有"器官性"差异的，异性之间的其他器官也都是基本没有"器官性"差异的。

等的结构，其中的成员也可以从一个不平等的角色转换为另一个不平等的角色。在人类社会中，个体的角色可以升降移动，群体的结构可以调整转型，因而可以适应环境等内外因素的变化，为实现群体长远利益的更大化提供了更大的空间。蜂和蚁的不平等角色是先天外在决定的，人类的不平等角色则可以由人类自己决定。这种自我决定的可能性，给人类的发展提供了机遇，但也提出了挑战，它挑战人类的智慧，挑战人类自我治理的能力。

这种挑战尤其表现在三个方面，第一，由于人类的器官基本相同，人很容易接受"人人平等"的浪漫理想，因而会反抗不平等的社会结构，使群体经常受到不稳定的威胁。第二，是否能够根据群体中各成员的不同素质条件以及群体面临的环境等因素，不断构建出对群体长远利益更为有利的社会结构，这是对群体成员，尤其是领导者的智慧的挑战。第三，由于社会结构中各个角色是不平等的，如何使大多数成员认同这种不平等结构的正当性，并愿意扮演各自的不平等角色，就需要群体能够形成共识，这是对人类自我治理能力的挑战。

现代社会给这种挑战染上更为特殊复杂的色彩。首先，"人人平等"的观念在现代社会中非常强烈，启蒙主义运动，浪漫主义运动，以及后来的一系列人权运动，已经使得"人人平等"成为大多数人的坚定信念，尽管这种信念是建立在未经理性实证的思维基础上，是未经测试的"内构现实"，但也显得是"不可动摇"的。其次，现代社会的发展和变化极其快速，机械化、自动化、信息化……使得社会生产、社会分工、社会结构复杂而多变，这些又带来了新的不平等因素。譬如，机械化之前，大家都从事手工劳动，机械化之后，就产生了一系列不同的角色分工：机械操作者、机械制造者、机械设计者、机械管理者、机械生产的金融服务者……这些不同的角色，都含有不平等的因素。如果不平等发展成为两极分化式的对抗，会对群体和个人都造成伤害；寻求不平等的多角色和谐共存，才能有利于群体的长远利益，如何构建这种和谐共存，是对群体智慧和领导者能力的考验。现代社会处在快速不断的变化之中，应对挑战的考验将是多种多样的，固守一种程序来应对多变的挑战将导致失败，成功之路在于灵活调整，创新进取。

在人类世界中，存在着许多群体，他们的自然环境各有不同，他们各自的历史文化传统也不相同，他们可以有"为群体长远利益"的相同目标，但他们实现目标的道路各不相同。他们可以发展出不同的社会结构、不同的运作程序，这正是人类多元化的特征，这种多元化给人类整体的发展提供了更多的机遇。蜂蚁群体被固化为一种社会结构、一种运作程序，人类则可以有不断的更新变化，在多元中发展进化。

即使是"重程序"的人类社会体制，若要适应变化的环境和内生的问题，也需要对自己的程序做出调整，固守一成不变的程序，将会落入颓败没落的境地。如果西方式民主国家执意要坚持一人一票的选举程序，为了适应环境的改变，为了克服内生的异化，为了面对外部的竞争，也需要在程序的细节上进行多元化的变通改革，否则将陷入"政治衰退"的困境。在多元化的改革过程中，民主制也可能发现一片新天地，为民主的继续进化开拓新方向。君主制和民主制都有强烈的程序决定取向，君主制的核心程序是世袭，但在世袭程序的细节上，也有过多元的变通。各国的世袭程序规则不同，同一国家的世袭程序规则也会改变，譬如长子继位、不拘性别的长嗣继位、不拘长幼的父王指定等。民主制的核心程序是选举，自从民主制产生以来，选举的程序规则也有过不少的变化，譬如对于选举者的资格（性别、种族、财产、教育背景等的限制）和选举的方法（竞选财务、募金方式等的规定），各国在不同时期有过不同的规则。由此可见，即使是程序决定取向，程序也还是要有所变通的，否则难以持续。

　　过于偏重程序的政治制度在实践中造成的问题，也引起了西方民主体制内一些学者的注意，尤其是参与实际治理的人士，他们提出了替代的方法。譬如，法国学者卡蓝默在论述"治理革命"时提出了"伦理原则替代规则"的治理方法。① 由于现实中的具体情况往往很不相同，若用统一的"规则"来实行治理，就会发生不合宜的问题，也会遭到"被治理"的民众的不满和抵制。如果用伦理来替代规则，用原则来替代程序，这种问题就可以减少很多。卡蓝默提出："我们只需把'共同指导原则'作为统一性，而'个别'解决办法作为多样性来处理。"② 他还进一步提出"主动辅助"的概念："正是在1992年前后，在比较分析了各种各样的成果之后，我提出了主动辅助性的概念。所谓主动性，即提出具体解决方案责任属于最基层；辅助性即指对每一个地方层次，不能完全任其自主地采取行动，而是要符合一定的共同指导原则。"③ 这种用"伦理原则替代规则"的治理观念，与中国的"德治"传统具有相同之处。

　　伦理是通过社会共识达成的，而不是通过某种固定、法定的程序达成的，达成社会共识可以有多元多样的途径。强调用伦理道德作为指导原则来实行治理，就可以解决灵活性和更新能力的问题。正如卡蓝默所说的"原则的普遍性和解决办法各异"，在伦理原则的指导下，人们可以灵活地形成各自不同的解决方法，也可以在大环境发生巨变时，主动地探索新的出路，甚至新的原则。

　　优主政治是一种重伦理原则、重实践结果的体制。"为群体长远利益"是伦理原则，也是衡量实践结果的标准。在选择优者贤士的时候，使用这种伦理原则；在衡量执政结果的时候，使用这种政绩标准。优主政治

---

① 　皮埃尔·卡蓝默：《破碎的民主》，北京：生活·读书·新知三联书店2005年版。
② 　同上书，第106页。
③ 　同上书，第107页。

不是程序取向，而是目的取向、结果取向。这种取向为创造多元多样的程序提供了广阔的空间，条条大道通罗马，不必局限在一条道上。这也为程序的改良和更新提供了正当性的保证，不必在更改程序时承受"不正当"的指责。对程序的不断改良和更新可以使程序更好地为目的服务，使目的能够在变化的环境中可持续地实现。多元化的程序为优主政体带来了灵活性和进化性，使它能够在多元中不断地寻求改进、追求进化。实行优主政治的不同国家，可以根据各自不同的环境、历史、文化等特点，创造出适合自己的程序，并在发展变化中不断优化自己的程序，以便更好地实现"为群体长远利益"的结果。

"为群体长远利益"是优主政治的原则，认同这个原则不太困难，但要真正实现这个目标，就不是一件容易的事情。从判断和识别群体的长远利益，到制定政策方法来追求这些利益，再到最终实现这个目标，需要复杂而艰苦的工作，需要解决一系列的难题。在这一系列的难题之中，有一个无可回避的重要问题是资源配置。资源和利益密切相关，利益的实现需要资源作后盾，而资源是有限的，如何配置社会资源才能更有利于群体长远利益呢？这个问题是本书下一部分讨论的主题。

第三部分

市场理性的变迁及理性的解决方法

第七章　温饱后的市场质变

一、温饱前的市场观念

如何配置社会资源，才能有利于群体的长远利益呢？启蒙运动思想家亚当·斯密在 18 世纪给出了一个影响深远的答案：让市场的无形之手来配置资源。他认为，个人只需要在市场上追逐自己的个人利益，市场就可以通过无形之手把资源配置得有利于社会利益。他写道，个人在市场上的逐利行为会"受一只无形之手的指导，达到一个并非这些个人本意想要达到的目的。……往往他们追求自己的利益，能够达到促进社会利益的目的，而且比他们有意追求社会利益时更有效率"①。

斯密的无形之手比喻被后来的自由主义经济学家发挥到极致，成为经济自由主义的核心概念。经济自由主义主张政府不应该干预经济活动，认为在不受干预的自由市场中，个人可以不受干扰地依据自己的理性来追逐自我利益，其结果是可以更有效率地配置资源，使供给和需求产生最佳的效果，最终可以促进社会利益。因为，个人最知道自己想消费什么东西，他们在自由市场上发出消费需求信号，当某种商品的消费需求增大，该商

① Adam Smith, *Wealth of Nations*, ed. Kathryn Sutherland, Oxford University Press, Oxford, 1998, p. 292. 《国富论》中文版参考郭大力、王亚南的翻译，南京：译林出版社 2011年版。

品的价格会被推高，生产该商品的利润回报就会增加，追逐自我利益的理性自然会使生产者把更多的资源投入该商品的生产；当该商品的供给增加之后，其价格会降低，利润回报会减少，生产者自然也会逐渐减少对该商品的投入，转而把资源投入其他需求大、价格高、利润多的商品。如此基于个人逐利的理性而形成的资源配置，正是无形之手通过自由市场的价格机制所造就的，最终使消费者得到了想消费的东西，使生产者得到了想获取的利润，使经济发展，使社会富足。

无形之手的资源配置在 19 世纪的欧美经受了检验。虽然 19 世纪的资本主义世界经历了多次经济危机，但整体经济在克服危机的过程中不断地繁荣发展。经济自由主义者把这种克服危机的过程视为市场调整，认为是无形之手通过危机中的价格起伏来调整资源的配置，把资源从过剩之处导出，输送到不足之处。进入 20 世纪，资本主义世界在 30 年代经受了一次史无前例的经济危机，在大萧条的压力之下美国政策开始转型，从"不干预"的自由放任主义转为政府加强对市场干预的"罗斯福新政"，无形之手因而受到了政府干预的约束。

第二次世界大战之后，美国继续实行凯恩斯主义的政府干预政策，美国也因此经历了近 30 年的经济繁荣发展，极少发生危机，直至 20 世纪 70 年代。当时由于石油价格的暴涨，经济停滞和通货膨胀忽然同时来临，造成了前所未有的"滞胀"现象。对于这个"滞胀"问题，凯恩斯主义显得束手无策，新自由主义因而崛起。在 20 世纪 80 和 90 年代，许多"罗斯福新政"时代制定的对市场进行管制的法律被废除，被束缚的无形之手获得了大解放。"去管制"很快成为席卷美国和全世界的大潮，这股放任市场自由、任由无形之手肆意拨弄市场的大潮汹涌了 30 年，最初带来了繁荣，最终却酿成了 2008 年的金融海啸，给西方世界带来了自大萧条以来最为严重的经济危机。

西方世界三四百年的经济发展历史跌宕起伏、错综复杂，伴随经济发展又产生了史无前例的社会变化，在这复杂的变迁之中，无形之手究竟扮演了什么角色呢？其角色是始终如一的吗？其角色有没有受到社会变化的影响呢？

二、温饱后的市场实践

近三四百年的西方经济发展带来的一个不可忽视的社会变化是温饱问题的解决，在丰裕社会中，人们已经不再受温饱匮乏的威胁。这个变化既是无形之手促成的，也对无形之手的运作产生了深远的影响。千万年来，温饱匮乏一直是困扰人类生存的主要问题，资本主义市场经济推动了经济发展，无形之手高效率地为解决这个问题做出了卓越贡献，促进了社会利益。随着温饱问题的解决，一些与无形之手运作相关的因素也发生了变化，使无形之手的特性因此发生了质变。

在市场经济中，消费需求是牵动无形之手运作的重要因素。将温饱前的贫困社会和温饱后的丰裕社会进行比较，可以观察到相关的消费模式存在着一个显著的区别。在贫困社会里，生活必需品的消费在总消费中所占比例很大；在丰裕社会里，生活必需品的消费在总消费中所占比例较小。因为在丰裕社会中，人们的温饱问题已基本解决，大家只需要用收入的一小部分来购买生活必需品，较大部分的收入是用在比满足温饱的生活必需品更高级的消费方面。这种现象可以从恩格尔系数的变化中看到。

恩格尔系数指示的是食品消费支出占总支出的百分数比重。① 在达到温饱满足水平之前的社会中，恩格尔系数往往会高达60%以上，六成以上

①　恩格尔系数也可以被定义为食品消费在总收入中的比例，不少文献引用恩格尔系数时没有明确注明是食品消费支出在总支出中的比例，还是在总收入中的比例。

的消费支出要花费在食物方面，而达到中等收入之后，恩格尔系数就会降低。根据联合国粮农组织的标准，恩格尔系数高于59%表示贫困，50%—59%是仅够温饱，40%—49%是中等生活水平，30%—39%是宽裕生活，低于30%则是富有的生活。① 从历史发展的角度来看，西方国家的恩格尔系数展现了从贫困到丰裕的变化。

在19世纪的大部分时期，许多西欧国家的恩格尔系数都在60%以上。② 当恩格尔③在1857年发表其著名的有关恩格尔系数论文的时候，比利时一般家庭的恩格尔系数是在60%以上。恩格尔使用当时搜集到的比利时153个家庭的收支数据来计算恩格尔系数，这些家庭的收入状况被分为低中高三组：最低组是需要依赖公共援助的穷困家庭，中等组是不依赖公共援助但收入仅够维持生活的家庭，高等组是生活状况舒适的家庭。这低中高三组的恩格尔系数分别是70.9%、67.4%、62.4%，都在60%以上。④ 进入20世纪，西方国家的恩格尔系数有了很大改进，譬如在1900年至1910年间，美国家庭的食品支出（包括烟酒）在总消费中的比例是在40%—45%之间，到了1920年代，此比例已降为30%或以下。⑤ 1996年的恩格尔系数，美国是9.73%，德国是13.09%，墨西哥是26.63%。⑥

恩格尔系数的变化折射出人们消费结构中生活必需品比重的改变，虽

---

① 关于恩格尔系数与贫富标准信息，参阅中国国家统计局局长马建堂文章（http://news.xinhuanet.com/fortune/2012-06/20/c_123307886.htm），以及上海市统计局网站信息。

② 由于缺乏详细的统计数据，恩格尔系数的历史资料很少，尤其缺乏19世纪的资料。

③ E.恩格尔（Ernst Engel, 1821—1896），德国统计学家。

④ 关于恩格尔的比利时数据，参阅 Manisha Chakrabarty（Indian Institute of Management Calcutta, India）和 Werner Hildenbrand（University of Bonn, Germany），"Engel's Law Reconsidered"，德国波恩大学论文，2009。

⑤ 参阅 Stanley Lebergott, *Consumption Expenditures: New Measures and Old Motives*, Princeton: Princeton University Press, 1996。

⑥ 参阅 Anne Murcott, Warren Belasco, Peter Jackson（editor）, *The Handbook of Food Research*, Bloomsbury Academic Publishing, 2013。

然有些食物未必是生活必需品，而有些非食物是生活必需品，但是恩格尔系数仍可视为很有参考价值的指数，可反映生活必需品的消费比重。恩格尔系数的降低显示，当社会从贫困变得丰裕之后，生活必需品的消费成为总消费中的小部分，非生活必需品的消费成为总消费中的大部分。这种消费结构的改变会对社会发展产生影响吗？这种影响对群体的未来利益是有利还是有弊呢？

要想回答这个问题，首先必须分析生活必需品的消费对未来发展产生的影响、非生活必需品的消费对未来发展产生的影响，以及两者之间的差异。生活必需品消费的影响比较简单，一般来说，消费生活必需品会对未来发展有利，因为生活必需品是维持生存的必要条件，而生存是发展的基础，没有生存也就不可能有发展，不可能有未来。但非生活必需品的消费对未来发展的影响相当复杂，有的有利，有的不利，有的甚至会有害。譬如教育的消费是对未来发展有利的，买名牌手袋的消费对未来发展就未必有利，消费高污染的产品对未来发展更会是有害的。

因此，以生活必需品为主的消费结构，一般来说会对未来发展有利。而以非生活必需品为主的消费结构对未来发展的影响，则需要做进一步的分析。如果其中对未来发展有害的成分很大，就会对未来发展不利；如果其中对未来发展有利的成分很大，就会对未来发展有利。在贫困社会时代，由于消费结构是以生活必需品为主，由如此消费结构形成的市场需求，由如此消费结构拉动的经济发展，多数表现得对未来发展有利，能够推动社会的繁荣发展。但当社会进入丰裕时代，消费拉动对未来发展的影响就不会这样简单，如果消费结构中对未来发展有害的成分很大，这样的消费拉动很可能给未来发展造成种种陷阱；而如果消费结构中对未来发展有益的成分很大，则可以如虎添翼般地使未来发展更上一层楼、更攀新高峰。

在温饱问题没有解决的贫困社会里，由于消费结构中的大部分需求是生活必需品，无形之手根据这样的需求信号来配置资源，是可以如斯密所言"有效地促进社会的利益"。斯密生活在18世纪的英国，那时英国和其他西方国家都还没有解决温饱问题，没有进入丰裕社会，因此斯密得出这样的无形之手结论是可以理解的，这个结论在19世纪能够保持"正确性"也是可以理解的。但是，当丰裕社会来临之后，无形之手的行为就变得相当复杂，它未必一定能够"有效地促进社会的利益"，只要举出最近在丰裕社会发生的几个例子，就可窥见一斑。

第一个例子是房地产泡沫。房屋与温饱相关，人的生活必需品包括一定数量的房屋，但是超过一定数量的过大居住面积就是非生活必需品了。在丰裕社会中，很多人拥有了作为"必需品"的房屋之后，仍会随着惯性，追求越来越大的住房，继续发出市场需求信号。无形之手不能意识到人们的这种过度消费是非理性的，仍然会随着消费需求信号把过量的资源引入房地产，最终吹出巨大的泡沫。这个泡沫是美国次贷危机的源头，是日本、爱尔兰、西班牙等国跌入危机和经济困境的重要推手。

第二个例子是电脑、手机等电子产品工业的兴起。这些电子产品工业的兴起，以及随之带动的互联网等信息产业的发展，一直被视为市场无形之手的成功之作，它促进了新兴产业，推动了结构转型，促进了经济增长。不过，认真分析电子产品工业和信息产业的兴起过程，却可以看到无形之手扮演的角色并不是最关键的。不可否认，当消费者对电脑、手机、互联网表现出巨大消费热情的时候，是无形之手把大量资源引入了电子产品工业和信息产业，使这些产业能够突飞猛进地发展，但是无形之手并不是促成电子产品诞生的根本因素。

什么是促成电子产品诞生的根本因素呢？科学家指出是量子力学。美国加州大学的物理教授撰文分析电子产业得以兴起的根本原因，写道："没有量子力学，就不会有今天的'信息时代'。"[①] 物理学家是在一百多年前开始研究量子力学的，当时他们并不是受市场无形之手的驱动，他们是为了要认识宇宙的基本原理，要理解微观世界的规律，才进入电子世界。无形之手一般不会驱动资源去进行基础科研，然则，一旦发现基础科研的某些成果可以利用来生产某种有利可图的消费品，无形之手就会介入。基础科研是探索基本规律的，当一种规律被认识之后，会开启一道利用这种规律为人类需要服务的大门，而当这种服务转换成一种可以消费的商品之后，无形之手就开始活跃起来，把滚滚资源配置到生产这种商品的行业中，无形之手一般不会给实用消费价值仍然渺茫的研究项目配置资源。基础科学研究是对宇宙基本原理的探索认识，将会对未来的发展产生深刻而巨大的影响，不过，具体影响将会是什么，市场难以预测，无形之手发不出信号，市场也不会自动配置资源。无形之手擅长发出的信号，是能够及时消费的东西，是可以快速获取利润的产品。

第三个例子是金融创新产品的蓬勃崛起。自 20 世纪 90 年代以来，美国的金融产品创新十分活跃，这些产品在市场上给创新者带来了快速而巨大的利润回报。从次贷债券到各种奇异金融衍生品，这些创新产品都受到了无形之手的配置惠顾，获得了巨额资源，这些年来金融业在美国 GDP 中的比例增加迅猛，正反映了无形之手的这种资源配置取向。金融创新产品的崛起一方面使美国的经济在短期内获得了增长，另一方面又给金融海啸埋下了导火线。金融海啸深深地损害了美国以及其他许多国家的社会群

[①] 参阅 Ian P. Bindloss，"Contributions of Physics to the Information Age"，http：//www.physics. ucla. edu/~ianb/history/。

体长远利益，无形之手做出的这种资源配置，显然与"有效地促进社会的利益"是南辕北辙的。

从以上三个例子可以看到，在温饱问题解决之后，当非生活必需品的消费比重加大之后，市场消费信号呈现出了复杂性，无形之手的运作表现出了异于贫困时代的特性。不过，面对无形之手的这个变化，很多人却表现得视而不见，执着于以前形成的固有观念。他们不愿意随着现实的变化而修正观念，对市场自由、无形之手固守一成不变的持恒观念。社会环境和无形之手之间发生互动变化本是很正常的现象，为什么不能引起人们相应的观念改变呢？

对于持恒观念的现象，心理学的解释是，人为了避免"认知失调"的不愉快情绪，往往会抵制与自己固有的"内构现实"相异的新观念。①经济学家加尔布雷思②则从"传统智慧"（conventional wisdom）的角度来解释这个现象。在《丰裕社会》一书中，他提出了"传统智慧"的概念，指出人倾向于用传统智慧来解释已发生变化的社会活动，因为传统智慧具有可接受性和稳定性，社会上的大多数人熟悉这种智慧，接受这种智慧对社会活动的解释和预见，即使社会已经发生了巨大的变化，人们仍然会持续使用传统智慧。加尔布雷思特别指出当经济变得丰裕之后传统智慧将引发的问题：西方经过数百年的经济发展，已进入了丰裕社会，但人们仍用发展前的贫困社会的观念来解释丰裕社会的现象；美国普通人在第二次世界大战之后的丰裕生活（食物、娱乐、交通等），已是"一个世纪以前的富人也从来没有享受过的"，但是，人们仍"被属于另一个世界的观念所指导"。他强调，如此指导的结果将非常有害于社会，因为这种指导会使

---

① 参看本书前言。
② J. 加尔布雷思（John Kenneth Galbraith，1908—2006），美国经济学家。

人们去做"不必要的事，不明智的事，甚至一些癫狂的事。其中有些事是对丰裕社会本身的威胁"①。

无形之手的固有观念正在成为传统智慧。"市场能够最有效地配置资源"的观念是西方社会熟悉的智慧，是大多数人接受的持恒稳定的理论。虽然西方社会已从贫困进入丰裕，但人们仍然习惯于坚信传统智慧，让"属于另一个世界的观念"来指导已经变化了的社会中的活动，而不是根据变化了的现实来调整观念和改进理论，如此而行的结果将会是非常危险的。

斯密在贫困时代描述的市场无形之手的特性是，当个人在自由市场上追求自我利益的时候，无形之手通过价格机制可以使人对自我利益的追求成为对社会利益的促进。这种描述隐含着一个假设②：人在不受干预的情况下会理性地追求自我利益。但是，如果人不能理性地判断自己的利益，如果人去追求非理性的自我利益，无形之手还能够通过价格机制使自我利益的追求成为对社会利益的促进吗？譬如，人非理性地判断"购买超大豪宅是自我利益"，因而大肆进行豪宅消费，刺激发展商大量供应豪宅，社会资源被过度配置到豪华住宅的建设中去，这样的资源配置会引发房地产泡沫，显然是不能促进社会利益的。在贫困时代，由于人们维持基本温饱的生活必需品很匮乏，在追求自我利益的时候，无论个人的理性程度高低，大多数人都会去追求生活必需品。因此，从宏观的角度来看，贫困时代追求自我利益的行为大多趋向理性，无形之手隐含的假设就可以省略对理性的考虑和验证。

---

① John Kenneth Galbraith, *The Affluent Society*, 14th, Houghton Mifflin Company, Boston, 1998, p. 2.

② 斯密在叙述中没有明确使用"理性"这个词语，因此笔者此处只说他的叙述隐含着这样的假设。

当社会进入丰裕时代，理性的利益判断就变得非常重要，因为大多数人的利益追求已经超越了追求生活必需品。在对非生活必需品的追求中，人们需要用理性来判断，哪些追求是有利于未来发展的？哪些追求是不利于未来发展的？哪些追求是有害于未来发展的？此时，若沿用"属于另一个世界的观念"来指导行动，就很可能跌入陷阱。

如何在后温饱时代克服非理性的问题呢？人在后温饱时代会有哪些非理性消费呢？为什么会产生这些非理性的行为呢？这些行为会对未来发展构成哪些威胁呢？后温饱社会面临着哪些自掘陷阱的危险呢？这些问题我们将逐步讨论，下一章首先要深入分析的是人的非理性问题，继而探讨非理性的消费在后温饱时代对未来发展造成的威胁。

第八章　消费中的非理性动力

一、非理性消费的内在根源

按照理性常识的设想，后温饱时代的人们会比温饱满足前更幸福，因为他们不需要终日操劳来维持生计，他们可以有更多的享乐闲暇。凯恩斯就有过这样的设想，1928 年他对剑桥大学的本科生做过一次讲演，主题是"我们孙辈的经济远景"①，1930 年这个讲演经修改后成为论文。在讲演和论文中，他对资本积累和技术发展进行了未来估算，据此预测，100 年后世界先进国家中人们的生活水平将是 1930 年左右的 4 倍至 8 倍，如此富足的水平使得人们每天工作 3 小时就能够满足生活的物质需要。凯恩斯的预测准确吗？他预测的 100 年后情景是否已现曙光？

现在 90 多年过去了，就生活富足水平而言，现实的发展早已如凯恩斯所预测的那样"曙光灿烂"，以 GDP 来衡量，很多西方发达国家现在的人均 GDP 都比 1930 年增加了好几倍，譬如美国 2008 年的人均 GDP 是 1930 年的近 6 倍。② 但是，就工作时间而言，凯恩斯的预言仍与现实相距甚远，现在还没有一个西方发达国家实现了或接近了每天工作 3 小时的

---

① "Economic possibilities for our grandchildren"（凯恩斯），参阅 Robert Skidelsky and Edward Skidelsky, *How Much Is Enough?*, New York：Other Press LLC, 2012, pp. 15-17。

② 数据来源：The U. S. Bureau of Economic Analysis。

"曙光"，美国绝大多数人每天工作 8 小时。专家的一些研究发现，美国人现在的工作时间比 20 世纪 50 年代人的更长，甚至比中世纪农民的工作时间还要长。①

毫无疑问，在人均 GDP 增长了 6 倍之后，大多数美国人只需要使用收入的很小部分就可以满足温饱，可以支付生活必需品的开销。他们即使每天只工作 3 小时，只挣全工资的 37.5%（3 小时是全日工作 8 小时的 37.5%），也能够生活得温饱无忧。但是，他们却选择了更长的工作时间，这些人并非全都是"工作狂"，也并非不喜欢闲暇。很多人之所以选择了更长的工作时间，是因为要挣更多的钱来满足温饱之外的消费需求。

追求温饱外消费的动机是什么呢？很多研究指出，获取"尊严"和"地位"是重要的动机之一。受尊敬、不被歧视、有社会地位，是人类普遍的一种心理需要，心理学视其为人类行为的重要动机②，这种动机在人的消费需求中扮演了重要角色。旧款式的衣服虽然能够暖身，但穿出去很可能被人笑话，被嗤为"老土"，被人歧视。时髦衣服无论暖身效果如何，却能起到"人靠衣装马靠鞍"的"增色"效果，可以使"衣装"者受到尊敬，产生尊严感。衣装不仅有助于一般尊严感的满足，还可以进一步显示社会身份高人一等，可以用来炫耀，因此很多人买名牌服装并非因为这些衣服在实际效用上有什么高超功能，而是为了通过名牌来炫耀身份，来提高心理方面的社会身份地位。

关于消费与尊严、炫耀、地位之间的关系问题，经济学家、社会学家和人类学家都做过不少研究。其中一些研究把与提高身份地位相关的消费

---

① 参阅 Juliet Schor, *The Overworked American: The Unexpected Decline of Leisure*, New York: Basic Books, 1993。

② 参考心理学家马斯洛等人的理论。

分为三种①，第一种是消费别人拥有、自己以前还没有的东西，消费这类东西的心理主要是怕被别人歧视，如果别人都穿皮鞋，而自己还在穿布鞋，即便穿皮鞋未必舒服，为了不被人嗤笑，也一定要去买皮鞋，别人家里都有了汽车，自己家里还没有，虽然自己根本不需要汽车，但也要买来放在家里，这些行为是看齐式的攀比消费。第二种是消费别人没有、自己才有的东西，消费这类东西的心理主要是哗众取宠的好胜心，譬如标新立异的服装、首饰、发型等，这些东西未必都很贵，更未必实用效果好，但是这些东西可以显示其消费者特殊的品位，让别人认为是"高级"的品位，这是标新立异的张扬消费。第三种是被称为"凡勃伦商品"的消费，凡勃伦②是"炫耀性消费理论"的创建者，他的经典之作《有闲阶级论》提出了"炫耀性消费"的概念，这种消费是为了显示自己的富有，以彰显富有来营造自己的社会身份，来竞争社会地位，其着重点不是"别人有"或者"别人没有"，而是"富人才有"，名牌商品是极好的例子，名牌商品价格昂贵，使用名牌能够让人知道此消费者的"身价地位"。凡勃伦还指出，"炫耀性消费"会演变成"炫耀性浪费"③，为了更有效地提高自己的身份，消费者要进行过量的奢侈消费，要浪费给人看，通过明显的浪费来炫耀自己的富有，凡勃伦商品的消费其实就是炫富消费。

　　炫耀性消费会导致社会资源的严重浪费，不仅因为如凡勃伦所言的"浪费给人看"，而且因为社会地位的竞争是一种零和游戏，会使"浪费给人看"的游戏无休止地膨胀，水涨船高地挥霍资源。地位的高低都是相对

---

①　参阅 Robert Skidelsky and Edward Skidelsky, *How Much Is Enough?*, New York：Other Press LLC，2012。

②　T. 凡勃伦（Thorstein Bunde Veblen，1857—1929），美国经济学家和社会学家，著名著作有《有闲阶级论》（*The Theory of the Leisure Class*，1899）等。

③　参阅 T. 凡勃伦：《有闲阶级论》，李华夏译，北京：中央编译出版社 2012 年版，第 4 章。

的，譬如拥有汽车可以炫耀社会地位，但当别人也有了汽车，尤其是当越来越多的普通人因看齐式的攀比效应也拥有了汽车，要想争得更高的社会地位，就得寻求新的炫耀商品，这新商品也许是游艇，也许是豪宅，也许是其他昂贵的东西……无论这种新商品是什么，都很可能再次发生水涨船高的结果，要想不被平凡的"水"淹没，就得想方设法再次跳出水面。相对高的社会地位是有限的，最高的社会地位只有一个，张三占据了最高位，李四就不能再拥有最高位，这是零和的竞争游戏。

在这个水涨船高的竞争游戏中，炫耀消费的具体商品是什么，对社会的资源配置和群体的长远利益会产生深刻的影响。如果炫耀消费的商品是汽车、豪宅等，社会资源就会随着"涨水"，被大量配置到生产这些商品的产业中去。如果高等学历、高级健美服务是炫耀消费的东西，"涨水"也会把大量资源推涌进与这些服务相关的产业。于是，涨起来的"水"中，或者充斥着汽车、豪宅，或者滚涌着高学历、高等健美服务。这两种成分不同的"水"，对群体的长远利益会有不同的影响。生产汽车和豪宅，一方面可以拉动钢铁水泥等产业的发展，创造就业，增加 GDP，另一方面，生产过程中排放的污染物，消耗的不可再生资源，会在环境污染和资源耗竭方面对群体的长远利益造成不良的影响。而生产大量的高学历和高等健美服务，一方面，这些相关的服务性产业基本上不会对环境和资源造成什么不良的影响，同时可以增加人力资本，提高社会的人力素质，为未来发展创造基础，另一方面，它们对物质生产的贡献比较少，而且高学历者也许会找不到符合其学历的工作，不得不去低就根本不需要高学历的职位，因而产生怨气不满，这也是需要考虑的问题。

从美国、中国和其他一些国家的实证经验来看，人们往往倾向于用物质商品来作炫耀性消费。用物质商品进行炫耀性消费，很容易陷入正反馈的恶性循环状态，消费越多，会刺激未来更多的消费，譬如某人为了炫富请客摆一桌酒席，别人竞争炫富要想胜出，就会摆两桌酒席，某人以后就需要摆三桌酒席来压过别人，如此恶性循环，酒席越摆越多，浪费越来越大。很多物质消费本来有天然的负反馈自我控制机制，譬如维持温饱的食品消费就有负反馈机制，人吃多了会产生饱腹感觉，不想再多吃东西了。如果酒席是非炫富性的"饱口福"消费，人也会有吃腻了不想再多吃的自我控制机制。但是，当酒席被赋予"富有"的象征符号意义，就失去了胃口的负反馈控制，摆酒席不是为了物质意义上的口福，而是为了精神意义上的炫富，因此酒席就被驱入正反馈的恶性循环。当人进入了正反馈的恶性消费怪圈之中，便不得不去拼命赚钱，不得不延长自己的工作时间，所以凯恩斯的每天工作 3 小时的预想也就难以见到曙光。

人类学对社会文化的象征符号有过相当多的研究[1]，他们的研究指出，不仅物质商品具有象征意义，可以象征社会地位，非物质的东西也具有象征意义，也可以象征社会地位。非物质的象征有的是隐晦的，有的是明显的。隐晦的地位象征往往蕴含在礼仪和文化活动中，明显的地位象征直接昭示在各种头衔称号上，譬如杰出人才、英雄模范等。如果人们用这些非物质的东西来满足自己的炫耀心理，比如以出席高级文化活动（如高级读书会、书画展、演出等等）来炫耀，以获取模范称号来炫耀，就可以避免或减少物质商品炫耀消费带来的很多问题，环境污染、资源耗竭，以及恶性循环拼命工作赚钱的问题就能得以缓解，这样做不仅有利于社会群体的长远利益，也有利于个人的短、中、长期利益，短期内可以使个人有更多的闲暇，中长期内可以使个人减少过度工作而引起的健康恶化。虽然非物质的炫耀有如此多的优点，但是大多数人仍然热衷于物质商品的炫耀，名牌、奢侈品、豪华宴席等是人们最常见的炫耀消费。

---

① 象征人类学（Symbolic anthropology）在这方面有很多的研究。

为什么人们会非理性地选择物质商品来做炫耀性消费呢？这种非理性的消费行为是否仅仅来源于个人的非理性心理呢？还有没有什么外在的因素促进了人们的非理性行为呢？

二、非理性消费的外在推手

经济学和社会学的很多研究都指出，在促发人的非理性消费行为方面，广告和推销起了重大作用。广告和推销的目的是激发人们的消费"欲望"，制造商生产出一种商品，为了赚到利润，就需要人有购买此种商品的欲望。

加尔布雷思把人的消费欲望分为两类，一类是自然欲望，另一类是人工欲望。[①] 自然欲望是人自然产生的，譬如人饿了会有食欲，就会有消费食物的欲望需求；人工欲望则是制造商通过广告和推销等手段制造出来的。当进入温饱满足的丰裕社会之后，广告和推销的作用愈发显得重要，这种重要性主要由两个因素促成。一是人们的自然欲望越来越接近饱和，新生产出来的东西难以与自然欲望相匹配；二是由于生产力的提高，被高效率地大量生产出来的商品迫切需要找到消费者。

前面讨论过的有关身份地位消费的攀比、张扬、炫富三种心理，都被广告术和推销术充分利用，来推动消费扩张的狂热，来掀起消费主义的大潮。利用炫富消费心理，广告把价格远远高于实用价值的东西打造成富有的象征，这些东西越昂贵越能象征"富有"，越能起到炫富的效果。利用标新立异的张扬消费心理，广告把毫无实用价值的东西打造成独领风骚的象征，这些东西的"毫无实用价值"恰恰可以成为推销的亮点，正因为没

---

① John Kenneth Galbraith, *The Affluent Society*, 14th, Boston: Houghton Mifflin Company, 1998.

有实用价值，所以很少有人使用，才可以凸显其鹤立鸡群。

当炫富和张扬的商品被广告塑造成地位和品位的象征之后，商人们又利用看齐式的攀比消费心理，把这些商品向更多的消费者推销。等到这些商品成为大众看齐攀比的"地位必需品"之后，在水涨船高的大势之下，制造商又向炫富者和张扬者推销新一轮的炫富品和张扬品，不久以后再展开看齐式攀比的推销，不断地把高端的"炫富张扬品"转换成大众的"地位必需品"。

被广告推销的商品都有一个特点：具有受益排他性。对于那些难以排他受益享用的东西（譬如公路），尽管能够有利于社会群体的长远利益，也无法得到广告的青睐。加尔布雷思对丰裕社会中的广告推销，以及产生的资源配置后果，有精辟的分析。他观察到美国社会中一个奇怪的现象："丰裕地供给某些东西，而又吝啬地供给另一些东西。"[①] 这些丰裕供给的东西往往都伴有铺天盖地的广告推销，譬如美国的汽车供给极为丰裕，汽车的广告铺天盖地，与汽车相关的许多东西也有大量的广告推销，供给也很丰裕。

不过他指出，有一样与汽车关系极密切的东西，却没有受到广告的青睐，这就是公路。不仅极少见到推销公路的广告，而且在要把资源配置给修建公路的时候，还往往会受到盘问和刁难，修建公路者必须论证为什么需要修建这条公路，然后要经过复杂的讨论才可获得批准。与此相反，当人购买汽车的时候，没有人去论证为什么需要购买汽车，也不需要经过复杂的讨论批准。从对社会产生的影响效果来看，公路往往要比汽车有益得多。"要致富，先修路"，这是许多国家的发展经验，而汽车倒是常会给社

---

①　John Kenneth Galbraith, *The Affluent Society*, 14th, Boston: Houghton Mifflin Company, 1998, p. 186.

会带来不利的"副作用",如空气污染、交通堵塞等。

为什么汽车和公路受到如此不同的待遇呢?谜底在受益排他性中。从享用特性来看,公路和汽车在受益排他性方面是截然相反的,汽车具有充分的受益排他性,谁买汽车谁受益;但除收费公路之外,公路的受益排他性则很小,大家都可以使用公路。汽车是一种典型的私人产品,可以让私人独享好处(排他受益),而且还可以把外部性成本(污染堵车)推给社会去负担;公路则不能这样。对于好处独享、成本外摊的东西,消费者是很乐于接受的,生产这类东西很容易实现利润最大化。于是,生产商对这类商品情有独钟,大量的资源被投入生产这类东西,因此供给非常丰裕。公路、环保等都是公共产品,生产商没有兴趣供给,于是成为"吝啬供给"的产品。

受益独享、成本外摊的东西被过量消费,被丰裕地供给;而受益分享、有利群体长远利益的东西却被抑制消费,被吝啬地供给。如此的供给与消费,如此的资源配置,显然有违理性,这种非理性的结果是在市场中发生的,是消费者和生产者的短视的非理性决定造成的。当人作消费决定的时候,理性的意识和非理性的欲望都会起作用,在温饱满足前的社会里,追求温饱的欲望和理性基本没有冲突,但在温饱后的丰裕社会里,很多的消费欲望就未必符合理性。此时,如果不去引导人们用理性来抑制非理性的欲望,反而任由追逐利润最大化的生产商利用广告来煽动人们的消费欲望,让非理性欲望加倍膨胀,让人们为炫耀、张扬、攀比而加倍消费,无形之手就会做出非理性的资源配置。于是,就可以看到一幅非理性的丰裕社会市场画面:人们过量地工作,过量地消费,过量地把资源配置给有害于群体长远利益的生产。

在丰裕社会的非理性画面中,除了可以看到人们过量消费的行为之外，还可以看到人们过量追逐金钱的狂热。如果从理性的、边际效益递减定律①的角度来看，当温饱问题解决之后，当进入丰裕社会之后，金钱带给人的边际效益会递减，人对金钱追逐的热情应该会降低。但是，很多生活在丰裕的资本主义社会中的人，却比在温饱前的传统社会中的人，表现出更强烈的金钱追逐欲望。这种非理性的表现，有其深刻的心理和社会原因。追求利润最大化的资本主义经济制度，是一个宏观的社会原因，但除此之外，还有更为微观的原因。

在丰裕社会中，许多追逐金钱的人并非资本家，并非出于利润最大化的贪婪心理，他们有更卑微、更实际的心理需求。他们追逐金钱是为了安全感。在马斯洛的需求层次的心理学理论中，安全是仅次于温饱等生理需求的一种基本需求。当今天的温饱问题解决之后，人会立刻想到今后的温饱问题，希望今后的温饱也能有安全的保障。在丰裕社会中，如果安全感的标准只停留在保证今后温饱满足，那么人们并不需要去追逐大量的金钱。但是，由于"炫富品"转换为"必需品"的水涨船高后果，安全感已不能停留在温饱水平上，当别墅和汽车已成为生活中不可或缺的物质时，安全感就要保证今后永远有别墅和汽车。广告和推销的推波助澜，不仅使今天的生活消费水涨船高，也使安全感的系数水涨船高。因此，人们不得不延长工时，加倍工作，加倍追逐金钱。

另外还有两个促使人们追逐金钱的微观原因，一是地位，二是权力。前面讨论过炫耀性消费通过彰显"富有"来营造身份地位，而金钱本身是"富有"的同义词，一个拥有大量金钱的富豪本身就是"富有"的象征，因此若想通过"富有"来营造身份地位，最重要的是要拥有金钱。除了地

---

① 经济学的边际效益递减定律的大意是，人在持续享用某一种东西的时候，享用第一个单位所带来的效益是最大的，第二个单位带来的效益会比最初的那个单位要少一点，接下来享用的每个单位都会依次逐渐减少效益，直至到达某个临界点，此后继续享用该物品已经不会带来效益，有时甚至会带来负效益。

位，金钱还可以给人带来权力，这是更大的诱惑，因为权力不仅能满足人的虚荣心，还可以用来获取实际利益。在本书第二部分关于"民主与优主"的论述中，详细讨论过美国的"金主"现象，描述过政治献金和游说制度如何左右了政治，如何为献金者们牟取了实际利益。金钱不仅在政治活动中可以使人获得影响政治决策的权力，在日常生活的细微活动中，也可以给人带来许多微妙的权力，让人生活在"有权威""有影响力"的状态中。地位和权力的诱惑对人心理的召唤，往往会超过理性思维的力量，于是，很多人坠入逐金的狂潮。

对金钱追逐的热情很多时候会比对物质商品的追逐更为疯狂，因为金钱是一般等价物，人们相信它是可以换取任何东西的，只要有了钱，就可以有一切。早在资本主义的市场经济出现之前，就有"拜金狂"现象，譬如希腊神话中的"点石成金"故事，国王弥达斯帮了酒神的大忙，酒神为了报答他，许诺给予他任何他想要的东西，他要了点石成金的能力。他最初为点石成金欣喜若狂，但很快就发现这实际是一场灾难，当他要吃东西的时候，食物却被他一触而变成黄金，他陷入被饿死的危险边缘；他女儿来看望他，他一触摸女儿，女儿也变成了金人。他痛苦万分、后悔万分，祈求酒神收回他的点石成金能力。

两千多年来，弥达斯的故事被很多哲人学者引用，尤其当人们在市场上贪婪逐金并引发种种危机的时候，弥达斯成了一个反面的象征。进入资本主义市场经济之后，拜金主义的现象愈发严重。资本主义市场经济与传统的自给自足经济不同，在资本主义社会中，人们的绝大多数用品都来自市场交换，而在市场交换中，金钱是一般等价交换物，可以用来交换任何东西，这就使金钱获得了"万能"的神秘力量。如果人种粮食是为了自己吃，那么人对生产粮食带来的实际利益会有可估算的、较理性的认识，知道自己究竟需要多少粮食，对粮食的追逐会有节制。但是，如果人生产粮食是为了在市场上卖钱，为了利润最大化，而得到的金钱又有着一般等价物的"万能"交换力量，可以为自己换来无穷无尽的东西，那么，对生产粮食换取金钱的追逐就很可能是无度的。既然金钱可以交换无穷无尽的东西，可以满足无穷无尽的欲望，对金钱的需要也就会是无穷无尽的。于是，在资本主义的丰裕社会中，出现了很多"拜金狂"，他们的生产和消费都有很大的非理性成分。

从自给自足的小农，到参与交换的市场化农民，再到机械化的大农场，工业化大大提高了生产率，使社会从贫困变为丰裕。这应该说是人类社会的一大发展、一大飞跃。在这个飞跃中，市场做出了巨大贡献，正是这个飞跃使人类的温饱问题获得了解决。温饱不足是人类自诞生以来就受到的威胁，是人类生存自由的巨大障碍。通过市场的无形之手，这个温饱的难题被高效率地解决了，使人类可以从基本生存条件匮乏的困境中解放出来，获得温饱无虞的生存自由。沿用本书第一部分"不自由的人与自由的人类"中提出的"人类自由"概念，温饱无虞的人类自由，是无形之手以快速高效的方式提供的。

跨过温饱满足的门槛之后，无形之手还能快速高效地继续提供新的人类自由吗？在自由市场上，无形之手是由消费者和生产者通过个人自由的原则牵动的。温饱之后，如果消费者大肆进行非理性消费，虽然他们的个人自由实现了，但如此牵动的无形之手能够提供新的人类自由吗？通过前面几章的分析讨论可以看到，在后温饱时代，由于市场需求的质变，由于非理性消费膨胀的危险，由于生产商利润最大化的短视自私，无形之手提供的东西，已经不像温饱前那么单纯，而是变得越来越复杂，有的有助于新的人类自由，有的会损害群体的长远利益。如何评价无形之手，如何利用市场机制，需要有新的思维。

首先需要重新思考的是，在丰裕社会中，有哪些人类自由是继温饱之后最迫切需要的？如何才能得到这些新的人类自由？这正是下面章节要探讨的问题。

第九章 温饱后的人类自由障碍

温饱匮乏曾经是妨碍人类生存自由的主要障碍，当温饱问题解决之后，人类的生存自由和发展自由仍然会面临着一些障碍，人类需要继续探索，继续排除障碍。温饱满足后，妨碍人类生存和发展的主要障碍是什么呢？应该如何来克服这些障碍呢？本章将先讨论生存自由的障碍，继而再转入对发展自由的探讨。

一、人类生存自由的障碍

温饱满足后，妨碍人类生存自由的障碍主要有三大类。第一类是疾病，生老病死直接威胁着人类的生存，妨碍人类的自由，防治疾病能把人从病痛的不自由中解放出来，衰老与疾病有难以分割的关系，虽然不能梦想长生不老，但在老龄时保持健康，是维持生存自由的重要保障。第二类是自然环境的不可持续，自然环境和人类生存密切相关，恶劣的环境会威胁人类的健康，资源耗竭的环境会威胁人类的温饱，都是妨碍人类生存可持续的障碍。第三类是外族外国的入侵，对于一个群体、一个国家来说，这类侵略是对群体生存的人类自由的重要威胁，也是阻碍群体获得生存自由的主要障碍。因此，如何保持健康，如何保护环境，如何防御侵略，是温饱满足后迫切需要解决的保障人类生存自由的三大问题。

面对第一类的疾病问题，虽然保持健康、医治疾病是人类的普遍需求，但是这个需求具有的特点却与人们所熟悉的其他消费需求很不相同，因此常会使得市场的无形之手难有作为。

其特点主要有三个。第一是不可预知性，人不知道自己什么时候会生病，也不知道自己会生什么病。人对于为减少患病痛苦而付出的代价，也难以预测可以得到什么样的回报，譬如很多人会为自己未来可能生病而存钱储蓄，但如果未来没有生病，这些存钱行动就没有收到什么预期的效果；即使是生病后付出的医疗费用，也会含有某种程度的不可预知性，因为很多药物和治疗措施的疗效都不是百分之百准确，都会由于个体差异而不同，究竟要花多少钱来购买何种药物和采取何种治疗措施，都面临着不可预知的问题。

虽然生病不可预知，但是人一旦生病就需要马上获得治疗，这种"不可预知性"和"需要急切性"的结合，使得保健医疗的消费需求格外与众不同。一般的消费需求，譬如衣服、电器、房屋等，人们多数能够预知自己什么时候需要，也能够等待市场提供这些东西。疾病却不同，人们事先不知道什么时候会生病，一旦生病却需要即刻治疗，如果治疗不及时，可能导致病情扩大恶化，使小病变大病，甚至导致死亡。更为特殊的是，医疗的供给又不可能快速及时，而是需要相当长的建设周期，培养一个医生需要十几二十年，建立一个医院需要很长的时间。供需之间的这种复杂错位，往往使得无形之手难以发生作用。

医疗保健需求的第二个特点表现在预防上，对于保健来说，预防具有举足轻重的意义，搞好了预防，可以大大减少发病的概率，使人不仅保持健康，还可以省下治病的费用。预防性的需求具有知识性、反惰性、远瞻性的特点。其知识性表现在对卫生知识的理解方面，人必须拥有相关的知识，理解其中的意义，才会产生预防的消费需求，人若不知道某种措施能够预防某种疾病，就不会有购买这种预防措施的消费需求。其反惰性表现在人进行预防消费的时候，需要克服自己的惰性，因为很多预防措施做起来相当辛苦，懒惰的人不愿意吃苦，到健身房去锻炼能够预防许多疾病，但是首先需要克服惰性才能够坚持去锻炼，这是预防需求的反惰性的一个常见例子。

预防需求的远瞻性表现在愿意为长远的利益付出现时的代价，对于喜欢及时行乐的人来说，为了未来利益而牺牲目前利益不是一件容易的事情，譬如清淡素食有益于预防心血管疾病，但很多人却宁愿今朝大鱼大肉饱口福，也不愿意远瞻预防地多吃蔬菜。要想让人进行预防性的消费，需要在知识性、反惰性、远瞻性方面下功夫，这些功夫是市场无形之手不易承担、难以胜任的。

医疗保健需求的第三个特点是收入与疾病具有不对称性。人在中青年时收入多、生病少；人在老年时收入少、生病多；健康的人收入多，生病的人收入少。这种不对称，使得医疗需求会被收入压抑扭曲。病人是大众中的少数，但治病却需要耗费社会的巨大资源，应该如何配置资源来为这"少数人"服务呢？这些收入少的"少数人"很可能是无力支付昂贵治疗费用的，是应该让无形之手把他们的医疗需求压制下去呢，还是让社会为他们提供帮助呢？若从边际效益的角度来看，提供帮助满足他们的需求所产生的边际效益会是极其巨大的，是其他消费需求无法比拟的。譬如当一个人头部受伤丧失了语言能力，如果他能够得到良好的治疗，他以后可以恢复语言能力，重获新生；如果他不能得到良好的治疗，就会终身残疾。这是"重获新生"的巨大边际效益，不过，这种巨大效益只能由一个特殊的小群体获得，还是一个没有支付能力的小群体。

比较这种消费和一般的衣食住行消费，可以看到其实质性的不同，衣食住行这些东西是所有人都可以消费的，从这些消费中产生的效益不会如重获新生般巨大（尤其是在温饱满足之后），那是大群体低效益的消费，而医疗消费则是小群体高效益，二者恰恰相反；另外，消费衣食住行这些东西的时候，往往是在身体健康、收入良好的状况下，而伤病后产生治疗需求的时候，则往往是在人生的低谷。温饱后多消费些更好的衣食住行物品如同是人生旅途中的锦上添花，而伤病时得到及时治疗则是人生命运中的雪中送炭。从理性的角度来看，资源是更应该用于锦上添花呢，还是雪中送炭？显然，雪中送炭要比锦上添花更为重要，更能增加人的生存自由。但是，如果遵循市场规律，无形之手多数是会去锦上添花，而不会去雪中送炭。

医疗方面的消费需求与收入水平的不对称，是导致无形之手勤于锦上添花、疏于雪中送炭的重要原因。"锦上"是人的高收入时期，"雪中"是人的低收入时期，高收入时期需要"花"，低收入时期需要"炭"。高收入时期有大量的金钱在手，可以发出大量"花"的市场需求信号；低收入的时期钱少，即使有"炭"的需求也发不出市场信号，因而使得市场配置的资源大量涌入"花"的产业，而少量投入"炭"的行业。

这种"重添花、轻送炭"的现象还突出地表现在与医疗相关的养老消费方面。青壮年时期收入高，此时人可以向市场发出很多消费需求信号，无形之手会对此做出反应。在温饱满足之前，这些需求中有许多会与温饱相关，因而大多数需求可以视为理性的，对未来发展有利；但在温饱满足之后，这些需求中的非理性成分就很可能大大增加，尤其年轻时期许多人好胜心比较强，热衷炫耀性消费，那些豪华跑车、奢侈服装、名牌商品等需求，就会被大力推高，社会资源因而大量涌入这些产业。在老年时期，人的需求与年轻时大不一样，即使在温饱满足之后，老年人的许多需求也与基本生存相关，而不是为了炫耀。

老年人的需求往往着重在照顾生活起居和医疗治理等服务方面，这些服务业一般都不会对未来发展有害，因为基本不存在高污染、高耗能等问题，这些服务业还很可能对未来发展非常有利，尤其是医疗服务，恰恰是与克服温饱后的人类生存自由的障碍相关。但是，由于老年人的收入一般比较低，他们的这些需求往往会被压抑，不能充分发出市场需求的信号，因此，社会资源就会相对较少地投入这些行业。这个消费需求与收入水平不对称的问题，造成了社会资源市场配置不理性的结果，非理性的需求耗费了大量资源，理性的需求却不能得到足够的供给，这样的资源配置不利于群体的长远利益，常常是无形之手的所作所为。

妨碍生存自由的第二类障碍是环境恶化，它威胁着人类生存的可持续性。对于良好的环境，人类普遍有所需求，不过这种需求也像医疗一样，具有与其他很多消费需求不同的地方，而且，环保需求甚至还有与医疗需求不同的特点。医疗的需求是可以排他享用的，一粒药只能一个人服用，一个手术只能一个人接受。环境保护的需求则很难排他享用，雾霾被全城人吸入肺中，治理好雾霾全城人都能共同受益。

本书前面章节在引用加尔布雷思对"丰裕供给"与"吝啬供给"的分析时指出，在市场上丰裕供给的东西，往往具有受益排他独享性，并将外部性成本推给社会；而吝啬供给的东西，常常是受益不能排他、成本却要个人负担的。环保就是属于后者，环保的受益者是整个社会，而环保的成本却需要由个人负担。购买环保产品要多付出的金钱、使用公交不开汽车所造成的不便……这些都是需要个人承担的成本，但因此带来的环保受益者，是整个社会，而且还是未来的社会。这种受益不仅不能排他，甚至还有可能"排我"，如果全球气候变暖是100年以后的事情，对于不能再活100年的人岂不是"排我"？

环保需求具有的这种特点，使得无形之手对于环保的供给是相当吝啬的。如果放任市场自主生产，环境很可能被严重地污染破坏，环保很可能一无所成。因此在环保供给方面，即使是在实行市场经济的国家，也已经形成了一些利用市场机制又不放任市场的措施，譬如拍卖排放二氧化碳许可证的方法，利用许可证来压制污染排放。这种方法虽然取得了一些效果，但也受到一些学者的批评。

迈克尔·桑德尔①就批评这种方法，他认为，能够激励人的环保行为的规范主要有两大类，一类是市场规范，另一类是道德规范。市场规范是用"利益"来规范行为，道德规范是用"是非"来规范行为。拍卖排放许可证是典型的市场规范，购买许可证是让人从利润的角度来考虑排放污染的问题，把许可证的费用计入生产成本，排放不排放污染是从许可证的价格来计算的，而不是从对环境造成的破坏、对社会造成的损害来考虑的，是"利益考虑"，不是"是非考虑"。购买了许可证的人可以心安理得、毫无愧疚地排放污染物，不必承担道德上的是非谴责。桑德尔特别强调，规范具有排挤效应，一种规范会排挤另一种规范在人们心中的心理重量。过多地使用市场激励，会使市场规范排挤道德规范，使利益动机排挤是非动机。人会只习惯于衡量划算不划算，而不习惯于去考虑道德不道德。

环保的成功不能仅仅依靠市场规范，也需要道德规范承担更为重要的角色，这种必要性是由环保需求的特点所决定的。如果只是从个人利害的典型市场角度来考虑环保问题，其核心就是计算个人得失，这个"失"是许可证费用或者罚款金额等。如此之"失"，污染者只会从自己的利润角度来计算其大小，还可以想方设法通过规避来使其降低变小；而污染所造成的真正的"失"往往是超越地域、超越世代的，污染者根本感受不到。因此，以个人利害来计算得失，只会计算个人的"小失"，不会计算超越

---

① 　M. 桑德尔（Michael Sandel, 1953—　），美国政治哲学家。

的"大失",使得损害群体长远利益的"大失"被忽略,使得环保难以取得维护群体长远利益的效果。人需要有一种以超越的"大失"来计算利害的自觉,才能使环保的供给不再是"吝啬"而是"丰裕"。这种自觉需要一种超越个人利害的价值观,一种以群体的长远利益为重的价值观,需要道德的价值判断。

妨碍生存自由的第三类障碍是外国入侵,一个国家一旦被侵略,其国民的群体生存自由立刻会受到威胁,因此国防是保障群体生存自由的重要手段。国民需要国防,国防也可以被视为一种需求。国防这种"消费需求"是非常特殊的,与环保相比,既有相同之处,也有相异之处。相同的是,国防难以排他享用,如果外国入侵了,国人都会受到伤害(极少数卖国贼除外);如果国防强大抵御了入侵,国人都会受益。相异的是,国防的受益者一般不超越地域和世代,受益能在本国、本代体现,其受益虽不能排他,但也不会排我。由于国防受益不能排他,也由于国防对规模要求很高,所以国防几乎全是由政府供给的。无论国防需求如何强盛,市场也很难提供令人满意的供给。

医疗、环保、国防这三类在克服人类生存自由障碍方面扮演重头角色的需求,与温饱等其他需求的特性差异甚大,因而其供给方式也表现出特异性,不能完全依赖市场,尤其不能按照温饱满足前的无形之手思路来配置资源和做出供给。

二、人类发展自由的障碍

在温饱满足之后,人类继续面临着生存自由和发展自由的障碍,前面一章节讨论了生存自由的问题,这一章节要讨论的是发展自由的问题。在克服人类生存自由的障碍方面,医疗、环保、国防贡献重大,是斩除障碍的"刀刃"行业；在克服人类发展自由的障碍方面，教育、科研和基础设施建设则扮演着重要的攻坚"刀刃"角色。当然，生存和发展不能完全分割，教育和科研的成果可以提高医疗、环保、国防的水平，使人类获得更多更大的生存自由；而医疗、环保、国防在克服人类生存自由障碍的同时，也可以为教育和科研提供更好的保障，为获得人类的发展自由提供更好的空间。

教育作为一种服务产品，具有受益排他性，因此很容易由市场供给，私立学校比比皆是。但由于教育具有的另外一些特殊属性，使无形之手难以为群体的长远利益做出高效率的教育资源配置。

教育具有的一个特殊属性是"受益滞后"，消费教育是要"先吃苦、后受益"的，前期要投入金钱方面的费用，还要付出脑力，甚至体力的"辛苦"，要寒窗苦读若干年后，才可能获得收益。这种受益滞后性，使得缺乏远瞻理性的消费者不愿意去消费教育，他们情愿更多消费一些能够及时行乐的东西，若按他们发出的市场消费信号来配置资源，无形之手不会为他们供给教育。

教育具有的另一个属性是"外部性"，教育有溢出效应，可以提高人口的素质，能对整个社会溢出有益的影响。正因为教育具有这样的外部性，许多国家的政府都对教育进行了干涉，而不是听任无形之手的摆布。譬如美国就有强迫教育的规定，年龄未及16岁、17岁或18岁（各州对年龄的规定有所不同）的未成年人，必须接受教育，否则要受处罚。这样的强制规定既是为了个人的未来利益，也是为了社会的共同利益。当政府做出了强迫教育的规定之后，还需要提供相关的教育服务，因为很多人没有经济能力支付私立学校的教育费用，由政府资助的公立学校就成为教育的重要供给者。

上面叙述的教育，是狭义的教育，主要是指小学、中学、大学的教育。广义的教育涵盖了更多的内容，譬如职业教育、成人教育等。那是一种终身教育、全民教育的概念，使教育不局限于所谓的"学龄"人士，也不局限于正规的学校。在广义教育格局中，多样化的教育可以满足人的多元化需求，学习新鲜知识，增进工作技能，提升专业资格，扩展生活领域，充实精神内涵，发展内在潜能，升华人格素质……这些不同的需求是需要多样化的教育供给的。由于广义教育的多样性，市场和政府都可以在其中扮演合适的角色，以实现多样化的供给。

无论是在民主体制中，还是在优主体制中，都有特殊而重要的角色需要教育来扮演。在民主体制中，若想要克服其自毁和自弱的机制，教育是一个重要的手段。自毁机制源于选民的不负责任，通过教育可以改善这种状况；自弱机制源于中位数效应，如果教育使大众的素质都提高了，中位数自然也就可以提高了。① 早在文艺复兴时期，人文主义之父彼特拉克就强调要通过教育来帮助公民更积极有效地参与政治。现代民主制度面临着自毁和自弱问题，仍然可以利用教育来解决问题。在优主体制中，教育至少可以在两个方面发挥作用，一是在执政集团内部的继续优化方面②，通过教育使优者更优、贤士更贤。二是在正当性共识的建构方面③，优主政治的正当性需要社会共识，否则难以稳定发展，由于优主政治是一种新的观念，需要通过教育等手段来传播，来使人理解这种观念，以达到社会共识。教育在民主体制和优主体制中扮演的这些角色，是需要政府推进的，市场一般不会插足。

科研在拓展人类的发展自由方面做出的贡献数不胜数，正是科学革命为工业革命奠定了理论基础，而工业革命不仅为人类解决了温饱问题，并

---

① 参看本书第四章第二、三节和第五章第二节。
② 参看本书第五章第三节。
③ 同上。

且为人类的更高层次的发展开拓了空间。工业时代给科研提供了良好的条件，科研的成果不断增强人类的发展能力，前文提到"没有量子力学，就不会有今天的'信息时代'"，只是无数例子中的一个。

应该如何为科研配置资源呢？市场为科研配置资源主要通过企业的"研发"，许多新产品的出现是研发的结果，这些产品之中有不少对人类发展极为有益，譬如新的医药、节能的机器、环保的设备……不过，这些产品都兼有一个共同特点：它们必须是能够为生产者带来利润的。不能产生利润回报的研发，无形之手一般不会配置资源去经营。自由主义的经济学极力赞颂企业在自由市场中的研发以及对发展产生的作用，强调只有自由的市场才能够给企业以更好的激励来进行研发，美国的硅谷等都是好例子。在市场的自由空间中，在利润的激励引导下，的确有许多新产品研发出来了，推动了经济发展。不过，以利润为导向的研发虽然可以造就一些对人类发展有益的产品，但也会面临一些问题。当利润是研发的根本目的时，如果有其他方法能够更有效地使利润最大化，企业很可能把更多的资源用于这"其他方法"，而减少对研发的投入。譬如，美国的游说制度使得企业可以通过游说来获得对自己有利的政策①，游说带来的回报很可能比研发的更高，因此有些公司就会更加重视游说而不是研发。

利润和研发在医药行业有非常特殊的关系，因而也引起了一系列问题。制药厂最大的成本支出是研发，美国上市药物的研发成本显示，一种新药的研发成本平均大约是10亿美元②，一种药物一旦研发出来，随后的生产成本就会降低。这种研发成本与生产成本极不对称的特性，使得利润导向的医药企业必须依靠专利和垄断保护，它们把新药的价格定得很高，

---

① 参看本书第三章第三节。

② 参阅 Joseph A. DiMasi, Ronald W. Hansen, Henry G. Grabowski, "The price of innovation: new estimates of drug development costs", *Journal of Health Economics*, 22 (2003), pp. 151-185。

用专利和垄断来保护这种高价，以便能够支付前期的研发投入，实现公司利润最大化。从人道主义的角度来看，从人类自由的角度来看，从群体长远利益的角度来看，这种高价是非理性的。救死扶伤的药物代表了人类自由的能力，可以使人摆脱死亡和疾病的束缚，但人为的高价却剥夺了很多人原本可以享有的人类自由。病人对于药物的需求有强烈的时间窗口效应，不能及时获得药物就很可能造成死亡或终生的后遗症，专利的时限往往会使人错过宝贵的窗口，等到专利时限到期了，药价下降了，死伤的重创也早已铸成了终身的遗憾。药物不像其他享有专利的商品，譬如一种新款手机，人能不能及时用上新款手机，不会造成生死的遗憾，而药物面对的则是生死存亡的难题。

对于药物专利保护的问题，自由主义经济学家往往强调，如果没有专利保护，企业会失去研发的激励，很多药品可能根本研发不出来，因此最终人们还是要面临没有药物的生死存亡难题。这种自由主义的观点，是把思维局限于市场经济的框架之中，如果跳出这个框架，就可以看到其他的一些药物研发模式，其中有的是相当成功的。古巴的制药研发就是一个非市场化的成功模式，古巴虽然经济不发达，人均 GDP 不高，但它的制药业却表现优秀，尤其是它的疫苗研发已达到国际领先水平，古巴自主研发的药物已在 50 多个国家获得了约 1200 项国际专利，其中不少是西方发达国家承认颁发的。①

虽然美国基于政治原因对古巴实行严格禁运，但对古巴特殊的"好药"竟也网开一面，譬如特别批准在美国临床试用古巴研发的脑膜炎疫苗、刺激免疫系统抗肺癌细胞疫苗等。近年古巴还研发出一种疫苗，是目前唯一可有效对抗糖尿病足溃疡的药物。古巴的医药业是在计划经济框架

---

① 参看世界卫生组织（WHO）的资料，http：//www.who.int/features/2013/cuba bio-technology/en/。

下发展的，研发费用由政府拨款，各省的研发机构之间不搞竞争，而是在统一的发展战略指导下互相合作，在药物的研发过程中，常会有数个研发机构介入，动用各自的强项来进行合作。政府拨款和强调合作是古巴制药业模式的特点，也是其研发成功的体制基础。

政府资助是科研经费的重要来源，即使是在奉行自由主义经济学的美国，政府也为科研项目配置了不少资源。由政府资助科研的好处是很明显的，第一，科研成果可以立刻由全社会分享，不会受到专利保护等限制，这种分享能够加速相关科研项目的发展，使相关项目不必再浪费资源做重复实验。第二，政府能够调动跨领域的大量人才进行合作研究，私人机构很少能够做到这点。第三，对于实用价值渺茫的基础科学研究，以及社会科学、人文科学的研究项目，市场化的企业不会有兴趣，只有政府才可能担此重任。这类科研对基本规律和基本理论的探讨，也许不能创造利润，但是可以促进人类自由，使人对世界、对社会、对自己、对宇宙有更深刻的认识，有更准确的把握，使人可以减少无知的迷茫，进入更高的境界。在温饱满足之后，人有了更多的精力和资源，更有可能进入这样的境界，但如果人被市场的利润最大化所诱惑，执意要把资源按照利润最大化的取向来配置，那么，更高境界的人类自由就难以获得。

在帮助扩展人类自由方面，基础设施建设也是一个"刀刃"行业，而市场在给基建配置资源的时候，往往表现得"吝啬"，这是加尔布雷思在《丰裕社会》①中所分析描述过的。基建的外部性效益大，而市场受利润最大化原则的引导，资源配置倾向于利润独享、受益排他的行业，而不是外部性大的行业。另外，基建所需的资金巨大，建设周期又长，更使得市场无形之手对此望而生畏。因此在基础设施建设方面，政府扮演了重头

---

① John Kenneth Galbraith, *The Affluent Society*, 14th, Houghton Mifflin Company, Boston, 1998。参阅第八章第二节"非理性消费的外在推手"。

角色，即使在市场化程度非常高的国家也是如此。

在克服人类生存发展自由的障碍方面，医疗、环保、国防、教育、科研、基建是六大"刀刃"行业，温饱后把资源优先配置给这六大行业，对群体的长远利益可以产生深远的积极影响，需要政府在这方面发挥有为的作用，不能完全依赖市场。

上面两个章节描述了温饱后的人类自由障碍，把大量资源用于克服这些障碍，显然是理性的抉择。下面一个章节将讨论社会中的一项重要而特殊的资源——劳动力，分析劳动力资源的配置与温饱后人类自由之间的关系，以及对群体长远利益的影响。

三、就业与人类自由

如何配置劳动力，是如何配置社会资源的重要内容。劳动力是"人"构成的，它与以"物"构成的资本、土地等资源不同，劳动力的配置对社会产生的影响是更深、更广、更复杂的。"就业"是劳动力配置的直接表现，而"就业"又直接涉及人的经济收入以及社会地位，对人民生活和社会结构等都有直接的影响。

分析就业对人类自由的影响问题，需要从群体的长远利益这个角度来思考。什么样的就业结构、什么样的劳动力资源配置，对群体的长远利益更为有利？什么样的配置手段可以达到更有利于群体长远利益的配置结果？尤其需要着重思考的是，在温饱满足后的丰裕社会里，应该如何在就业结构中配置人力资源，才能使人的生活更健康，使社会更公平，使群体的人类自由能有更好的发展，使人们获得更加美好的生活？

从温饱不足到生活丰裕，这个发展过程伴随着生产力的改变和生产效率的提高，而这种改变和提高直接影响了社会的就业结构。在 20 世纪中叶之前，生产效率的提高主要是机械化的结果，此后新一轮的生产效率提高则主要是源于自动化和信息化。在实现了自动化和信息化之后，美国形成了新的就业结构，伴随这个新的就业结构，社会产生了两个与民生收入密切相关的问题，一是工资收入差距加大，二是失业率增高。

自从 1970 年代以来，美国的失业率明显高于 20 世纪 50 年代和 20 世纪 60 年代。[①] 失业率的升高使得社会收入两极化加剧，这种恶化可从美国收入最高的十分之一人群的收入在社会总收入中所占比例的大幅增加而略见一斑，1970 年代他们的收入占比平均是 32%，20 世纪 80 年代是 35%，20 世纪 90 年代是 40%，到了 21 世纪的第一个十年，这个比例上升到了44%，此后还在继续上升。[②] 生产率提高本应该给人类带来更多的幸福，但自动化和信息化却使失业率升高，使收入两极化加剧，带来了很多不幸福的新问题。这些新问题应该如何解决呢？

从前面分析过的温饱后六大"刀刃"行业的角度来看，可以看到其中有些行业蕴含着解决这些问题的巨大空间，特别是医疗和教育行业。医疗和教育的就业具有可持久性，因为在医疗和教育行业中，生产率提高与雇员数量呈正向关系，这与其他很多行业大不相同。在其他行业中，生产率提高与雇员数量往往呈反向关系，当生产率提高了，雇员的数量就会减少，譬如一个工厂要生产 100 条裤子，当 1 个工人只能生产 10 条时，需要雇用 10 个工人，生产率提高后，1 个工人能生产 20 条了，那就只需要雇用 5 个工人，这也是自动化和信息化之后，工业部门的就业人员会大量减少的主要原因。

而在医疗和教育行业中，生产率提高与雇员数量则呈现正向关系，因

---

① 参考美国劳工部资料。

② 数据来源：经济学家托马斯·皮克提（Thomas Piketty）与伊曼纽尔·赛斯（Emmanuel Saez）的计算。

为从医疗和教育的效果来看，往往是医生每天看的病人越少，越能精心治疗，越能产生好的医疗效果；教师的情况基本也是如此，小班制，甚至一对一的教育，更能够提高教学质量。衡量医疗和教育的"生产率"，是以医疗和教育的效果为准的，因此，提高医疗和教育的生产率，不会造成雇用人员的减少，甚至还可能增加。而且，从社会发展的大趋势来看，当社会的总体生产率提高了，当物质更加丰裕了，人们会需要更高级的医疗和教育服务，希望医生和病人的比例、教师和学生的比例，也都能够提高，而不希望到医院看病要排长队，不希望学校是人数众多的大班制。这样的社会需求，更使得医疗和教育行业具有了巨大的就业空间。

在六大"刀刃"行业中，有些是资本密集行业不能吸收大量劳动力，但有些却具有发展成劳动力密集行业的潜力。着力于发展那些有劳动力密集潜力的行业，不仅可以在远期有利于群体的利益，还可以在自动化和信息化的近期解决失业问题。医疗和教育正是这样的行业，由于这两个行业具有的效率提高与雇员数量呈正向关系的特点，不仅不会发生效率提高了就要减少雇员的问题，相反，为了提高效率，还需要增加雇员，使得这两个行业可以发展成越来越大的劳动力密集行业。

这两个行业的壮大不仅能够解决就业问题，还可以提高全民素质，增加全民健康。古巴的医疗行业雇用了大量人员，正是这支庞大的医疗就业大军，使古巴取得了低成本、高效益的健康产出，使贫穷的古巴取得了比富裕的美国更佳的健康水平，古巴的儿童死亡率等数据都优于美国[①]。古巴医疗机构的物质条件比美国差得多，设备陈旧，仪器缺乏，药物紧张，美国对古巴的严酷制裁使古巴医院的这种贫困潦倒状况持续了几十年，但令人意想不到的是，这些贫困潦倒的医院却取得了比富丽堂皇的美国医院

---

① 根据世界银行数据，2018 年 5 岁以下儿童死亡率，美国是 7‰，古巴是 5‰。

更好的健康产出。如此令人惊异的结果，和古巴的大数量医生有密切关系。古巴的人均医生数量是世界上最高的，根据世界银行 2018 年的数据，每千人的内科医生人数，古巴是 8.4，美国是 2.6。由于有大数量的医生，古巴人很容易就享受到各种医疗服务，因而卫生健康有很大的保障。

自动化、信息化之后，把医疗和教育发展成劳动力密集行业，既能够解决就业问题，又能够克服人类生存发展自由的障碍。当然，支撑这样雇员庞大的医疗、教育体系，需要很大的公共开支和很多的社会资源，不过，自动化和信息化后形成的高效产出，恰恰可以提供更多的资源，可以用来支撑这样的医疗、教育体制。只是无形之手很难进行这样的资源配置，需要有形之手的干预。在有形之手的干预下，可以动用公共支出来配置资源，构建起雇员充足的医疗和教育机构，如此的资源配置不仅有利于社会当前的利益，而且有利于群体的长远利益，因为它不仅能够在当前创造大量的就业岗位，还能够促进人类生存发展的能力，有助于克服温饱后人类自由的障碍。

把医疗和教育发展成劳动力密集行业，是解决自动化、信息化之后的失业问题的重要方法，但并不是唯一方法。医疗和教育行业不可能吸收所有的失业者，也不可能解决其他行业中的收入差距加大以及社会中的贫富悬殊等问题。为了解决这些问题，西方的一些学者提出了"缩短工作时间"的设想。他们认为，缩短工时不仅能够解决失业问题，而且能够缩小收入差距，甚至还可以解决关乎健康、幸福、自由的更深层次的问题。

用缩短工时来降低失业人数和缩小收入差距，是要通过减少工作时间和增加工作人员的方法来实现。如果每周的工作时间从 40 小时缩短至 20 小时，那么本来是一个人工作的岗位就需要雇用两个人来工作，由此造成的工资收入变化是：工作 20 小时的工资会比工作 40 小时的少，因此，以前是一个人拿高工资，另一个人没有工资，现在是两个人都拿同样的、较低的工资。这样不仅减少了失业，而且缩小了收入的差距。

　　缩短工时来促进健康，是强调要通过减少工作时间来减少工作压力，以便改善人的健康状况。有的学者特别从"生物钟节奏"的角度，对自动化、信息化对人体生物钟的影响进行了分析，指出了缩短工时的必要性。他们说，在手工业阶段，人们的工作速度是由人的手和身体的速度决定的，符合人体生物钟的节奏。机械化之后，人体的生物钟必须去追赶那些动力强大的快速机械，使人工作时受到的压力加大了。自动化和信息化之后，压力更为加大，因为以前虽然机器速度快，但机器还是要由人来操作的，人有调度的空间；在自动化、信息化的时代，工作中的电脑有事先编好的程序，绝大多数工作人员无法改变和控制程序，只能调整自己来配合那飞快的电脑运作，电脑信息以纳秒的速度传送着，大大超过了人体生物钟的适应范围，如果长时间在这样的高度压力下工作，对身体健康非常不利。①

　　关于解决幸福和自由的更深层次问题，学者们从"人类广博潜能"和"市场化身份认同"的角度进行了论述。

　　他们指出，人类是具有广博潜能的，但在自动化、信息化的经济系统中，很多工作却因为"狭隘性"而压抑了潜能。譬如，不少高端岗位虽然要求很高的知识水平，但这种知识往往是非常专业的，具有专业的狭隘性；至于那些低端岗位，自动化和信息化更是使得这些工作变得非常简单机械，因而更为狭隘。如果人长时间地从事这些狭隘性工作，人内在的博大潜能会受到压抑。通过缩短工作时间，可以让人有机会在工作之外的业余时间中，动用自己的潜能，使身心更为健康地发展

　　"市场化身份认同"，是指人们依赖市场定位的高低贵贱价值，来确

---

　　① 参阅 J. Rifkin, *The End of Work*, New York：G. P. Putnam's Sons, 1996。本章节下面的一些观点也在这本书中述及。

定人的身份。譬如，拿高工资的人就被视为有高贵的身份。这种身份认同是 20 世纪流行起来的，在 19 世纪的西方社会中，还有很多上层人士以"无须工作"的"有闲"身份为荣，这在凡勃伦的《有闲阶级论》一书中有详尽的描述。但进入 20 世纪之后，人们的身份越来越以职业的高低为准，那些成功的企业家和收入高的专业人士成为荣耀的上层人士，无工作有闲钱的人不再享有昔日的荣誉感，无工作无闲钱的人更被社会鄙视。这种市场化的身份认同会随着失业的增加而使社会中出现身份认同危机，当自动化、信息化使市场不再能提供足够的就业机会的时候，很多人会因此失去身份认同，不知道究竟应该如何确定自己的身份，不知道"我是谁"，因而造成心理的危机和社会的不稳定。缩短工作时间，一方面可以提供更多就业机会，另一方面也可以使人有更多的业余时间和空间来构建和发展市场化以外的身份认同。

在工业化的西方现代社会中，把"创造财富"视为人生意义的价值观相当流行，人如果没有工作、不创造财富，人的生活似乎就是没有积极意义的。这是工业化诡异的双重影响，一方面把人从土地和氏族的约束中解放出来，促使人去追求启蒙运动倡导的个性自由；另一方面却又把人投入了市场就业的大机器中，让人被就业之网束缚，被异化成为就业机器的零件。这种异化使人用就业来定义自我身份，以工资多少、工作职位高低来定义自我价值。随着生产效率的提高和就业机会的减少，如果仍然坚持这种以就业为人生中心、以工作来定义自我的观念，许多人就会感到失落。缩短工时的安排，为超越旧观念提供了机会，人可以有更多的时间和空间来重新思考，重新定位自我价值。当经济发展水平起了质的变化，当生产率的提高使人不必再用绝大部分时间来生产维持温饱的物质，人类就终于有机会摆脱就业机器的束缚，可以追求真正意义的自我价值实现。

缩短工作时间虽然能够产生很多有利于人类自由的结果，但是在市场化的经济中，却很难通过无形之手的运作来实现。无形之手关注的是利润最大化，而不是人类自由最大化。回顾历史就可以看到，"8 小时工作制"不是无形之手的决定，而是政府立法的干预。当社会进入了自动化、信息化的时代，市场也不会把资源配置得有利于缩短工时，仍然是需要有形之手的干预。

温饱满足之后的社会，蕴藏着改进人类自由的巨大潜力，如果能够合理地配置社会资源，这些潜力可以勃发出来，使人类获得更大的生存自由和发展自由，使群体的长远利益得以增进，但如果不能够合理地配置资源，人类社会很可能跌入各种各样的后现代陷阱。

第十章　有利于群体长远利益的资源配置

　　如何配置社会资源才能有利于群体的长远利益，是本书这一部分的中心问题。经济学经常讨论资源配置，但此处想探讨的不是一般的资源配置，而是在三个特定条件下的资源配置。第一，资源配置要有利于群体；第二，资源配置要有利于长远利益；第三，资源配置是在温饱满足后的条件下进行的。多数关于资源配置的经济学分析，往往是从个体本位的角度出发，并且比较偏重于现时利益，对长远利益要根据贴现率来打折扣，而此处的讨论是从群体本位和长远利益的角度来作分析，因此很多结论和从个体现时利益角度出发的不同。另外，多数经济学分析不区分温饱满足前和温饱满足后，这实在是忽略了一个对资源需求、资源供给有着巨大影响的因素，忽略了这个因素，将无法看清市场无形之手在此前后发生的质变。

　　在温饱满足前，人们消费需求中的大部分是与温饱相关的生活必需品，这些消费需求一般来说对未来发展有利，因为生活必需品是维持生存的必要条件。在温饱满足后，人们消费需求中与温饱相关的生活必需品的比例大大降低，同时，非生活必需品的消费需求比例大大增加。非生活必需品的消费对未来发展的影响非常复杂，有的有利，有的无利，有的甚至有害。如果消费者能够理性地选择消费那些对未来发展有利的东西，譬如教育、保健等，他们的消费就能够有利于群体的长远利益；如果消费者非理性地消费那些对未来发展不利的东西，譬如高污染产品、有害健康用品等，他们的消费就会有损于群体的长远利益。

消费需求是市场信号的根本源泉，是无形之手的原动力，当温饱满足后的消费结构发生变化，市场信号牵动的无形之手也会跟着发生微妙的质变。在温饱满足前，由于大多数的消费需求是生活必需品、是理性的，市场信号牵动的无形之手也多数是理性的，根据市场信号做出的资源配置也基本上会对未来发展有利。但是在温饱满足后，由于大多数的消费需求是非生活必需品，此时形成的市场需求信号就表现出复杂性，需要对这些复杂的市场信号进行理性分析，才能使资源配置对未来发展有利，而无形之手缺乏这样的自主理性分析能力。因此，有形之手的帮助在温饱满足后就显得非常必要。

凯恩斯主张有形之手要帮助无形之手，他主张政府要帮助市场实现充分就业，不过他主张的"帮助"是相对有限的，政府应该干预的只是就业的"数量"，而不是就业的"方向"（direction）。他认为市场可以引导就业方向，可以合理有效地配置劳动力，只是不能保证充分就业，因此政府需要通过刺激消费和鼓励投资来提升总需求，以促进就业总量的增加。[1]在凯恩斯生活的年代，西方国家毕竟还没有进入丰裕社会，有些欧美国家甚至还没有完全跨过温饱的门槛，那时的无形之手虽然有过引发经济危机的记录，但很多时候还是能够合理高效地配置资源。

到了后温饱时代，进入了丰裕社会，无形之手的表现就越来越差强人意了，此时也就更需要有形之手的帮助了。在罗斯福的"新政"时代，有形之手不仅干预就业的"数量"，也干预就业的"方向"，譬如"新政"设计了许多公共工程项目直接招募工人，有形之手创造的这些就业，方向

[1] John Maynard Keynes, *The General Theory of Employment, Interest and Money*, New York: Prometheus Books, 1997, 原始版 1936 年。

都很明确，都是要有利于国家的长远利益，其结果也的确使美国长期受益。

在进入自动化和信息化的时代之后，社会有了更多的财富资源，也有了更多的"剩余"劳动力需要就业。无形之手在这个时代的表现很多时候令人失望，它既没有在"数量"上解决就业的问题，也没有在"方向"上把人力资源导入有利于群体长远利益的领域，反而把大量的资源引入了金融投机、房产泡沫等"歪门邪道"。在这个时代，有形之手的干预将更为重要，同时这个时代还形成了两个因素，对有形之手产生深刻的正面影响。

第一个因素是"大数据"，信息化给有形之手提供了"大数据"，理性的有形之手可以使用这史无前例的丰富信息来了解现实、掌握动态，可以进行各种模拟分析，以便做出科学的决策和计划，这是以前的经济计划者无法奢望的。

第二个因素是"大资源"，自动化和信息化生产了极大的财富资源，又释放了很多的人力资源，这些资源中的很大部分要配置到不受无形之手青睐的领域，需要有形之手的引导推动。医疗、环保、教育、基建、基础科研等就是这样的领域。这些领域的发展将增强群体的人类自由，对群体的长远利益至关重要，发展这些领域需要大量的资源，而这个时代恰恰具备了大量的资源，只要能够对这些资源做理性的配置，就可以使这些领域获得快速发展，使人类自由在这个时代获得突飞猛进的增加。但如果放任无形之手错配这些丰富的资源，就会错过这个时代的机会，那实在是人类的遗憾。一个国家若不想错失这个时代的机会，若希望能够在国际竞争中胜出，就需要有形之手关照这些特殊的领域。

另外，还有一个特殊的领域，也需要有形之手的特殊关照，这个领域如果得不到妥善的处理，会引起群体瓦解和社会动荡，伤害群体的长远利益。这个领域是"公平"。在温饱满足之后，"尊严"会成为越来越重要的心理需求，而尊严是和公平密切相关的，当贫富差距加大的时候，下层的人很容易感到自己低人一等、没有尊严。社会越富裕，社会生产的"蛋糕"就会越大，那大蛋糕中包含的五花八门消费品会越新奇、越繁多，如果这些五花八门的"蛋糕"分配不当，都落入了上层少数人的口中，下层多数人就会产生越来越多的被剥夺感。"蛋糕"越大，需要分配的部分越大，造成分配不公的被剥夺感的可能性也会越大。这是发展带来的一个潜在的危机因素，如果不能理性地化解这个潜在危机，群体的长远利益就会受到威胁和损害。从世界上许多国家的实证例子来看，放任的市场会导致贫富差距加大，因此，需要有形之手的干预来解决这个问题。

医疗、教育、环保、基础科研和基础建设等领域需要有形之手的关照，需要政府干预来配置资源。这种政府配置资源的方法，往往会遭到新自由主义经济学家的批评，他们并不否认这些领域的发展有利于群体的长远利益，只是反对政府的直接投资配置资源，他们主张通过市场的消费拉动，来"曲线"地给这些领域配置资源。这种"曲线"模式的理论基础是，只有通过市场的消费拉动才能更高效地增加 GDP，只有 GDP 增加了，这些领域才可以得到更多的资源。这种理论得到很多人的认同，也可以在历史上找到许多实证性的支持。在温饱满足前的资本主义发展过程中，消费拉动市场为社会走向丰裕做出了卓越的贡献，它高效率地为人类解决了温饱的难题，使人类可以从基本生存资源匮乏的困境中解放出来，使社会可以有更多的财富来发展医疗、教育、环保、基础科研等。但是，温饱满足之后是否还必须继续走同样的道路呢？如此走是否仍会是高效率的呢？

走"曲线"道路不可避免地会面临的一个问题是，很多资源将会配置到利润效益高但不利于群体长远利益的地方，譬如大量人力和物力会进入利润高、污染高、耗资高的行业。可以用一个简单的抽象例子来说明这个问题（此例以人力资源作为总体资源的象征），假如温饱满足之前，10个人从事温饱方面的生产才能满足 10 个人的温饱，后来生产力发展了，只需要 4 个人从事温饱的生产就可以完全满足 10 个人的温饱，那剩下的 6 个人应该去干什么呢？在"曲线"模式中，6 人中的 5 人很可能被消费拉动的市场配置到"利润最大化"的行业来创造财富，这些行业往往追求的是短平快的利润，而不考虑群体的长远利益，为了短平快的利润要让社会付出污染耗资的长远代价。当然，6 人中剩下的那 1 人会被配置去从事有利于群体长远利益的事业，如此的配置是以六分之五的社会代价去获得六分之一的群体长远利益，这种配置带来了个人利润最大化的"高效率"，但却造成了群体长远利益的"低效率"。而若采用直接投资配置的"直线"模式，6 个人中的更多人力可以被配置去从事有利于群体长远利益的事业，更少的人会进入污染高、耗资大的高利润行业，如此配置能够更"高效率"地取得群体的长远利益。

为"曲线"模式辩护的时候，经常会听到的一个说法是"创新能力"：市场有创新的活力，能够不断发展出创新的产品，创新是有利于群体长远利益的。这种创新说的有力证据是美国硅谷等地一些年轻企业家的创新例子，譬如脸书的创新者马克·扎克伯格，二十岁左右创造了脸书社交网站，短短几年风靡全球，用户十几亿，个人资产超过百亿。扎克伯格固然为"曲线"模式提供了"明星"案例，但综观历史，也可以看到不少与"曲线"模式背道而驰的"明星"案例，譬如詹姆斯·沃森[①]。他也是二十多岁就创新成功的明星式人物，只是走了一条与脸书截然不同的道路。他在二十多岁时通过科研发现了 DNA 的双螺旋结构，创新了基因理论，后来获得了诺贝尔奖。沃森的创新带动了基因研究的飞速发展，这些

---

① 　詹姆斯·沃森（James Dewey Watson, 1928—　），美国遗传学家、生物物理学家。

研究产生了无数成果，使亿万人的健康受益，对群体长远利益的贡献难以估量。沃森的创新不是市场推动的，也不能用利润来衡量，但他的创新确确实实给亿万人带来了健康幸福，而且开拓了人类认识世界、认识生命的新疆界，那是市场外的伟大空间。沃森例子显示的是，在市场外也有创新的空间，而且那个空间很可能更大，更有益于群体的长远利益，"直线"模式可以更直接地推动那个空间里的创新。

还有一个为"曲线"模式辩护的说法是"资金积累"，认为需要通过市场来创造财富和积累资金，否则那些有益于群体长远利益的事业将缺乏发展的资金。这种说法虽然有一定的道理，但是掩盖了一个事实。这个事实是，有益于群体长远利益的事业也可以创造财富和积累资金，本书前面已经叙述和分析过不少这样的例子，譬如，古巴的医药事业出口创汇巨大，罗斯福新政建造的公路帮助美国公司创造财富，量子力学帮助信息时代的各行各业积累资金……这些例子和市场上产生的短平快利润的不同之处在于，这些事业需要比较长的时间来创造财富和积累资金。虽然这些事业在财富创造上需要较长的时间，但其财富一旦被创造出来，就可以使群体更长久地受益，可以使群体的自由能力发生飞跃式的提升。如果以短平快的利润率来衡量财富，人很可能一叶障目，无法远瞻更加长远广阔的时空。在温饱满足之前，人们需要短平快的回报，因为如果等待时间太长，人会长期营养不良，甚至会被饿死；但在温饱满足之后，人的等待时间就有了更大的弹性，在这大大加长的时间空域中，人可以拓展自己的眼界视野，可以有更为远瞻的目光，更为博大的胸怀。当人类跨过了温饱的门槛，就应该向更高的境界迈进，而不是被温饱前的短平快惯性所左右，被浮浅短暂的利润一叶障目。

由于财富创造所需的时间较长，走"直线"道路在筹措初始资金的时候会遇到财政方面的问题。有形之手在解决这个问题的时候多数依靠税收或者举债，罗斯福实行"新政"时期富人的所得税率是 63%，美国 1950 年代和 1960 年代推出大量教育、科研、基建等社会项目的时候，富人的所得税率在 70% 至 94% 之间①，提供高福利医疗教育的丹麦和瑞典，其税收以 GDP 的百分比计分别是 51% 和 49%，远高于大多数工业化国家（经合组织国家的平均数是 35%）。② 依靠税收方法来为这些项目筹措资金有一个弊端，因为当经济不景气或者发生某些经济震荡的时候，这些项目的资金往往会首当其冲地被削减，譬如，美国在 1970 年代面临石油危机后的滞胀时，"伟大社会"注重社会长远发展的项目就成为被攻击的对象；到了里根执政的 1980 年代，为了减税，很多用于教育、科研、环保、公路建设的开支也都被削减掉；在 2010 年左右爆发的欧洲债务危机中，虽然很多国家的债务重负是由于地产泡沫、救助银行等其他问题所引起的，但福利项目却成为被削减的替罪羊。

在走"直线"道路筹措资金的时候，还有一条不同于税收和债务的途径，这条途径被一些学者称为"第三财政"，是指政府来自国有企业的收入，中国在这方面有许多成功的经验，已有学者做过很好的研究。③ 在实行西方民主制的一些国家中，也有利用国企的成功例子，譬如挪威。挪威经济中有相当数量的国有企业，国家石油公司尤为著名，该公司开采北海的石油和天然气，大部分利润进入了国家主权基金，通过主权基金把财富作长期的、理性的投资，使财富可以在未来由全社会分享。和挪威的情况成鲜明对比的是英国，北海的石油主要由挪威和英国拥有，与挪威不同，英国开采北海石油的公司是私有的跨国公司，除了上缴英国政府税费

①　美国所得税实行累进税率制，收入高税率高，此处所列的税率是最高一档收入的税率。
②　资料来源：经合组织，2005 年数据。
③　参阅黄宗智：《重庆"第三只手"推动的公平发展》，此文中英文版同时发表，英文版载《现代中国》（*Modern China*），2011 年第 6 期（11 月）。

之外，利润归公司私有。当 2008 年的金融海啸发生之后，石油财富给挪威和英国带来了完全不同的境遇，挪威利用在主权基金中积累的石油收入资金，抄底世界股市，使全民财富大增；而英国的石油收入早已不在政府手中，不仅不可能来抄底股市，连对抗金融海啸的应急资金都没有。为了应付金融海啸，英国不得不大肆借债，使财政赤字飙升，以至于面临债务危机的巨大阴影，而此时挪威则安然享受着财政盈余，主权基金中剧增的财富还将进一步为挪威的群体长远利益做出更大的贡献。

无论是挪威，还是中国，或者是其他走了"直线"道路的国家，它们的模式都会有这样或那样的缺陷，都不是完美无缺的。在市场原教旨主义的话语霸权下，这种和计划、国有沾边的模式都被妖魔化了。稍有理智的人都能够认识到，计划不可能完美无缺，不可能完美无缺地设计策划群体的长远利益，任何计划都会有缺陷，都需要在实践中不断地纠错修正。但是，如果因为计划不完美就不去制定计划，却不是理智之举。人类生产的产品绝大多数都是不完美的，但人类从来没有停止生产，而是在生产中不断纠错改进。如果不去计划，很可能会离完美更远；如果进行了计划，并且能够保持纠错改进的心态，则很可能会离完美更近一些。

对计划的这种非理性的"完美"要求，有其形成的历史原因。从历史上看，很多搞计划经济的国家表现得经济发展欠佳，这种"欠佳"被市场原教旨主义在一个特殊的历史时期利用了，这个历史时期是 20 世纪末的冷战结束。冷战是以苏联为代表的计划经济败北、以美国为代表的市场经济胜利而告终的。如此的冷战结局，非常有利于市场原教旨主义，那时对计划经济的批判、对市场经济的赞扬，很多都戴上了市场原教旨主义的有色眼镜，而不是基于现实检测的客观分析评价，因此也使"计划"和"政府干预"被妖魔化。为了"去妖魔化"，本书特别附录了"苏联与美国：历史经验再反省"一章，对苏联建国以来 70 余年的经济状况进行现实检测，也对这一时期的美国经济状况进行现实检测，通过数据和事实的客观分析比较，以求对"市场""政府干预"等有全面理性的认识，这种全面的认识将有助于推进群体的长远利益。

当政府执行计划干预市场的时候，政府可能会做出不完美的、有错误的决策。面对如此情形，市场原教旨主义的主张是限制政府、放任市场。而放任市场之后，很可能会出现另外两种情况，一是大众非理性地消费，只顾自己眼前私利，损害群体的长远利益；二是寡头金主涌现，他们操纵市场，为自己牟取暴利，使群体利益受损。政府决策错误、大众非理性、金主操纵市场牟取暴利，这三种情况都有发生的可能，也都可以成为三个"负面"的假设，并由此推衍出理论。但是，与这三种情况相反的现象也有发生的可能：政府决策正确、大众理性、金主行为富有企业社会责任感。根据这三种可能，也可以提出三个正面的假设，推衍出完全不同的理论。

这种负面和正面的假设，都是偏颇的，都倾向于"一边倒"的极端化，在现实世界中，真实往往存在于正负两极之间的灰色地带，有的深灰，有的浅灰，有的近白……而这些多种多样的灰色地带也在不断变化。以极端假设为"神圣"的理论，会主张偏激的政策；以灰色现实为认识基础的治理方法，会采取灵活的政策，会根据具体情况来不断改进施政措施。中国在20世纪50—70年代的时候，曾经执着于极端化的假设，譬如，私人资本家是唯利是图的，小农是自私自利的，公有化能够消除私心，一大二公能够促进大发展……根据这些极端化的假设，推出了公私合营、合作化、国有化、公社化等越来越偏颇激进的政策，造成了无数问题。在20世纪90年代前后，很多人的思维又被另一组极端化的假设所左右，笃信市场配置资源是最高效的，政府干预是错误的，私有化能够使效益最大化……因而推出了国企私有化、住房私有化、医疗市场化等政策，其结果也是出现了一系列的问题。政府、大众、国企、民企、市场、计划，都不是极端好或者极端坏的，而且在不同的时期和不同的环境之下，它们各自的好坏还会有很大的变化，只有从客观实际出发，在实践中发现和确定它们的好坏程度、好坏特点，并找到其中可以利用的元素以及需要改造的元素，然后制订出相应的治理方案，如此才能有利于群体的长远利益。

各个国家有不同的文化背景、历史经验、制度路径，有不同的相对优势的社会资源，那些能够找到适合自己的治理方案的国家，它们的群体利益就能够获得长远的发展，它们在国际竞争中就能够胜出。

结语　未来,悲观还是乐观?

此书将要完稿的时候，正值苏联解体三十周年。在柏林墙倒塌、苏联解体后不久的数年中，我曾经在苏东地区做过社会经济发展项目。初时那里洋溢着浪漫的乐观气氛，集权政府倒台了，计划经济终止了，束缚个人自由的桎梏被打破了，人们欢欣鼓舞。大家乐观地相信，民主制度建立了，市场经济开放了，人民有了自由的权利去追求个人的幸福，从此，人民将获得自由、民主、繁荣……但是在随后的岁月中，这种乐观的气氛渐渐消失。

如果客观地比较今天和三十年前人们的生活，可以看到在消费品方面，苏东地区的生活是有了很大的改善，苏联时代的商店里消费品陈旧稀少，现在商店里的消费品五光十色。但是，这种改善似乎并没有使人们变得乐观。目前，甚至在消费品更为丰富的西方，很多人也不乐观，这种不乐观的情绪是在金融海啸爆发后蔓延开来的。

在 2008 年之前，在新自由主义风靡的二三十年中，美国人乐观地笃信市场，乐观地沉醉于消费，那时流行的思维模式是，市场能够最高效地配置资源，经济发展必须依靠消费拉动，因此，高负债消费被鼓励，市场利润最大化被崇拜。但是，这些被鼓励、被崇拜的行为却遭到了金融海啸的沉重打击，很多人因而猛醒，开始对这个思维模式进行反思。

这个模式的一大弱点是忽略了消费在温饱满足后的质变，以及由此引起的市场配置资源的质变，这正是本书第三部分探讨的核心。在温饱满足前，消费拉动的市场资源配置可以有利于未来发展，但温饱满足后的市场资源配置就未必全然如此，很多时候反而会有害于未来利益。温饱超越的许多需求，譬如健康、安全、公平、尊严、和谐等，市场不能有效地供给，甚至，市场还会妨碍供给。市场的无形之手往往是被利润最大化的贪婪和及时享乐的消费欲望所左右，把资源大量配置给这些短视的贪婪欲望所关注的行业，其结果是环境污染、贫富悬殊、社会不公……最终妨碍人们获得健康、安全、公平、尊严、和谐等对幸福和发展至关重要的东西。

当社会发生了变化之后，旧的思维观念和认识模式应该更新修正，但是很多人却拒绝改变，固守旧观念，让自己"被属于另一个世界的观念所指导"。加尔布雷思称此现象为"传统智慧"持恒，本书前言部分介绍了神经学家诺韦拉从神经科学和心理科学角度对这个现象的分析，指出这是由于很多人不能面对"认知失调"的心理压力所造成，他们拒绝"现实测试"的理性挑战，情绪化地固守自己的"不现实认识"。

不过，虽然很多人会非理性地让情绪左右自己的认识，但也有一些人能够用理性克服情绪，承受认知失调的心理压力，不畏惧现实测试的理性挑战，因而能够根据变化了的现实来修正自己的认识模式。这种勇于修正的现象在关于经济的认识模式中也可以看到，譬如英国可持续发展委员会的《无增长的繁荣》报告①挑战了"繁荣必须依赖 GDP 增长"的认识模式，根据现实重新定义繁荣，分析增长和繁荣之间的复杂关系，修正固有的宏观经济模式，提出了实现繁荣的新模式。不丹的国民幸福总值观念和发展模式，也被不少人接纳，用以修正新自由主义的经济发展认识模式。温饱满足后的时代，是人类历史上的新纪元，人类终于不必为温饱忧虑，

---

① Tim Jackson, *Prosperity without Growth*, 英国可持续发展委员会，2009。

终于获得了生存的基本保障，而自动化和信息化时代的来临，更给人类的发展敞开了新的大门。此时，如果继续固守温饱满足前的认识模式，"被属于另一个世界的观念所指导"，很可能会迷失在发展的新大门前，甚至会毁灭继续发展的基础，会辜负这个人类历史上第一次出现的珍贵机遇，辜负我们有幸参与的新纪元。

原教旨化的"民主"也是一个被固守的认识模式，还自封加冕了"普世价值"的神圣皇冠。在这个模式中，"全民普选、多党竞争、权力制衡"被认为是民主，有人坚信这样的民主体制是遵循"人民意志"的，是代表"人民利益"的。尽管现实中出现了大量与这个认识模式相矛盾的事实，固守者也不愿意反省自己认识模式中的问题。

若用批判性思维来反省分析西方民主模式，可以发现其中至少存在着三个逻辑误区。第一，民主抹杀了人民的群体性和权利的个体性之间的概念矛盾，掩盖了人民中的个人有不同的意志和利益的事实，导致追求个人权利时可借人民的名义，导致不同的派别以人民之名相互恶斗。

第二，在民主制中，个人有选举权利却不受选举责任的制约，造成了不负责任的人参与主导有关群体长远利益决策的现象，因而形成了"自毁机制"。

第三，民主多数制规则形成了趋中化的"自弱机制"，虽然民主制可以防止智力和道德低下的人当政，但也妨碍了优秀的人当选，因为大多数人的智力水平是趋中的，不能理解高端，倾向于认同趋中者。这种趋中制的国家在国际上与趋强制国家竞争，将会处于劣势。

反省西方民主制中的这些逻辑误区，在思考"趋强"的解决方法时可以看到，"优主"政体是一个符合逻辑的解决问题的大方向：选择优贤人士执政，超越趋中，着意趋强。本书的第二部分详细讨论了民主和优主的许多问题，此处不再重复，只是想强调两点。

第一，优主的逻辑大方向并不能保证具体建立的政治制度程序一定能够产生优主，曾经有不少政体试图使自己的执政者是优秀的主政人士，但是由于不能建立起有效的择优、持优的具体制度，最终导致"优主不优"，至于应该建立什么样的具体制度程序，各国需要结合自己具体的历史、文化、社会环境来构建，没有普世的统一程序，而且，随着时间带来的内外变化，程序制度还需要不断地更新修正，否则昨天的优主就会腐化为今天的劣主。

第二，优主和民主之间的关系，未必是一元线性的社会发展。[①] 关于社会发展，流行过不少一元线性的模式，在过去的半个世纪中起码有两个模式风靡世界。一个是共产主义的五阶段模式：原始社会、奴隶社会、封建社会、资本主义社会、共产主义社会（包括低级阶段的社会主义社会），这些社会都遵循着线性发展的规律，一个接一个地从低级的社会形态发展到高级的社会形态，直至共产主义。另一个模式是现代民主普世主义模式：人类社会从传统社会一元线性地发展为现代社会，现代社会的政治体制是自由民主制，是历史的终结。

优主和民主不是这样的一元线性关系，民主制并非一定要发展成优主制，优主制也并非一定是由民主制发展而来的。民主制有可能发展成优主制，但也有可能自我改革成为新型的民主制，或者发展成其他形态的制度，这种发展是多元的。优主制有可能从民主制演变而来，也有可能从其他形态的体制中发展起来，而且，优主制本身也是多元化的，并没有普世统一的模式。一元的宏大叙事模式可以减轻人心理上的认知失调，可以使人获得情绪上的满足，但是这种模式往往经不起现实测试，人类应该有理性的勇气面对复杂的多元世界，在丰富的多元世界寻求多元的发展道路。

---

① 虽然优主的思路是从分析民主隐含的逻辑问题而推衍展开的，但并不意味着实践中的优主制一定要从民主制发展出来。

在启蒙运动留传下来的理念中，有很多非常吸引人，譬如"人生而自由""人生而平等"。这两个理念很符合人的情绪需要，能够浪漫化地令人热血沸腾，但是经不起现实测试，关于其不符合客观事实的问题已在本书的第一部分和第二部分详细论述过，此处还要特别强调的一点是，这两个理念过度强化人的个体本位倾向，侵蚀人的群体本位意识。"人生而自由"和"人生而平等"中的"自由""平等"着眼点是"个人"，是完全立足于个体本位的，这使得群体本位的意识被忽略和排斥。

在后温饱社会，在自动化、信息化时代，群体本位意识具有了新的重要意义，过度强调个体本位不利于社会的发展。因为，当生产力的发达使得经济活动和社会结构变得复杂化，个人愈发需要依赖群体而生存，群体也愈发需要个体之间的合作来发展。

面对复杂的专业化分工，个人无论多么聪明能干，都难以理解社会中所有的专业，此时个人如果对于自己不理解的领域，也要求有参与的自由，也要求有平等的权利，其结果将会降低参与的水准，造成不负责任的干扰，是不利于社会发展的。对于自己不了解的领域，负责任的个人应该自觉地"弃权"，而不应该在"维权"的旗号下，不负责任地参与，不负责任地要求自己的权利。在群体本位意识淡薄、个体本位意识强化的情况下，个人往往不会弃权，而会倾向于过度地索取个人权利，以至于引起专业水准退化，甚至社会混乱分裂。民主制强调"人权"，注重维护个人的权利；优主制强调"人责"，注重参与的责任门槛。强调"人权"的制度为上述这些问题的发生提供了便利的通道，而注重"人责"的制度可以为防止这些问题的发生设置屏障。

在后温饱时代，一方面需要群体本位的合作来应对复杂的社会问题，另一方面也为超越个体本位的意识提供了更大的成长空间。在温饱满足前时代，人们主要消费的是与温饱相关的物品，满足温饱的物品只能排他地享用，必须以个体本位来消费。而温饱满足后的许多需要，则带有很大的群体本位因素，譬如环境保护、社会安全、人际和谐等。因此，在后温饱社会中，一方面个人不太需要再为个体本位的、排他享用的温饱物品而斤斤计较、孜孜以求，另一方面个人也有了更多的群体本位需要。当生活必需品不再稀缺，当生存有了基本的保障，人会想到要超越那基本生存的狭小自我，要把自我拓展到曾被温饱匮乏禁锢的区区肉体之外，会想到要从时间上超越个人有限的生命期限，从空间上超越个人有限的身体躯壳。保护地球的环境，关怀人类的未来，创建理想的社会，探索生命的秘密，追寻宇宙的极限……都是这种超越与拓展。这种超越和拓展可以增加人类的自由，于是，个人的自由将被超越，将被拓展到人类自由的境界，"人生而自由"将以"人类生而自由"的形态实现，"人生而平等"将在群体本位中获得满足。

回顾启蒙运动以来的现代化发展，人类取得了巨大的成就，但也制造了无数的问题。现代武器造成了伤亡空前的战争，贪婪投机引发了颠覆性经济危机，环境恶化，资源耗竭，社区解体，道德危机……很多人因而悲观失望，认为发展不能带来进步，人类将陷于发展的悲剧中。然而不可否认的是，现代化发展也为人类的生存做出了卓越的贡献。温饱问题的解决，健康状况的改善，死亡率的降低，寿命的延长……这些都是现代化为人类创造的空前成就，是现代化之前的人类梦寐以求的，是不可否认的发展进步。

也许，需要思考的是，如此的成就是否一定要付出如此沉重的代价？在未来的发展道路上，是否可以少付一些代价？成就和代价的形成，是和对发展模式的认识休戚相关的。市场万能的模式取得了消费品富足的成就，但付出了环境污染、贫富悬殊的代价；民主自由的模式，取得了保障个人权利、避免"坏皇帝"的成就，但付出了"趋中化"和群体本位意识销蚀的代价……

如果能够对发展模式不断地进行现实测试,自觉地进行反省,理性地评价其成就和代价,就有可能调整模式,曾经付出的代价也可能转换成宝贵的经验教训,可以使人类的认识不断地提升,可以让发展给人类带来幸福而不是陷阱。相反,如果不反省和调整固有的模式,听任情绪左右,非理性地盲目发展,难免不会堕入悲观的境地。什么是群体的长远利益?这也是一个认识问题,需要不断地调整,不断地反省修正,只有如此才能在变化的环境中不断做出理性的正确判断,才能取得好的结果。由于个人很多时候是被情绪左右的,而群体中的很大部分人是相当情绪化的,因此,个人需要不断地警觉思考,如何才能使自己趋于理性,而群体需要不断地反省,如何才能使群体中的理性优贤者处于决策地位,为社会长远利益做出理性决策。

未来是悲观还是乐观,在很大程度上取决于人类理性的进步。

附录　苏联与美国:历史经验再反省

在讨论计划经济失败的时候，常常引用的一个例证是苏联经济的"失败"；在讨论市场经济成功的时候，常常引用的一个例证是美国经济的"成功"。回顾和分析这两个国家自第一次世界大战以来的经济表现，可以更为理性地认识计划和市场对经济发展的影响，更为具体地认识计划和市场的各种元素的实际影响力，更为全面地认识计划和市场在历史发展的不同时期的不同影响效果。

一、苏联经济的回顾与分析

苏联建国始于 1917 年的十月革命，在 1918—1921 年间，苏联实行了战时共产主义，其政策极端抑制市场，其计划极端简陋原始。如果说计划的目标是"政权生存"，那时的经济也许可以说是计划经济；但如果说计划的目标是"经济发展"，那时的所谓计划则极为缺乏经济发展的成分。

当时的苏维埃政权面临着"四面"楚歌的危难局面，第一面是国内的白军反抗，第二面是国际盟军 14 个国家的出兵干涉，第三面是十多个地区的非俄罗斯民族的独立运动，第四面是与波兰的苏波战争。

在布尔什维克发动十月革命之后，白军立刻发起了声势浩大的反叛行动，白军中不仅有很多军事经验丰富的沙俄军官和骁勇善战的哥萨克，还吸引了社会上许多党派的大量支持者，因为在 1918 年 1 月召集的制宪议会中，布尔什维克只获得了 707 个席位中的 170 个[1]，布尔什维克强行解散了议会，其他党派的追随者因此非常不满，纷纷加入或支持白军。

白军还得到入侵干涉的资本主义强国的援助，譬如英国给白军提供了先进的坦克等武器装备，共有 14 个国家派兵进入了俄国，包括军力强大的英、美、法、意、日等国，兵力总数达 22 万以上，这就是所谓的国际盟军。

除了白军和国际武装，当时红军还要应付许多要求分离的民族独立势力。沙俄帝国中有大量的非俄罗斯民族地区，在 1917 年和 1918 年间，许多地区纷纷宣布独立，从北部波罗的海沿岸的芬兰、立陶宛、拉脱维亚、爱沙尼亚，到中部的白俄罗斯、乌克兰、波兰，蔓延至南高加索地区的阿塞拜疆、亚美尼亚、格鲁吉亚，此起彼伏地爆发了独立运动。

在这些独立运动中，还有一场涉外战争——苏联和波兰的战争。在历史上，波兰曾经拥有过乌克兰和白俄罗斯的部分领土，此时波兰要求危机中的苏维埃政权割让乌克兰西部和白俄罗斯西部。苏波战争在 1920 年爆发，红军先获得了一些胜利，但后来败北，被迫割让了大片领土。

虽然在苏波战争中红军失利，但在对抗白军和国际武装这两方面，红军取得了胜利。在应对民族独立斗争方面，红军也取得了基本的胜利，苏维埃政权虽然失去了波罗的海的几个地区，但保住了白俄罗斯、乌克兰、南高加索地区等大多数领土。

面对四面楚歌的危机，苏维埃政权推行了战时共产主义的经济政策，1918 年实行了大规模的国有化，颁布了余粮收集制法令，强制征收农民除维持生存之外的所有粮食，实行了集中配给食物与其他物品的计划，对成

---

[1] 参阅 N. Riasanovsky, *A History of Russia*, Third edition, New York：Oxford University Press，1977。

年人实施"必须劳动"的制度，对工人采取严格的纪律管理……这些措施确保了红军的基本口粮和其他物质的供给，使苏维埃政权在战争危机中得以生存。

但是战时共产主义没有给苏联带来经济发展，当 1921 年战争结束的时候，工矿产出只有第一次世界大战前的 1913 年的 20%，棉花产量甚至落到战前 5% 的水平；在强制征粮的制度下，农民不愿意多种地，耕种面积只有战前的 62%。[①] 为了挽救濒临崩溃的经济，苏联结束了战时共产主义，转而实行新经济政策。

1921—1928 年间是苏联的新经济政策时期，新经济政策增加了市场经济的成分，减少了计划经济的含量。其计划经济的元素主要表现在国家仍牢牢掌控着大型工业企业和重要行业，如金融、外贸、现代交通等。其市场经济元素则表现在对农业和小工商业的"私有化""自由化"，譬如，取消了余粮收集制法令，改为征收农业税赋，农民的剩余产品可以在市场上自由出售；允许雇员少于 20 人的小型工商企业由私人经营；取消了配给制度，允许商品自由买卖，那时的零售业有 75% 控制在私营商人手中。[②] 新经济政策挽救了濒临崩溃的苏联经济，到了 1928 年，工农业生产都恢复到 1913 年的水平。

摆脱了崩溃的危机，苏联经济接着要如何发展呢？凯恩斯在 1925 年访问过苏联，他认为苏联应该利用自己的比较优势来发展经济，苏联在农业方面的生产成本低廉，这应该是其比较优势。他特别批评了苏联"城市剥削农村"的现象：农业产品价格过低，工业产品价格过高。[③] 这种现象当时在苏联相当普遍，因为在新经济政策的激励下，农民的生产积极性提

①　参阅 N. Riasanovsky, *A History of Russia*, Third edition, New York：Oxford University Press, 1977。

②　同上。

③　参阅 R. Skidelsky, *The Road From Serfdom*, New York：Penguin Books, 1997。

高了，产量增加了，但是国家垄断外贸，农民的产品只能在国内市场上出售，增产加大了供给，造成了农产品价格下降。而在城市中，工厂为了增加自己的收入，提高了出售给农民的工业产品的价格。这种价格差异当然是不利于农业发展的。市场化的发展战略应该是取消国家的外贸垄断，让农民以国际价格出口他们的农产品，如此可以利用农业成本低廉的比较优势，使农业获得发展，从而带动整个经济。

但是，苏联没有听凯恩斯的"逆耳忠言"，走了一条完全不同的路。1928 年苏联结束了新经济政策，转向了全面计划的计划经济时代。

苏联的第一个五年计划是 1928 年推出的，这个计划的发展战略不是按照市场规律的比较优势来加强农业发展，而是反其道而行之，通过计划来发展自己的比较劣势的重工业。计划中 86% 的投资都进入了重工业，优先发展的是机械制造和电力等工业，很多以前只有薄弱基础或完全没有基础的行业在计划指导推动下被大力地发展起来，而且进展迅猛。斯大林的雄心是要苏联快速实现工业化，他认为苏联和发达国家的水平差距有五十至一百年之大，如果不在十年之内赶上，苏联会被挤压击毁。

这样的快速工业化需要大量资金，但苏联既没有外来的投资和援助，也没有内部的积累，斯大林的五年计划是用"工业剥削农业"的方法来解决资金问题，这恰恰是凯恩斯等西方经济学家反对的"城市剥削农村"的方法。在五年计划中，政府对农业实行了大规模的集体化，集体化后的农产品价格被计划规定得很低，以便政府给工人的维持基本温饱的工资也可以相应定得很低，才能够把尽量少的资源用于消费，尽量多的资源用作重工业的投资。此后苏联连续实行了第二个和第三个五年计划，直到 1941年纳粹德国入侵被迫中断。第二个和第三个五年计划也都采用了第一个五年计划的发展战略，集中资源优先发展重工业，只是在程度上做了很轻微的计划调整，允许稍微多一点点的消费品生产。①

这三个五年计划的成果是什么呢？就达到计划目标、实现工业化而言，计划是成功的，即使是很多反苏反共的西方学者也肯定了这个事实。按照苏联的官方数据，第一个五年计划期间的年增长率高达20%，西方专家在做了"去水分"处理后估算，第一和第二个五年计划的十年期间，苏联经济的年增长率是在12%至14%之间。②

苏联经济的高速增长还可以从苏联的生产量在世界总产量中所占的比例方面观测出来，1913年苏联生产量只占世界总量的2.6%，1929年（"一五"的第二年）占3.7%，1937年（"二五"完成之年）达到了13.7%。其优先发展的重工业更是表现优异，在第三个五年计划期间，苏联机械制造已排名世界第二，仅次于美国，电力生产排名世界第三。

另外，苏联的医疗和教育也取得了很好的成绩，譬如识字率有了很大的提高，1926年9—49岁的农村人口的识字率是51%，1939年上升至84%。③ 医院和医生的数量也有相当大的增加，因为五年计划给教育和医疗都配置了相当多的资源。譬如在农村兴建了许多学校，使大量农村儿童获得了受教育的机会，1932年农村小学生的数量比1928年增加了75%，1940年中学生的数量更是1932年的三倍。④ 五年计划的另一项成就表现在就业率方面，苏联经济基本实现了充分就业，极少失业。

五年计划还取得了一个用经济指标难以表达的成果：为苏联的卫国战争胜利打下了基础。由于机械制造业的快速发展，苏联在遭受战争威胁

---

① 参阅 N. Riasanovsky, *A History of Russia*, Third edition, New York：Oxford University Press，1977。

② 同上。

③ 参阅 S. Fitzpatrick, *Stalin's Peasants：Resistance and Survival in the Russian Village after Collectivization*, New York：Oxford University Press，1994。

④ 同上。

时，能够很快生产出大量的飞机坦克大炮等军用物资，譬如在第二次世界大战爆发的前夕，苏联的坦克数量不仅远远超过了德国，而且已经相当于其他所有国家坦克数量的总和①，如果没有这样充沛的军用物资，要想取得卫国战争的胜利将会非常困难。

苏联为取得这些成果而付出的代价是巨大而残酷的。从经济方面来看，生产消费品的产业被抑制了，这些产业的发展迟缓落后，产量少，质量差，消费品短缺的现象非常严重。从政治方面来看，个人的自由权利受到了压抑，个人必须接受计划的安排，缺乏个人选择的自由。

第二次世界大战中断了苏联的五年计划，1945 年战争结束后苏联继续制定和执行五年计划。第四个五年计划是 1946 年至 1950 年，这个计划与战前的三个五年计划相似，85%的投资进入了重工业，其成果也达到了12%至 14%的年增长（西方经济学家的估算）。② 在整个 1950 年代和 1960年代，苏联的计划经济都取得了相当高的年增长率（尤其是 1950 年代），当时美国的大学经济学教科书普遍都描述了苏联经济的高增长。譬如，获诺贝尔奖的经济学大师萨缪尔森所著《经济学》，在其 1967 年的版本中，图文并茂地描述了苏联的经济高增长率。③ 还有一本被广泛使用的教科书《经济学：原理、问题和政策》，用了更多的篇幅介绍苏联的经济增长，此书自 1960 年至 2012 年已经再版了 19 次，其 1987 年的版本仍肯定苏联经济的高增长，强调第二次世界大战后苏联的增长率超过美国。④ 在 1950 年代

---

① 参阅 Steven J. Zaloga 和 Leland S. Ness，*Red Army Handbook*，*1939—1945*，Sutton Publishing，Stroud，U. K.，2003。

② 参阅 N. Riasanovsky，*A History of Russia*，Third edition，New York：Oxford University Press，1977。

③ 参阅 Paul Samuelson，*Economics：An Introductory Analysis*，New York：McGraw-Hill Book Company，1967。萨缪尔森 1970 年获得诺贝尔经济学奖。

④ 参阅 Campbell McConnell，*Economics：Principles*，*Problems and Policies*，New York：McGraw-Hill Companies，1987。

和 1960 年代，甚至有不少西方人在讨论苏联经济在 20 年后是否将超越美国。① 1957 年苏联的人造卫星"斯普特尼克"（Sputnik）发射进入太空，显示了苏联在尖端科学方面的成果。这次卫星发射的成功对美国社会冲击极大，被美国人称为"斯普特尼克危机"，因为在苏联成功发射之前，美国曾经两次试发卫星都失败了，苏联的太空技术显然已经超越了美国。

在"斯普特尼克危机"的刺激之下，美国加快了自己的太空发展计划，成立了航空航天局②，大大增加了对科研和教育的"投资"，譬如给国家科学基金会的拨款增加了 100% 以上，给教育的资金甚至增加了三倍多。③ 肯尼迪总统在 1961 年提出了"登月"计划，在大量投资的推动下，由航空航天局运作，"登月"计划在 1969 年胜利完成。美国不仅赶上了苏联，还表现得更为优越。太空科技是苏联的比较优势，在苏联的比较优势领域中，美国获得了竞争的胜利。美国对此倍感骄傲，大大宣传自己的胜利，宣传自己的优越性。不过值得注意的是，取得这个胜利美国是使用了类似苏联的发展模式：国家计划，投资推动。

在斯大林逝世后的 1950 年代中期，苏联开始重视自己的比较劣势领域——消费品的生产。和太空科技与重工业的比较优势领域相比，苏联经济在消费品生产方面表现出极不匹配的落后。譬如在住宅方面，很多城市居民都住在"大杂院"式的群居单元中，几户人家共用厨房或卫生间。赫鲁晓夫掌权之后，强调了要加强住宅建设，1957 年提出要在十年内使每个家庭都有自己的独立单元。④

---

① 参阅 Paul Samuelson, *Economics: An Introductory Analysis*, McGRAW-HILL Book Company, New York, 1967。

② 美国航空航天局成立于 1958 年。

③ 国家科学基金会官方网站数字，https：//www.nsf.gov。

④ 参阅 G. Castillo, *Cold War on the Home Front*, University of Minnesota Press, Minneapolis, 2010。

美国早已认识到消费品生产是苏联的比较劣势领域，并针对这个领域展开了"心理冷战"。美国在心理战方面，具有非常大的优势，远在第二次世界大战之前，美国就积累了心理战方面的丰富经验和资源，其中的一个原因是美国的政治竞选需要进行心理战来影响选民，另一个原因是美国的商业竞争需要影响消费者的心理来推销产品，因此在如何影响公众意见和大众舆论方面，美国积累了丰富的经验和人力资源。

冷战开始后，美国一方面设立了政府机构搞心理战，另一方面也建立了半官方和非官方机构来从事这类活动，譬如在商业部成立了国际展销会办公室，这个办公室主要是和民营公司联系，让它们来参加国际展销会。这些展销会表面上好像是民间的商品展销，但实际上是承担了心理战的重要任务。顶级的心理战专家全面策划了这些展览会，仅 1955 年就有 170 个这类展览会在苏联主宰的华约集团国家举办，向华约集团的大众展现美国的丰富消费品。① 这些展览的重心是传播"美国生活方式"，让华约集团国家的人民从鲜明对照中看到自己生活方式的贫寒匮乏，从而羡慕和认同美国的价值观。

其中一个"载入史册"的展览是 1959 年在莫斯科举办的美国国家展览，由著名专家精心策划安排。当时的美国副总统尼克松亲自陪同赫鲁晓夫参观，尼克松特别引导赫鲁晓夫参观了一个厨房，并在现场展开了一场著名的"厨房辩论"。那个厨房是个很典型的美国家庭现代化厨房，和厨房相连的住宅也是很典型的美国中产阶级家庭的住宅，里面摆满了现代化的家具和家用电器，这些消费品在美国是一般中产家庭可以享用的，但在苏联却很难觅得。很多苏联的参观者对这些消费品表现出了强烈的羡慕和向往，赫鲁晓夫则被激发出要和美国一争高下、一决雌雄的豪言壮语：

---

① 参阅 G. Castillo, *Cold War on the Home Front*, Minneapolis: University of Minnesota Press, 2010。

"再过七年我们会达到美国同样的水平，当我们赶上和超过你们的时候，我们将在前方向你们挥手。"①"厨房辩论"的中心是苏联的社会主义和美国的资本主义孰优孰劣的问题，当赫鲁晓夫在美国消费品的炫目诱惑下发出了"达到美国同样水平"的豪言壮语之后，衡量优劣的标准就落在了"提供消费品"上面，这恰恰是市场经济的比较优势，是计划经济的比较劣势。

市场信息对消费品的生产至关重要。与太空科技及重工业产品不同，消费品的使用者是千千万万的消费者，他们往往会有计划难以预测的个人口味。太空科技及重工业产品一般都有较易衡量的客观的、科学的优劣指标，而消费品的优劣指标则会包含很多消费者主观的、非科学的偏好。譬如电视机，其客观、科学的优劣指标是耐用性、清晰度等，其主观的消费者偏好会是外形、式样、颜色等。对于较易衡量的客观、科学指标，计划经济可以有针对性地来计划和设计，对于难以预测的消费者口味，计划经济就显得束手无策。苏联的很多消费品被人形容为"傻大黑粗"，譬如照相机，镜头质量不错，但外形笨重难看。

为了增加消费品的供应，苏联的国家计划把越来越多的资源投入了与消费品生产相关的产业。在 1959 年至 1965 年的七年计划中，对居民住房的投资计划增加 83%。② 对农业的投资也大为增加了，农业投资在总投资中的比例逐渐达到了 33% 左右③，对比最初的几个五年计划，那时的重工业投资高达 85% 左右，农业和轻工业的投资加在一起才只有 15%，这的确是大大的增加。不过，虽然对消费品相关产业的投资大大增加了，苏联生

---

① 参阅 G. Castillo, *Cold War on the Home Front*, Minneapolis: University of Minnesota Press, 2010。

② 参阅 N. Riasanovsky, *A History of Russia*, Third edition, New York: Oxford University Press, 1977。

③ 同上。

产的消费品数量和质量仍然远远落后于美国，因为这些产业是苏联的比较
劣势，是计划经济的弱项，加大投资也很难转弱为强，很难形成强大的生
产力。苏联在这些年间的经济增长速度逐渐放慢，年增长率不再有10%以
上的骄人数字，1958年是苏联12%年增长率的最后记录，1960年代的平均
年增长率是7%，1970年代降到5.5%，1980年代更下降为3.1%。①

　　消费情结是很容易在大众心中培植蔓延的，当消费品的多寡成为衡量
生活质量和制度优劣的标准之后，民众不仅燃起了消费的热情，也焕发出
了对消费品匮乏的反抗。这种反抗在苏联多数表现为对政府的批评，在东
德则可以有一种更为特殊的表现形式——逃往西柏林。西德位于冷战对峙
的最前线，在美国的心理战中，西德一直是一个重要的战场。美国不断地
在西德及其周边地区举办宣扬美国消费品的展览，主题是"更佳生活"②，
东德公民从西柏林的商店橱窗中还可以更为直接地看到西方的"更佳生
活"的消费实况。面对公众对消费品的渴望，东德领导人在1958年第五
次党代会上曾宣告：东德的人均消费要在1961年赶上或超过西德。③但是
东德的消费品并没有大量增加，尤其是与农业相关的商品，在1959年强
力推行农业集体化之后，竟发生了食品短缺的严峻问题，这使得越来越多
的东德人逃往西方寻求"更佳生活"。1960年的记录显示，和1959年相
比，每月逃亡的人数同比增加了100%以上。1961年东德修建了柏林墙，
以阻止更多的逃亡者。④

---

　　①　数据来源：Slavic Research Center Library（citing Narkhoz.）Online Version：Soviet History Archive（marxists.org）2000。此处所用的增长率数字是"National income produced"，苏联的"National income produced"与西方常用的GNP和GDP概念有所不同，但都可以反映一国的宏观经济状况。

　　②　参阅G. Castillo, *Cold War on the Home Front*, University of Minnesota Press, Minneapolis, 2010。

　　③　同上。

　　④　同上。

与农业相关的消费品也是令苏联头痛的问题，在 1928 年至 1950 年代初的几个五年计划时期，苏联实行了"工业剥削农业"的政策，重工业发展了，农业被迫牺牲。长期以来国家对农业的投资都很少，想要农业增加产出时往往只是粗放式地扩大耕种面积，1954 年赫鲁晓夫推出了"开垦处女地"计划，那些处女地很多都是气候水源等条件不利于农业生产的地方，没有相应的投资来改善环境，很难获得好收成，这样的计划当然不能带来令人满意的消费品产出。

自 1960 年代中期之后，苏联加强了对农业的投资，不再盲目扩大耕种面积，此后的农业产出增长主要是来自种植环境的改善和物资的投入，譬如建造灌溉设施、加大肥料投入等，对农业的投入在 1977 年比 1950 年增加了 75%，农业产出也因此增长了 145%。① 不过苏联的农业投入虽然比以前大有增加，但和美国相比仍远远落后，譬如在 1977 年，美国每个农业劳动力平均有 1.3 台拖拉机、功率 71 马力，而苏联只有 0.95 台拖拉机、功率 7 马力。② 美国农业劳动力的生产率比苏联的高得多，据美国学者的估算，1977 年苏联农业劳动力的人均生产率只是美国的 13%。③ 但和西欧某些国家相比，苏联的农业劳动生产率并不算太差，意大利甚至比苏联还要低。④

虽然苏联的农业产出有所增加，但满足不了大众消费需求的上升，尤其是对肉类乳类产品的需求。在 1965 年至 1980 年间，苏联人均肉类消费增加了 41%，乳类消费增加了 25%⑤，这对农产品的供给形成了巨大的压

---

① 参阅 Joseph E. Medley（经济学家，University of Southern Maine），"Soviet Agriculture：A Critique of the Myths Constructed by Western Critics"，http：//www. soviet-empire. com/ussr/viewtopic. php？f＝128&t＝47201。

② 同上。

③ 同上。

④ 同上。

⑤ 同上。

力。为了保持食品价格的稳定，苏联政府对食品实行价格补贴。无论是加大农业投资，还是增加食品价格补贴，都使得社会资源更多地投入了消费品行业，更少地投入了重工业，也就是说资源更多地用在比较劣势的领域，更少地用于比较优势的领域，这对整体的经济增长造成了负面的影响。

自 1970 年代中期之后，苏联的经济增长速度明显减慢。政府领导人企图改变这种状况，他们看到了苏联经济中的一些弊病，诸如原材料浪费、效率低下、过度集权、管理僵化、技术陈旧等，并且进行了一些相应的改革。但是这些改革并没有立竿见影地收到预想的效果，经济增长仍然缓慢。不过直到 1989 年，苏联经济并没有出现衰退，既没有出现过负增长，也没有出现过零增长，每年经济都有正增长，只是幅度较小，譬如1989 年的国民生产总值（GNP）增长率是 1.5%。[①] 1990 年苏联国内政治发生大变革，苏共中央决议放弃权力垄断，15 个加盟共和国纷纷举行自由竞选，叶利钦宣布退出苏联共产党，此年的国民生产总值出现了负增长（-2.4%）。[②] 1991 年，苏联终止了计划经济制度，取消了国家计划委员会和物资部，此年的国民生产总值巨幅下降，负增长高达-12.8%[③]，年底苏联解体，苏联经济也宣告寿终正寝。

二、美国经济的回顾与分析

第一次世界大战后的美国经济，走了一条与苏联完全不同的发展道

[①] 参阅 Joseph E. Medley（经济学家，University of Southern Maine），"Soviet Agriculture：A Critique of the Myths Constructed by Western Critics"。http：//www. soviet-empire. com/ussr/viewtopic. php？f＝128&t＝47201。

[②] 同上。

[③] 同上。

路。1920 年代，苏联挣扎在贫困的战时共产主义和新经济政策的混乱摇摆之中，美国则经历了史称"咆哮的二十年代"（Roaring Twenties）的勃发繁荣。在经济生活中的所谓"咆哮"，是指大众消费欲望和消费需求的爆发，汽车电器等新式消费品咆哮着涌入了市场，消费主义咆哮着成为主流文化。

在 1920 年代，美国绝大多数年份的恩格尔系数已低于 30%[1]，很多人的生活已达到宽裕富有的水平，当宽裕富有的美国人用于食品消费的支出比例越来越小的时候，人们有了更多的钱来购买其他的东西。分期付款的信贷消费方法在 1920 年代被大力推广，这使得美国消费者的购买力成倍扩大。广告推销术也在 1920 年代有了突破性的发展，不仅咆哮着宣传产品，而且咆哮着影响大众的心理和人格，促使美国人摆脱了崇尚简朴、耻于负债的传统价值观，建立起"消费是幸福""负债没关系"的新观念。

1920 年代主政白宫的美国总统都是共和党人，他们推行了放任主义的市场自由政策，放任人们在市场上自由咆哮，不进行政府干预。这些自由咆哮的消费和投资很多都表现出非理性，无视未来的过度消费、贪婪牟利的狂热投资、超低保证金的股票投机……经过十年的自由咆哮，这个时代在 1929 年 10 月的华尔街股市大崩盘中终结。

接踵而来的 1930 年代是大萧条的时代。华尔街崩盘之后，许多银行倒闭，大量公司破产，经济急剧下滑，失业率节节上升。在 1929 年至 1933 年间，GDP 下降了 26% 以上[2]；1933 年失业率攀升至 25%[3]。大萧条时代的经济震荡强度使美国人震惊恐慌，这种强度是他们没有经历过的。繁荣衰退的商业周期性波动本是市场经济的特征，美国人也经历过多次，

---

① 参阅 Stanley Lebergott, *Consumption Expenditures: New Measures and Old Motives*, Princeton: Princeton University Press, 1996。

② 数据来源：美国商业部经济分析局（US Bureau of Economic Analysis）。

③ 数据来源：美国劳工部劳工统计局（US Bureau of Labor Statistics）。

譬如在 1920 年代的咆哮繁荣中就至少有两年出现过负增长的小衰退。[1] 根据自由主义的市场理论，衰退是市场的自我调整，调整之后就会有繁荣，因此很多人愿意为繁荣付出衰退的代价，愿意让自由主义的无形之手来作波动调整。但是，大萧条的波动震荡太过强烈，要付出的代价实在太高，于是对无形之手的自由主义信念动摇了。

美国政府开始对市场进行越来越多的干预，尤其是罗斯福总统的"新政"，其中的一些干预政策甚至被倾向市场自由主义的最高法院称为"违宪"，认为这些政策超越了宪法赋予总统和国会的权力范畴。在强力推出的"新政"中，为了解决失业问题，政府成立了公共工程署，负责策划有益国家长远发展的公共工程项目，招募大批失业工人来参与兴建；为了防止挤兑，政府勒令银行停止营业来稳定金融；为了降低商业银行的风险，政府禁止商业银行和投资银行自由联合、自由混业；为了阻止农产品价格大跌，政府运用补贴和配额来干预农民的生产；为了对抗通缩，政府干预私营企业的产品价格、员工工资和工作时间……

这些"新政"是自 1933 年起逐渐推出的，美国的经济也自 1934 年起开始复苏，经过 4 年强劲反弹之后，1938 年又出现了一次经济下滑，但很快就又转入复苏增长。由于第二次世界大战 1939 年在欧洲爆发，战争物资需求的剧增给美国的经济注入了强大的动力。第二次世界大战期间（1939—1945）是美国经济空前增长繁荣的时期，政府的军需订单巨大，失业一扫而光，工资全面上扬，产出迅猛升涨，自 1939 年至 1944 年，美国的 GDP 翻了一番。[2]

---

[1]　美国的国民收入、GNP 等统计数据是 1929 年及其后才逐渐编制发布的，以前年份的数据有不同的学者进行了估算，结果会有差异。此处两年负增长的数据参阅 Louis D. Johnston，Samuel H. Williamson，"The Annual Real and Nominal GDP for the United States, 1790—1928"，*Measuring Worth*，2008。

[2]　数据来源：美国商业部经济分析局（US Bureau of Economic Analysis）。

第二次世界大战结束之后，美国继续实行"新政"时代的"大政府"干预政策，这种延续性是可以理解的，因为"新政"使美国经济摆脱了大萧条，在 1934 年至 1937 年间实现了复苏反弹，而且战时增长繁荣，也是政府订单主导带动的。虽然战争结束后的最初几年，由于军需订单大减，GDP 出现下滑，但是几项重要的政府干预政策，又推动了美国经济的大发展。譬如，给复员军人提供奖学金，在科研国防方面加大投入，给购买郊区住宅的人提供优惠贷款，在全国兴建州际高速公路网等。这些政策都对美国的发展产生了长远的影响，奖学金使很多人有了接受高等教育的机会，提高了美国的人力资本，1940 年美国每 1000 个 23 岁及以上的人中，只有 81 人有大学学士文凭，1950 年上升到 182 人。[①]

在科研和国防工业方面的投资，大大加强了美国在这些领域中的竞争能力。郊区住宅贷款和高速公路网不仅拉动了 GDP，而且改变了美国人的居住模式和生活方式，对美国经济和社会的影响更为深远。这种改变突出地表现在郊区化方面，大量的家庭从城区迁至郊区，他们购买了郊区的独栋别墅式住宅，通过高速公路开车通勤，这样的生活方式被誉为"美国梦"，吸引了无数的追梦者。郊区化推动了房地产、汽车制造、公路建造等行业的蓬勃发展，为 GDP 的增长贡献巨大，但是二三十年后却暴露出许多意想不到的问题，这些问题将在后面讨论。

在 1960 年代，"大政府"的干预政策又有了新的发展，而且被推上了比罗斯福"新政"更高的峰巅，这突出地表现在民主党提出的"伟大社会"的项目上。"伟大社会"旨在通过政府干预来实现社会公正和福祉，它包含了一系列具体的项目，譬如老人医保、穷人补助、环境保护、教育津贴、资助文化艺术活动、反对种族歧视等。这些政策虽然遭到保守主义

---

① 数据来源：美国教育部。

的共和党的反对，但由于民主党控制了国会，"伟大社会"的很多项目都获得立法通过。

1950 年代和 1960 年代是美国经济发展的黄金时代，它创造的一个奇迹是"避免波动"，繁荣与衰退的周期波动一直被视为市场经济的特征，但在这二十年间，只在 1954 年和 1958 年出现过很小的年度负增长，其他年份都保持了年度正增长。凯恩斯主义者认为，这是政府干预的结果，有形之手帮助无形之手解决了波动的难题。

但是，进入 1970 年代之后，美国经济又遭遇了巨大的波动。70 年代初发生的两个事件，对美国经济未来的发展产生了深远的影响。第一个事件是 1971 年的"尼克松震荡"，美国单方面决定不再履行布雷顿森林体系的协定，不再使用金本位制，不再承诺美元可按固定价格来兑换黄金。美国的这个决定是出于黄金储备巨量流失后的无奈，在第二次世界大战结束的时候，美国的黄金储备曾经占世界黄金总储备量的 70% 左右，但由于欧洲经济的战后复苏，黄金逐渐流向了欧洲及其他国家。而 60 年代后期逐步升级的越战军费和"伟大社会"的福利项目开支，更加重了美国政府的财政赤字，使美国的黄金储备进一步降低。到了 1970 年代初，美国的黄金储备只占世界总储备量的 30% 左右。[1]　摆脱金本位制可以减少黄金的快速流失，也可以使美国政府有更大的自由来增加财政赤字，尼克松因而做出这个"震荡"决定。

第二个事件是 1973 年的石油危机。在当年爆发的阿以战争中，美国支持以色列，盛产石油的阿拉伯国家决定对美国和其他支持以色列的西方国家实行石油禁运，这使得石油价格飞涨，大大打击了美国和西方的经济。1974 年和 1975 年美国出现了连续两年的年度负增长，后来虽然有几

---

[1]　数据来源：国际货币基金组织和世界黄金协会。

年复苏，但在 1980 年和 1982 年又再度出现年度负增长。在短短的八九年中，出现了四次负增长，失业率大大上升，更为严重的是衰退和通胀同时出现，这种滞胀现象违反了凯恩斯主义的理论，在凯恩斯主义的模式中，繁荣才会引起通胀，衰退时物价应该下降。滞胀动摇了人们对凯恩斯主义的信念，动摇了"政府干预可以避免波动"的信心。滞胀引起的痛苦使人们厌恶凯恩斯主义，也使得反对干预、放任市场的新自由主义获得了越来越多人的认同。1980 年里根当选总统，美国开始了里根主义的市场放任时代。

里根有一句关于政府的名言："政府不能解决我们的问题，政府本身就是问题。"这句名言反映了从 60 年代到 80 年代美国人心理的巨大变化，在 60 年代人们视政府为问题的解决者，但在 80 年代人们将"大政府"视为大问题。是 70 年代的滞胀痛创使人们情绪化地全面拥抱了新自由主义，如果人们能够冷静地分析一下，就可以看到引起滞胀的因素很多，并非能够简单化为"大政府"问题。譬如，通胀是因为石油价格上涨引起的，而石油价格上涨是因为阿以战争，和"大政府"没有关系；至于当时的财政赤字，越战军费支出是一大原因，不能完全怪罪于"伟大社会"的财政开支，况且"伟大社会"中的教育、医疗项目提高了人力资本，从远瞻的角度来看有益于未来经济的发展。

在"政府本身就是问题"的新自由主义思想指导下，美国自 1980 年代起逐渐推出了一系列反对政府干预的政策，这些政策主要有三大类。一是"去管制"，取消了大量管制市场的规章制度，尤其是在金融和环保方面的管制，其中包括在罗斯福新政时代制定的为维持金融稳定而管制银行的法案①，财团积极介入了"去管制"的游说活动，也因此获益甚丰。二

---

① 1999 年，国会通过了格兰姆提出的一个法案《格雷姆—里奇—比利雷法》，此法案推翻了罗斯福时代的《格拉斯—斯蒂格尔法案》。《格拉斯—斯蒂格尔法案》对金融机构设置了许多管制，譬如禁止它们混业经营，以防因为利益纠葛而导致营私舞弊、欺诈公众。

是"削减政府开支"，通过削减政府的开支来弱化政府的干预力度，这些削减主要针对非军事的国内民用开支，由于社保和医保具有法律强制性，不能随便削减，能够削减的是"自由裁量决定"（discretionary）的支出，譬如用于教育、科研、环保、公路建设等的开支，这类支出在 1980 年占 GDP 的 5.2%，到了 2007 年减到只占 3.6%。① 三是"减税"，让政府少收税少干预，把更多的钱留在纳税人的手里，"减税"政策一般都会受到选民的欢迎，因为人们都希望少缴些税，在"减税"政策中得益最大的是富人，他们的税率被大大地降低，美国富人的所得税率②在罗斯福"新政"期间是 63%，第二次世界大战中逐渐上升，1945 年达到 94%，此税率维持了很多年，直到 1965 年降为 70%，而里根政府在 1988 年把此税率大幅降低到 28%。

虽然在里根任内的 1982 年发生了大萧条以来最严重的衰退，但此后 25 年中美国经济保持了长久的繁荣，只在 1991 年有过很微小的年度负增长。③ 如此的经济表现使人欣喜，也使人惊奇，因为人们看到了一个很奇特的反常现象，美国虽然财政赤字庞大，却没有通货膨胀，这在历史上是罕见的，因为政府大量举债会加大货币的需求，大量的赤字支出会直接推高物价。为什么高赤字没有引起高通胀呢？新自由主义的乐观解释是市场的力量，去管制的市场给了企业家更大的自由，使他们有了更大的活力，使他们可以进行创新，创造了新经济，创造了新现象。

这种解释貌似有理，但流于抽象浮泛，如果深入观察 1980 年代以来的经济现象，可以看到一个更为深刻的具体因素，正是这个因素创造了如

---

①　资料来源：美国 Office of Management and Budget Historical Tables。
②　美国所得税实行累进税率制，收入高则税率高，此处所列的税率是最高一档收入的税率。
③　2001 年也有两个季度出现很微小的季度负增长，但年度增长为正数。数据来源：美国商业部经济分析局（US Bureau of Economic Analysis）。

此的奇迹。这个因素就是美国放弃金本位制之后美元仍然维持的特殊国际货币地位，使其能够大规模地超发货币、扩张债务。在金本位体系中，货币发行要受黄金储备的限制，不能轻易随意地超发。放弃金本位之后，虽然可以不受黄金储备的限制，但如果美元不是国际储备货币和国际结算货币，还是会受到其他一些限制，譬如发行政府债券时买家需求的限制，不过，作为国际储备和结算货币的美元就较少担忧，因为外国总是需要购买美债来作储备，买家很多，需求很大，所以美国不必因为发行太多政府债券造成"供过于求"，而需要提高自己的债券利息率来吸引买家。这个因素使得美国在超发货币和膨胀债务的同时仍然能够享受低利息，因此乐此不疲地不断超发膨胀。

自从放弃金本位制之后，美国的债务信贷急剧膨胀，不仅政府的债务增加了，私人的债务也增加了。债务信贷的膨胀给 GDP 注入了巨大的增长动力。如果人们不能使用信贷消费，他们的购买力就必须受他们的收入所限，当他们可以依赖负债来消费的时候，他们的购买力就会随着信贷的扩大而增加。一个工人赚 1000 元工资，如果没有信贷，他的最大购买力只有 1000 元，如果他可以获得 500 元的信贷来消费，他的最大购买力就可以上升到 1500 元左右，他所要额外付出的只是 500 元债务的利息，而这利息也会转换成债权人的收入。这些扩大的信贷消费和债权人的利息收入，都可以增加 GDP。

信贷消费的扩张是拉动美国 GDP 增长的重要力量。不过，美国信贷债务的增长要比 GDP 的增长幅度更大，譬如在 1980 年至 2001 年间，信贷债务增长了 500% 以上，而 GDP 只增长了不到 250%。[①] 造成这个差异的一个原因是很多信贷消费的商品是进口产品，而非美国制造。要理解这个问

---

① 资料来源：美国联邦储备委员会。

题，可以分析 GDP 的计算公式，也可以依赖普通常识。先看 GDP 的计算
公式：

$$GDP = 消费 + 投资 + 政府开支 + 出口 - 进口$$

从这个公式中可以看到，进口是要从 GDP 中扣减的，因为进口的东
西不是本国创造的财富，是要使用本国的财富去换取购买的。再从常识的
角度来理解，一个人只生产了 100 元的东西，却购买消费了别人生产的
150 元的东西，他需要负债 50 元，他的财富会减少 50 元。如果长久地多
消费、少生产，这个人的财富就会越来越少，以至于无法再持续多消费，
除非别人愿意长久持续地给他提供贷款。一个国家如果长期有贸易赤字
（进口大于出口），它的外汇储备会越来越少，以至于无法再持续进口消
费，除非外国愿意长久持续地给它提供贷款、输入资金。

美国的情况恰恰就是这种"外国愿意长久持续地提供贷款输入资
金"，由于美元是国际储备货币和国际结算货币，外国需要把钱财换成美
元，于是外国就买美国国债，还买美国公司债券、美国公司股票、美国房
地产等。这些涌入的钱财使得美国可以长久持续地维持庞大的贸易赤字。
自 1980 年代中期以来，记录贸易往来的美国经常账户是赤字不断膨胀，
而与此同时，记录资金往来的美国资本账户却是盈余不断膨胀。① 如果美
元不是国际储备货币和结算货币，这种情况就很难发生。正由于美元是国
际储备货币和结算货币，这种奇特的情况发生了，美国才可能独享这种难
得的特权，才可以独享别人源源不断提供的贷款资源。

资源大量涌入，即使很大部分是贷款债务，如果能够合理地配置运
用，也是可以产生有益结果的。这就像一个人得到了别人慷慨的贷款，如
果他把这些贷款做了理性的投资，他可以在未来得到很好的回报，譬如用

---

① 　资料来源：国际货币基金组织。

贷款去上学，毕业后可以赚更高的工资；用贷款去修建水井，灌溉农田可以使未来产出增加。但是，如果不能把贷款进行理性的投资，其结果可能会比没有贷款更糟糕，譬如用贷款去进行吃喝嫖赌的消费，或者去作风险过大的失败投资。得到贷款资源的人比得不到贷款资源的人具备了更有利的发展潜力，但是否能使发展潜力转变为发展成果，取决于对资源的理性配置。

当美国得到越来越大量资源的时候，恰是在放任主义崛起的大环境之中，这些资源由市场的无形之手进行了配置。巨量的资源被配置到金融行业，由于金融财团对国会的成功游说，金融业得到了很多去管制的优惠政策，获得了不受监管的自由天地来牟取高额利润。金融的主业本来是应该为实体经济的发展进行融资等等的服务，但在去管制后的自由天地中，美国的金融业发生畸变，创新出许多为己牟利、损害社会的产品，譬如高风险的次级贷款、高风险债包装成的优等债券、不透明杠杆撬动出来的巨量奇异衍生品等。这些创新产品的利润都非常高，在追逐利润最大化的市场中，吸引了大量的资源，使金融业急剧膨胀，金融业在 GDP 中的比例大大上升。金融业的这些创新发展，虽然给美国经济带来了短期的繁荣增长，却也给未来的金融海啸设下了陷阱。

除了金融业，大量资源也进入了房地产行业。导致房地产业资源膨胀的原因是多重的，有房地产商的鼓动蛊惑，有金融商的推波助澜，有内外游资的投资狂热，还有美国梦的诱惑。拥有住宅是美国梦的核心，在地产商的强势促动下，房屋梦被鼓吹成巨大泡沫，金融商也加入了鼓吹行列，向原本没有购房能力的人提供次贷。美国梦的繁华中泛滥着消费主义的诱惑，对于温饱后的美国人来说，很多人会被豪宅别墅所诱惑，渴望住进面积巨大、设备豪华的大房子，认为这样的居所才代表了美国梦所昭示的"幸福"。

　　这种美国梦曾经召唤出郊区化的居住模式大改变，既造就了 1950 年代和 1960 年代的繁荣增长，也引起了一连串长远的界外效应。由于郊区化，使得政府必须把大量的资源用于修路养路，使得个人也必须把很多的资源用于买车养车。汽油消费增加了，环境污染加剧了，对石油进口的依赖加重了，这些因素都对美国经济的长期发展产生了负面效应。这样的居住模式还弱化了社区的纽带，人们"蜗居"在孤零零的郊野大别墅中，很少和社区邻里交往。同时人们的时间使用模式也不得不相应改变，用于开车通勤的时间大增，用于休闲的时间大减，使人们失去了生活中的许多"幸福"。这种居住模式产生的另外一个严重的负面界外效应是：政府没有足够的资源用于其他的公益服务，譬如公共福利医疗，美国成为发达国家中唯一没有全民福利医疗的国家。

　　医疗、教育、环保、科研对克服温饱后人类自由障碍具有举足轻重的影响，美国作为一个早已进入温饱后时代的国家，应该把大量的资源配置给这些克服障碍的"刀刃"领域，以利于社会的长远利益。但是，当大量资源滚滚涌入美国的时候，这些领域却没有获得应得的配置。前文已经叙述过，美国自 1980 年代起强调要"削减政府开支"，这些削减集中在教育、环保、科研等开支上，譬如这类支出在 1980 年占 GDP 的 5.2%，到了 2007 年只占 3.6%。① 卡特总统当政时（1977—1981）曾经推出了对可替代能源的研究发展项目，但到了里根总统执政期间（1981—1989），这些项目都被削减掉了，使得美国对石油的依赖越来越大，使得环境受到来自燃油的污染越来越多。

　　美国用于医疗保健的资金，自 1980 年代以来倒是没有减少，反而是大大地增加了，不过奇怪的是，美国虽然在医疗保健方面投入了比其他发

---

　　①　资料来源：美国行政管理和预算局。

达国家更多的资源，医疗保健的效果却比其他国家差。以美国和英国的对比为例，从医疗保健支出占 GDP 的百分比来看，1980 年美国是 9%，英国是 5.6%；2010 年美国是 17.7%（上涨 8.7 个百分点），英国是 9.6%（上涨 4 个百分点）①，显然美国比英国花钱多。不过，英国虽然花钱少，却能够提供全民的公费医疗，美国虽然花钱多，却不能提供覆盖全民的医疗保险，有 15% 的美国人没有任何医保②。再从国民的健康状况来看，英国人的预期寿命比美国高（2014 年英国是 81 岁，美国是 79 岁），英国 5 岁以下儿童的死亡率比美国低（2014 年英国是 5‰，美国是 7‰）③，这些宏观健康指数都显示了美国的健康状况要比英国差。

为什么英美的医疗支出和效果会有如此的反差呢？这显然和英美不同的医疗制度有直接的关系，英国实行的是计划经济的公费医疗制，美国实行的是市场经济的私人保险制。前文曾经分析过，医疗保健的需求是非常特殊的，和市场上流行的大多数商品全然不同，这种特殊性使得市场的无形之手难以做出理性的配置，美国和英国的例子恰恰可以说明这个问题。

虽然无形之手在资源配置方面做出了如此多的不智之举，但市场原教旨主义仍然风靡美国，人们沉醉于短视的繁荣欣喜之中，直到 2008 年爆发了金融危机才被惊醒。2008 年的金融危机是去管制的华尔街金融巨头酿成的，是一系列放任主义的经济政策导致的。金融危机把美国拖入自大萧条以来最严重的衰退，美国经济经历了连续两年的负增长，之后又陷入低增长的停滞中，失业率居高不下，赤字持续严重。如此强烈的震撼掀起了一场反思，越来越多的人开始重新审视无形之手的功过利弊。

---

① 资料来源：经合组织（OECD）。
② 资料来源：美国凯撒家庭基金会（Kaiser Family Foundation）。《奥巴马医改法案》（《平价医疗法案》）开始实行之后（2014/2015），这种情况有所改变。
③ 资料来源：世界银行。

三、苏美比较的误区重审

当苏联解体的时候，正值市场原教旨主义风靡之时，那时对苏联计划经济的分析和评价戴着市场原教旨主义的有色眼镜。如果去掉这副有色眼镜，重新审视计划经济和市场经济，重新评价苏联经济和美国经济，将会看到在有色眼镜下被忽略的事实，得出和当时流行观点不同的结论。

在那时的流行观念中，苏联 1970 年代和 1980 年代的经济发展是缓慢的、停滞的，但若认真审视经济数据，就可以看到如下的事实：苏联经济在 1970 年代的平均年增长率是 5.5%，1980 年代的平均年增长率是 3.1%；和美国相比，苏联的经济增长表现并不差，甚至有时还更好，因为美国经济在 1970 年代的平均年增长率是 3.2%，1980 年代的平均年增长率是 3.1%。[①] 苏联只是在和自己 1960 年代和 1950 年代的经济增长相比较，才显出了缓慢，苏联经济 1950 年代的平均年增长率是 10.1%，1960 年代的平均年增长率是 7.0%，这种自比的"缓慢"在当时经过了"有色过滤放大"，给人造成了"计划经济导致经济发展停滞"的错觉。苏联经济真正出现负增长是在 1990 年和 1991 年，那恰恰是苏联结束计划经济、开始实行市场经济的时候。

根据那时的流行观念，苏联农业的表现尤为恶劣，效率低产量低，农产品无法满足大众需求，必须依赖外国进口。这种观念所描述的苏联农业特点，有些的确是事实，但若仔细分析这些事实形成的原因，则未必会得出市场原教旨主义的结论。苏联农业的"效率低产量低"主要表现在土地

---

① 此段引用的苏联数据是 national income produced，取自 Slavic Research Center Library（citing Narkhoz）的资料；美国的数据是 GDP，取自美国商业部经济分析局（US Bureau of Economic Analysis）的资料。

的单位产量和产值上，譬如，1977年苏联每公顷土地的产值只是美国的54%。[①] 造成苏联单产比美国低的原因是复杂的，首先，苏联的土地质量和美国不等同，苏联的很多土地是在严寒地带，美国的大量农地则在自然环境很适于农作物生长的地带。其次，苏联对农业的投入远低于美国，苏联在1960年代中期之前，把资源主要用于工业发展，农业处于"被剥削"的状态，肥料、灌溉、农机都不足，而美国对农业实行了大规模的补贴，美国农业劳动力人均比苏联农业劳动力多获得50至70倍的资本。[②] 自1960年代中期之后，苏联逐渐加强了对农业的投资，单位产量也逐渐有所提高，譬如玉米的单产1985年比1970年增加了15%，1989年比1970年更是增加了33%，冬小麦的单产1989年比1970年提高了40%。[③]

在1980年代，苏联进口了大量的谷物，这个事实被市场原教旨主义诠释为"计划经济的失败"，但是需要进口农业产品的国家并非只是苏联，西欧国家对农产品进口的依赖程度甚至比苏联还要大，譬如1987年欧盟委员会（European Commission）的人均农产品进口要比苏联高75%[④]，美国也要进口大量的肉类、水果和蔬菜[⑤]，很少有人会把美国和西欧国家农产品进口的事实诠释为"市场经济的失败"。

一位美国经济学家在分析和对比了苏联和西方国家大量的实证资料后指出："西方批评者采用了双重标准，把社会主义农业的不完美实践和资

---

① 参阅 Joseph E. Medley（经济学家，University of Southern Maine），"Soviet Agriculture: A Critique of the Myths Constructed by Western Critics"，http://www.soviet-empire.com/ussr/viewtopic.php? f=128&t=47201。

② 同上。

③ 数据来源：U. S. Bureau of the Census, *USA/USSR: Facts and Figures*, Washington: U. S. Government Printing Office, 1991。

④ 参阅 Joseph E. Medley（经济学家，University of Southern Maine），"Soviet Agriculture: A Critique of the Myths Constructed by Western Critics"，http://www.soviet-empire.com/ussr/viewtopic.php? f=128&t=47201。

⑤ 同上。

本主义理想的（新古典主义）理论来作比较。"① 苏联农业的确存在着一些问题，但在市场原教旨主义的完美标准比较下，这些问题被扩大化了。在衡量西欧美国的经济表现时，往往不用完美标准，而在衡量苏联时却一定要使用，似乎苏联经济表现只有达到完美水平时才可被认为不是失败，稍有不完美就被标为"失败"，其他国家的不完美经济表现则可视为"正常"，不被标为"失败"，这的确是双重标准。

在比较美苏经济的时候，西方不仅使用了双重标准，还采用了"选择性标准"，这突出地表现在西方选择了"消费品富足"来作为比较的标准。在冷战中，美国一直很重视宣传美国生活方式的消费品富足，尤其是1959年尼克松和赫鲁晓夫的著名"厨房辩论"，更引导苏联把"消费品富足"视为衡量社会制度优劣的标准。消费品生产往往是计划经济的软肋，而消费品富足的诱惑又很容易煽起大众的热情，这就使得苏联不由自主地踏上了一条通往自己比较劣势的不利之路。其他的东欧社会主义国家也踏上了这条道路，不过，东德曾经在途中猛醒，并想改变衡量标准。在1970年代，东德企图把就业保障、保育福利、免费教育、公费医疗等作为替代标准，不再单纯使用物质消费的衡量标准。② 但是为时已晚，话语权已被西方掌控，议程已被西方设置，大众已被消费主义诱惑。

一位美国的苏联问题专家早就预料到，苏联增加消费品的供应不会使大众满足，相反，增多的消费品会诱发人们更多的消费需求，"俄国人会发现，新房屋刺激了新家具的需求，新西装创造了新鞋子的渴望。于是，

① 参阅 Joseph E. Medley（经济学家，University of Southern Maine），"Soviet Agriculture：A Critique of the Myths Constructed by Western Critics"，http：//www.soviet-empire.com/ussr/viewtopic.php? f=128&t=47201。

② 参阅 G. Castillo，*Cold War on the Home Front*，University of Minnesota Press，Minneapolis，2010。

进入了需求生殖的无尽过程，这是消费导向的西方经济早已知晓的一个现象"①。东德所致力于发展的就业保障、保育福利、免费教育、公费医疗等不仅是社会主义的比较优势，而且也是生活幸福、社会发展的重要元素，尤其在温饱后的时代，住更大的房子、买更多的衣服，并不能给人增加很多幸福，而医疗教育和就业保障才更为重要。如果美苏经济的比较是使用这些元素作标准，如果比较的议程设置是倾向于计划经济的相对优势领域，结论就会大不一样。无形之手的优势是提供有形的消费品，有形之手的优势是提供无形的公益性服务，五光十色的消费品很容易抓住人们的眼球，朴实无华的公益服务是需要理性的思维才能够认识其意义的。西方战略家在冷战中很聪明地制定了对己方有利的大战略。

用市场原教旨主义来评价计划经济和市场经济，难免不走向极端，很容易得出极端化的结论。这种结论往往不符合实际，因为现实多数是处于非极端的、多样化的、复杂的状态，而不是极端的状态。正是这些非极端的多样而复杂的状态，给人类提供了机会，使人可以认识各种不同形态的计划经济和市场经济，以便从中找到更适合于某个国家、更适合于某个阶段的经济模式。

世界上有许多实行市场经济的国家，它们的市场化程度，以及对市场的监管程度，往往各不相同。世界上有许多实行计划经济的国家，它们的计划性程度，以及计划中的集权程度，也往往各不相同。就是在同一个国家中，在不同的时期，市场化或计划性的"程度"也会有很大的不同。从美国的例子就可以看到，在不同的时期美国的市场化程度也不同，政府对市场的监管程度差别很大，譬如罗斯福新政时期和里根的放任主义时期就很不相同。

---

① 参阅 G. Castillo, *Cold War on the Home Front*, Minneapolis: University of Minnesota Press, 2010。

　　从苏联的例子也可以看到，在不同的时期苏联的计划性程度也不同，战时共产主义时期、新经济政策时期、斯大林时期、赫鲁晓夫时期都不相同。"程度"的渐变衍生出一系列各不相同的非极端化模式，在这些不同的模式中，有的表现较好，有的表现较差，有的适合于某个阶段，有的不利于某种环境……正是在这些实证的多样性中，人们才可以发现更为细致、更为具体的规律，才能够认识到，在什么样的条件下，市场将会如何表现，计划将会如何运作，然后才可以根据社会具备的具体条件、面临的具体环境、处于的具体阶段，来选择制定合适的经济政策。

　　"程度"在两极间划分出很多的程度区域，而在同一程度区域中，还因执行机构的不同，又衍生出更为丰富的多样性。譬如在市场经济中，执行监管的机构可能不同，其领导人的任命方式多种多样，其成员可能包括极不相同的各类人员，其机构的内部结构也可以千差万别。譬如在计划经济中，制订计划的机构、制订计划的方法、制订计划的人员等都可能有各种各样的不同。制订计划的人员中有什么样的专家？这些专家接受过什么样的训练？制订计划时参考什么样的数据？使用什么样的工具？基层可不可以参与计划的制定？如何参与？又都会衍生出多种多样的不同。

　　在计划经济中，计划的制订者是核心、是关键。制订者若能够制订出一个好的计划，经济就会运行得好；若制定出一个坏的计划，经济就会搞得一团糟。如何选择计划的制订者，也就变得至关重要。在优主体制中，计划制订者可以通过选择优者的方法，让那些智力高的贤能优者来制订计划，如果一个国家能够建立有效的优主政体，一般都会形成有效的择优程序，这种程序即可用来选择执政者，也可用来选择计划者。在民主体制中，选择计划者就没有现成的择优程序，而是要通过民主体制中的一些程序来进行，或者是选举，或者是任命，或者是招聘等，民主体制可以发展出更多样化的程序来作选择。

对于提供不同种类的商品服务，市场经济和计划经济表现出不同的特长和优势。前面已有很大的篇幅讨论过相关的问题，市场经济在提供消费品方面，具有高效率的特长；而计划经济在发展医疗、教育、国防、基础科研方面，表现出较大的优势。正是由于这种特长优势的不同，即使是市场经济体制的国家，在搞医教国防等行业时，都或多或少地采用了计划经济的方法。国防几乎全都是由政府计划、由国家出资。

在提供医疗服务方面，许多市场经济的国家也表现出不同程度的计划性，英国实行了计划经济的公费医疗制，其他西方发达国家的计划性成分没有英国这么大，多数国家采用了市场性较强的保险制，但保险是由政府经营的，极少市场竞争。美国的医疗体制市场化最强，绝大多数的医疗保险由市场竞争的私人公司经营。从实践效果来看，美国的医疗体制不如其他西方国家，这突出地表现在医疗成本高、保险覆盖率低、保健效果差等方面。[①] 美国的市场经济在提供医疗服务方面表现不佳，但在提供很多消费品方面则表现优秀，譬如汽车、电脑、网络服务等，在这些方面美国常常推出许多创新产品，令世界羡慕，也令美国自豪。美国的例子展现了市场经济在提供消费品和医疗服务方面的优势与劣势，苏联和古巴的例子则从计划经济的角度展现出同样的结论。中国改革开放后的经济实践，也可以提供类似的例子，在中国实行市场化的改革后，消费品的增长被世界誉为"奇迹"，但市场化的医疗体制改革却造成了"看病难""看病贵"等问题，以至于出现民谣唱"有病急，有病急，有病怀念'计划经济'"[②]。

在 20 世纪 80 年代和 90 年代，很多人一边倒地相信了"市场万能"，其中不乏中国人、俄罗斯人、原苏联加盟共和国的人。这的确是西方话语

---

① 关于美国医疗体制的成本、覆盖率、保健效果等的数据，请参看前文讨论过的美国和英国的比较，以及美国和古巴的比较。

② 张洪清：《"中国医疗改革失败"说明了什么》，《光明日报》2005 年 8 月 12 日。

权的一大胜利，特别是西方新自由主义话语的一大胜利。取得这一胜利，冷战时代策动的一系列心理战和宣传战是功不可没的，它们成功地把计划经济极端化和单面化，罔顾计划经济实践中的多样性，使计划经济在人们的心中成为一种极端形象，计划经济被贴上了妖魔化的话语标签。在进行心理战和宣传战的时候，西方做了一个非常聪明的战略抉择：用消费品富足来作竞争胜负的衡量标准。这个战略使赫鲁晓夫落入了陷阱，对美国赢得冷战胜利贡献极大，不过，从更为长远的视野来看，这却也使美国自己跌入了陷阱，消费主义肆意泛滥，自由放任的超前消费造成了次贷的汪洋大海，最终酿成了金融海啸。

给计划经济贴上极端化和单面化的妖魔标签，歪曲了很多既不同于市场原教旨主义，也不同于极端计划经济的替代路径，在这些非极端的、多样化的路径中，很可能蕴藏着有益的元素，能够更为合理地配置资源，能够更有助于群体的长远利益。

图书在版编目（CIP）数据

良治:对自由、民主、市场的反思/（美）尹伊文著. —北京:北京大学出版社,2023. 10

ISBN 978-7-301-34161-2

I. ①良… Ⅱ. ①尹… Ⅲ. ①政治制度—研究 Ⅳ. ①D033

中国国家版本馆 CIP 数据核字(2023)第 172558 号

书　　　名	良治——对自由、民主、市场的反思	
	LIANGZHI——DUI ZIYOU、MINZHU、SHICHANG DE FANSI	
著作责任者	〔美〕尹伊文　著	
责 任 编 辑	魏冬峰　段　珩	
标 准 书 号	ISBN 978-7-301-34161-2	
出 版 发 行	北京大学出版社	
地　　　址	北京市海淀区成府路 205 号　　100871	
网　　　址	http://www. pup. cn　　　新浪微博：@北京大学出版社	
电 子 邮 箱	zpup@ pup. cn	
电　　　话	邮购部 010-62752015　发行部 010-62750672	
	编辑部 010-62732728	
印 刷 者	涿州市星河印刷有限公司	
经 销 者	新华书店	
	880 毫米×1230 毫米　A5　8. 75 印张　240 千字	
	2023 年 10 月第 1 版　2023 年 10 月第 1 次印刷	
定　　　价	58. 00 元	